采购与供应管理丛书

采购与供应中的合同与关系管理

北京中交协物流人力资源培训中心　组织翻译

机械工业出版社

如何管理好采购与供应中的合同以及与供应商的关系，是采购供应专业人员面临的主要挑战之一，参与建立与外部供应商合同和关系的人员，应当确保达到组织的各项要求，包括成本、质量、风险管理和时间。本书主要包括四方面内容：供应链中的关系管理，有关合同履行的法律条款，合同管理的主要方法，合同及供应商管理的主要技术。本书将有助于采购与供应从业人员了解合同及供应商关系管理的各种途径，能够应用各种方法提高供应商绩效，认识到在处理绩效和关系问题时需要采用结构化的方法。

Original Title: Managing Contracts and Relationships in Procurement and Supply
by CIPS STUDY MATTERS
Original ISBN: 9781861242310
Copyright © 2012 by Profex Publishing Limited.
All Rights Reserved.
版权所有，侵权必究。
北京市版权局著作权合同登记号：图字：01-2013-8832 号

图书在版编目（CIP）数据

采购与供应中的合同与关系管理/英国皇家采购与供应学会（CIPS）著；北京中交协物流人力资源培训中心组织翻译. —北京：机械工业出版社，2014.6（2022.11 重印）
（采购与供应管理丛书）
书名原文：Managing contracts and relationships in procurement and supply
ISBN 978-7-111-46970-4

Ⅰ. ①采… Ⅱ. ①英… ②北… Ⅲ. ①采购管理—经济合同—管理 ②物资供应—经济合同—管理 Ⅳ. ①F252

中国版本图书馆 CIP 数据核字（2014）第 120904 号

机械工业出版社（北京市百万庄大街 22 号　邮政编码　100037）
策划编辑：曹雅君　　责任编辑：曹雅君
责任校对：李云霞　　封面设计：柏拉图
责任印制：邓　敏
三河市宏达印刷有限公司印刷
2022 年 11 月第 1 版第 17 次印刷
184mm×260mm・24 印张・274 千字
标准书号：ISBN 978-7-111-46970-4
定价：49.00 元

电话服务　　　　　　　网络服务
客服电话：010-88361066　机　工　官　网：www.cmpbook.com
　　　　　010-88379833　机　工　官　博：weibo.com/cmp1952
　　　　　010-68326294　金　书　网：www.golden-book.com
封底无防伪标均为盗版　机工教育服务网：www.cmpedu.com

前　言

随着我国社会主义市场经济的快速发展和世界经济全球化步伐的加快，社会上对采购专业人员的巨大需求日益明显。2007年教育部考试中心与中国交通运输协会在国内开展了中国采购与供应管理职业资格证书考试（Certificates in Purchasing and Supply，CPS）。该项目同时也是中英合作教育项目，引进和吸收了英国皇家采购与供应学会（以下简称CIPS）建立的采购与供应职业资格证书学习体系的内容，为我国采购与供应从业人员学习国外采购管理经验、提高专业技能、提升企业在国际市场的竞争力具有重要意义。

由于近几年采购实践的不断发展，CIPS 于 2012 年对其认证体系和培训课程进行了修订和更新，使其更加贴近最新的采购实践。2013 版的教材就是在这一背景下产生的。

中国采购与供应管理职业资格证书分为初级、中级、高级三个级别。各级证书规定了不同的考试课程。修订后的初级证书包含"采购与供应关系""物流运作基础""采购与供应环境""采购与供应运作概论""采购与供应业务流程"五门课程。中级证书包含"供应源搜寻""采购与供应的组织环境""采购与供应中的合同与关系管理""采购与供应中的谈判与合同""采购与供应策略"五门课程。高级证书除了包括中级的五门课程外，还包含"采购与供应中的管理""供应链风险管理"，共七门课程。中国采购与供应管理职业资格初级证书、中级证书与 CIPS 国际证书接轨。取得中国采购与供应管理职业资格证书单科成绩合格，可以在全国高等教育自学考试采购与供应管理专业（专科、独立本科段）中顶替相应课程的学分。

　　本课程既是中国采购与供应管理职业资格中级证书课程和英国 CIPS 采购与供应高级文凭证书（CIPS 四级）课程之一，又是全国高等教育自学考试采购与供应管理专业（独立本科段）的课程之一。本教材的一大重要的特点是从国际视野的角度，引用了国际上一些跨国公司的真实案例进行分析，学员在学习过程中应注意其国际背景并结合我国的实际情况进行学习理解。本教材由方海萍翻译，北京中交协物流人力资源培训中心组织翻译，薛书武、许冰梅参与审稿。在此谨向他们付出的辛勤劳动致以衷心的感谢。

　　由于时间仓促，编译中难免有不妥之处，敬请读者批评指正。

教育部考试中心
中国交通运输协会
2014 年 5 月

《采购与供应中的合同与关系管理》考试大纲

课程目的与目标

完成本课程学习之后,学员应当能够应用各种方法提高供应商绩效,认识到在处理绩效和关系问题时需要采用结构化的方法。

本课程主要讨论合同及供应商关系管理的各种途径,使各利益相关者参与到这些过程中。参与建立与外部供应商合同和关系的人员,应当确保达到组织的各项要求,包括成本、质量、风险管理和时间。

学习成果与评估标准

1.0 理解供应链中关系的动力学

1.1 供应链中商业关系的分类
- 内部关系与外部关系
- 关系图谱
- 关系的生命周期

1.2 应用组合分析技术评价供应链中的关系
- 风险的概率与影响评价
- 识别供应、供应商及采购商定位的矩阵
- 制订行动计划

1.3 影响供应链中关系的竞争力分类
- 竞争优势的来源

- 竞争力：竞争的来源，采购方和供应商的议价势力，新进入者和潜在替代者的威胁
- 影响供应链的 STEEPLE 因素（社会、技术、经济、环境、政治、法律和道德）

1.4 分析通过供应链关系取得增值的来源

- 关系作为一种流程与创造的增值成果之间的联系
- 增值的来源：从外部供应商采购时的定价和成本管理、质量改进、时间期限、数量和地点因素
- 供应链网络中各组织之间的联系

2.0 理解有关合同履行的法律

2.1 评估具有法律约束力的协议的各要素

- 规范商业协议和关系的合同条款
- 口头陈述与表述
- 模板合同
- 使用标准合同与谈判的合同/定制的合同
- 适用法律和术语界定

2.2 比较影响绩效的默示条款和明示条款

- 明示条款的定义
- 基于法律、案例法和惯例的默示条款
- 国际法的意义

2.3 解释导致未履行合同的原因

- 条件条款和非条件条款
- 界定合同的不合规/违约

- 评估损害赔偿
- 责任赔偿限额
- 合同终止程序

2.4 解释商业合同中冲突的主要解决方法
- 通过谈判解决
- 替代性纠纷解决机制
- 纠纷解决的其他机制，裁决、仲裁和诉讼
- 关于纠纷解决的合同规定条款

3.0 理解合同管理的主要方法

3.1 评价主要合同风险类型
- 影响合同的风险，如内部、市场、经济、法律、道德、履行等方面的风险
- 信息保障的作用
- 合同风险的评估

3.2 解释有关合同履行的财务、技术和绩效数据
- 有关合同履行的数据资料
- 解析有关合同履行的数据资料
- 合同的行政管理

3.3 评价合同管理的责任
- 合同管理的责任：采购职责和非采购职责
- 合同执行计划与持续需求管理
- 合同管理的计划与监管
- 合同管理所需的资源

3.4 解释合同经理的主要职责
- 绩效管理与确保符合约定的标准
- 付款责任
- 风险评估与管理
- 制定合同
- 关系管理

4.0 理解合同及供应商管理的主要技术

4.1 对比合同管理与供应商关系管理
- 合同管理与供应商关系管理的定义
- 单个合同管理与供应商关系管理的比较

4.2 解释供应商关系管理的主要方法
- 供应商选择
- 供应商开发团队的选择与职责
- 供应商绩效测量
- 设立绩效目标与评估方法

4.3 解释供应商开发的主要方法
- 供应商开发的方法
- 质量保证与全面质量的定义
- 质量改进的方法

4.4 解释关系改善的方法
- 持续改进
- 平衡计分卡的应用
- 关系评价方法
- 价值流图析

教材使用说明

制订学习计划

"计划"是一个关键词，没有计划的学习是不够的，特别是在你还有一份全职工作的情况下。

一个好的起点是，为你的学习制定一个从现在到考试日的大致的时间表。你准备考几科？每科各有多少章？现在，请计算一下你可以为每章的学习分配几天/几周时间？

注意：

- 并不是每周都有时间学习。例如，你也许要休假，也许某些周工作特别忙。如果这些能够预先计划，应当将其反映在你的时间表中。
- 你也需要一段时间对自己所学的知识进行复习和练习，以准备考试。

做了上述计算之后，请为自己制订一份从现在到考试日的每周学习计划。

学习准备

尽量找一个安静的学习场所，在每天的同一时间段学习。这样的习惯有助于避免浪费时间。在你开始之前，要准备好各种资料，学习中尽量不要中断。

使用本教材

你应当根据自己的实际需要，充分利用本教材。

- 如果你之前对本课程内容不熟悉，则应当仔细阅读学习本书所有章节。

对大多数学员而言可能都是如此。
- 如果你之前对本课程的某些内容已经非常熟悉，无论是你以前学习过相关内容还是在工作中常常用到，那么你可以越过这些内容的学习。

本教材的内容

本教材涵盖了《采购与供应中的合同与关系管理》考试大纲的所有内容。本书内容基本采用了考试大纲的顺序，有个别地方稍有调整，主要是考虑到合理的学习顺序。

每章开头都列出了该章参考的考试大纲的内容和评估标准。每章分为数节，每节的标题一般都与考试大纲的内容一致。这些都便于你对照大纲把握自己的学习进度，并确保自己学习了考试大纲要求的所有内容。

每章的结构如下：
- 对应大纲内容。
- 正文。
- 本章小结。
- 自测题。

学习阶段

开始学习一章时，应先看看该章各节的题目，然后快速阅读完课文，掌握该章要点。课文内容的编排都是有目的的，请不要越过，除非你已经非常熟悉其内容。

然后再从头仔细阅读该章。阅读时你可以做一些简要的笔记。

最后做该章后面的自测题，测试自己的记忆和理解。每个自测题后面的括号内都标出了参考答案所在的段落号，你可以检查一下答案，加深印象。

复习阶段

复习要讲求方法，可以参照大纲要求进行复习。应参照大纲对每个重点内容进行——复习。重新阅读学习笔记，并做一些练习题。CIPS 网站上有很多以往的试题，你可以找出所学科目的试题进行练习。

课外阅读

本系列教材为你提供了每门课程要求的主要内容，但 CIPS 强烈建议你尽可能广泛阅读其他相关书籍以加深和强化理解。

本教材主要参考书是 Kenneth Lysons 和 Brian Farrington 所著的《采购与供应链管理》。

目 录
CONTENTS

前言

《采购与供应中的合同与关系管理》考试大纲

教材使用说明

第一章　商务关系概论…………………………………………………… 1
　　第一节　商务关系的本质……………………………………………… 2
　　第二节　内部关系和外部关系………………………………………… 6
　　第三节　关系的谱系…………………………………………………… 16
　　第四节　哪种关系类型最理想………………………………………… 28
　　第五节　关系的生命周期……………………………………………… 33
　　本章小结………………………………………………………………… 37
　　自测题…………………………………………………………………… 37

第二章　关系组合的规划………………………………………………… 39
　　第一节　关系管理……………………………………………………… 40
　　第二节　风险评估……………………………………………………… 42
　　第三节　供应和供应商定位…………………………………………… 46
　　第四节　供应商偏好…………………………………………………… 50
　　本章小结………………………………………………………………… 54
　　自测题…………………………………………………………………… 54

第三章　竞争环境······57

第一节　供应环境······58

第二节　STEEPLE 分析······63

第三节　竞争力······72

第四节　竞争优势的来源······81

本章小结······87

自测题······88

第四章　增值型供应链关系······91

第一节　何谓增值······92

第二节　增值的来源······98

第三节　增值的关系管理······108

第四节　开发供应链关系中的机会······112

本章小结······123

自测题······124

第五章　合同履行的基础······125

第一节　具有法律效力的商业协议的构成要素······126

第二节　合同条款······132

第三节　明示和默示条款······140

第四节　关于合同履行的明示条款······148

第五节　国际法的含义······156

本章小结······163

自测题······164

第六章　合同不履行的管理······167

第一节　合同的履行与不履行······168

第二节　关键合同条款与非关键合同条款······169

第三节　不履行的确认……172
　　第四节　对于合同违约的救济……177
　　第五节　责任的限定……185
　　第六节　合同的终止……188
　　本章小结……189
　　自测题……190

第七章　争议解决……191
　　第一节　合同争议……192
　　第二节　协商解决……195
　　第三节　诉讼……199
　　第四节　仲裁和裁决……201
　　第五节　替代性争议解决方法……204
　　本章小结……208
　　自测题……208

第八章　合同风险评估……211
　　第一节　影响关系的各种风险……212
　　第二节　内部风险和外部风险……215
　　第三节　法律和履约的风险……220
　　第四节　信誉与关系风险……224
　　第五节　信息风险……233
　　第六节　合同风险的评估……238
　　本章小结……244
　　自测题……245

第九章　合同管理……247
　　第一节　合同管理过程……248
　　第二节　合同管理的计划与治理……254
　　第三节　合同经理的职责……262

第四节　合同的行政管理 ································· 269
　　第五节　合同绩效数据 ··································· 275
　　本章小结 ··· 279
　　自测题 ··· 280

第十章　供应商关系管理 ··································· 281
　　第一节　供应商关系管理 ································· 282
　　第二节　选择和管理新的供应商 ··························· 284
　　第三节　激励和管理供应商绩效 ··························· 292
　　第四节　关系的评估 ····································· 298
　　第五节　关系发展与改进的管理 ··························· 302
　　第六节　管理关系的问题、衰退与终止 ····················· 310
　　本章小结 ··· 317
　　自测题 ··· 318

第十一章　供应商绩效管理 ································· 319
　　第一节　供应商绩效测量 ································· 320
　　第二节　供应商绩效评估 ································· 325
　　第三节　对标和供应商计分卡 ····························· 330
　　第四节　质量管理和改进 ································· 337
　　第五节　服务水平管理 ··································· 347
　　第六节　供应商开发 ····································· 352
　　本章小结 ··· 358
　　自测题 ··· 359

中英合作采购与供应管理职业资格证书考试（中级）采购与供应中的
　　合同与关系管理（课程代码：12370）样卷 ··············· 361

中英合作采购与供应管理职业资格证书考试（中级）采购与供应中的
　　合同与关系管理（课程代码：12370）样卷参考答案 ······· 362

第一章

商务关系概论

对应大纲内容

1.1 供应链中商业关系的分类

- 内部关系与外部关系
- 关系图谱
- 关系的生命周期

引言

本教材第一部分概述商务关系的性质以及管理这些关系对于实现组织与供应链的竞争优势和增值的作用和重要性。

在这一章里,我们首先要探讨供应商关系管理中的一些主要概念。我们要从"关系"这个概念说起:所谓的组织之间的"关系"究竟是怎么回事,组织间的关系或商务关系与人际关系有何不同?接下来我们要考虑供应链中的外部和内部关系的不同性质,并特别讨论一些与采购职能相关的关键性内部关系。在第三节到第五节中,我们要学习两种主要的理论框架,以帮助我们对各种关系进行理解和归类:关系"图谱"(也就是按照一种从对抗或疏远到协作或紧密的次序,列举各种可能的关系)以及关系生命周期(关系如何随着时间的推移,从"诞生"或形成到"死亡"或终结而逐步变化、发展的过程)。

第一节　商务关系的本质

1.1　组织之间也存在像人与人之间的关系一样的"关系"吗？绝大多数作者都承认，组织之间的关系和个人之间的关系并不完全一样。很多商业交易都是单方面、没有情感基础的：比如说你对于你经常去的超市或者经常坐的公共汽车真的有什么"不舍之情"？在买方说到其供应商、营销人员说到其客户的时候，最好还是慎用"关系"一词，因为很多时候他们之间有的其实只是一连串冷冰冰的交换或交易。（即便回头客也不一定真的就意味着"忠诚"或"专一"，也许只不过是满足经常性的需求而已。）

1.2　但是，在人和组织的关系中，还是有一些基本的共同之处的，这让我们能够借用关系的概念，来描绘组织与其他各方之间某些类型的交换或互动。

1.3　关系具有长期性。我们可以将其定义为"企业与客户、供应商或其他组织间长时期内的互动模式和行为的互相协调（福特等人，《企业关系管理》，2003年版）"。这就是关系与交易之间的关键区别，交易只是组织和其他方面的一次性的交换，比如说一次单一的采购（商品与货币的交换）或信息的交换。

1.4　很多商业活动，包括采购在内，都只是着眼于一次性的交易，寻求的是通过当下的交换实现组织短期收益的最大化，而未必会考虑未来的联络，或者这宗交易对于未来联络会产生怎样的潜在影响。只有当着眼点转移到为将来的互动而做打算上面来，关系才有可能形成，那是一种长时期的、具有加强合作潜力的（或许可能强化专一性与忠诚度）反复联络。

1.5　关系还意味着某种具有实际意义的联系或纽带。其具体形式有很多种，在网络理论中都有专门的技术称谓（哈坎森等人，《在商业营销中建立关系》，

1995年版）。

- 行为者关联（Actor Bonds）：两方机构中个人间的反复联络、互动以及沟通。比如说，在企业对企业的交易或交往中，个人联络的形成和利用是很常见的。
- 行为链接（Activity Links）：共同做一些事情。比如说商业交易，计划的协调，协作（共同工作）或者数据共享。
- 资源纽带（Resource Ties）：在关系中投入时间或资金等资源。当其中一方或双方为了调整适应另一方而特意投入了资源，这种情况下经常能够形成较为密切的关系，比如供应商和买方信息系统的整合。这种调整会产生双方向的依赖性：如果你的系统和流程都是为了现有供应商而量身打造的，那么就很难改换别的供应商，而且改换的成本也会很高。

1.6 关系对于双方而言都意味着一定程度的**承诺**（Commitment）。这体现在下列一些方面：

- 对于这种关系状态的认可，即双方都承认这不是一锤子买卖或者偶尔发生的联系。
- 发展相互性和互惠性。也就是说，这种关系不是一厢情愿的。关系所带来的各种风险、成本、收益以及利益都是双方共担共享的，长期看来是大体公平的。这里可能会有一定程度的相互依赖。忠诚和合作都是"有来有往"的。
- 培养互信（愿意依靠对方）。
- 提升透明度（愿意分享信息）。
- 一个具有经常性、常规性、实际性的互动与沟通渠道。
- 双方共同努力来克服疏远（如文化差异）和障碍（如利益冲突）。

关系的驱动要素

1.7 关系的驱动要素是指能够借以建立起关系的关键品质或价值观,其中包括互动的质量、信任、透明度、承诺、合作性以及互惠性。

1.8 **互动的质量**(Quality of Interaction)在客户关系中体现为客户服务感受,这种关系依赖于供应商有没有能力始终如一地满足客户的期望并且带来良好的业务体验,是否每一次服务、每一个接触点都能如此。与此相似,每一次联络和交易都可能形成一次积极的或消极的体验,从而对信任起到建设性或破坏性作用,导致善意或纠纷,提升或阻碍合作,时间久了,就会导致各方更加愿意或者不愿意与对方做生意。

1.9 **信任**(Trust)是供应链关系取得成功的核心所在。它能够降低各方在交易中的风险,让各方敢于为了这份关系而共同投入。比如说,假如供应商感到一个买方不能信任,他们就不大可能会与之共享保密信息、参与报价和招标,或者协作进行流程改进或系统整合。

1.10 **透明度**(Transparency)就是愿意共享信息。它依赖于互信,因为信息是有可能遭到滥用的。一方可能利用信息来损人利己(例如趁着一个供应商有困难的时候借机发难,强行压价);或者泄露给未经授权的第三方(包括企业的竞争对手)。透明度对于关系的支持在于让双方能够相互了解彼此的需要、担心以及潜在的贡献,而这是协作的基础。

1.11 **承诺**就是一方或者双方愿意或者希望延续一种关系,并且为了维护这个关系而有所付出。如果各方都致力于这个关系,他们就更有可能彼此忠诚可靠,共同致力于共同的目标,而不仅仅是满足合同条款要求或达到基本的期望。所以承诺对于增加价值、减少风险是非常重要的,特别是在长期供应链关系中。

1.12 **合作与协作**(Co-operation and Collaboration)可以进一步培育关系。关系管理中的一项基本原则就是商务关系不一定是敌对性或竞争性的,而完全可以是合作性的。买方和供应商,甚至竞争对手之间,可以共同合作来提升价值,通过供应链或供应网络联盟实现互利共赢。

1.13 **互惠**(Mutuality)的理念就是双方都能够从关系当中有所获益,而最理想的当然就是关系的收益和风险都能够公平分配。对于任何可持续性的商务关系,互惠性都是必不可少的。如果不是双方都能从中获益,那么这份关系就是剥削性的(会被视为不道德),而且可能难以持久。

关系的类型问题

1.14 我们一定要明白,关系这个事情不是"有没有"这么简单。各种关系可以看作是一个连续的谱系,从非常低水平的紧密度、互惠性、合作性和承诺(交易型)到非常高水平(比如伙伴关系),在这个区间里有着多种多样的可能性。本章第三节中我们将会深入探讨这个**关系图谱**(Relationship Spectrum)。

1.15 没有哪种关系是所谓"最佳"的,不论是疏远的纯交易性关系还是亲密的协作性关系,都有可能是适合的,这要看具体的形势和相关各方的情况。对于低价值或者一次性的采购,一般而言就没什么必要投入资金和精力建立密切的关系,比如说双方都是想从交易中获取最大利益、根本就不希望束手束脚的那种情况。但是长期性的、投入很大的那种采购可能就需要高度的相互理解与互信。

1.16 正因为如此,我们就有必要对各种关系做个排序,以便决定需要多大程度的投入。本书第二章中我们将会学习关系排序的几种模型,但从根本上讲,组织希望与之建立供应关系的对象会是:

- 对组织而言潜在收益或利润最大的供应商（因而关系投资会有很好的回报）。

- 对组织而言风险性最大的供应商（借助更为密切的关系可以改善风险管理、将风险最小化）。

- 实实在在具有进一步持续发展和增值潜力的供应商。

1.17 关系是随着时间，随着互信和联系而逐步发展、深化的。不同的作者会将这个过程划分为不同的阶段：从关系的诞生、发展、成熟，到常常会出现的衰落、死亡（关系被其中一方或双方所终结）。有时这个过程被称为**关系的生命周期**（Relationship Lifecycle）。本章第五节中我们将讨论这个话题。

第二节　内部关系和外部关系

内部和外部供应链

2.1 在绝大多数情况下，供应商是一个向买方组织提供商品或服务以供其业务使用的外部组织。但在有些情况下，这种商品或服务的供应商可能是买方组织内部的另一个成员或单位。

2.2 供应链涵盖了商品从原材料阶段直至到达最终用户手中的各种流动和转变所涉及的所有组织与活动，同时也包含了相关的信息流（汉菲尔德等人，《供应链的再设计》）。

2.3 **企业间供应链**（Inter-business Supply Chain）是指传统型的商业供应模型：从原材料生产商到零部件制造商、产品组装商、再到成品分销商的一连串组织，随着在制品向最终用户或消费者"流动"的过程，每个组织都贡献某种形式的价值。

2.4 这些供应链可能部分地或者全部被纳入一家控股公司的控制之下。以大型的石油公司为例，通常它们都会控制从勘探、开采、炼化到零售的所有主要阶段。但是在大多数情况下，供应链是通过各独立企业之间的供应合同与协作关系来加以控制的。这就是为什么合同管理和供应商关系如此重要。

2.5 **内部供应链**（Internal Supply Chain）是指在特定组织内部与此相似的信息与资源的流动，包括进入和穿过组织的过程，即从进向活动（采购与接收输入品）到转变活动（将输入品转变为输出品），再到出向活动（将输出品移向客户）。以一个公路货运公司为例，他们可能有一个营运部门来进行车辆的维修保养、装卸以及驾驶。采购部门是为机械师提供工具、油料、工作服及其他各种物品的内部供应商，而这些机械师又是为车辆驾驶员提供维修保养服务的供应商，车辆驾驶员则是为公司外部客户提供最终产品和服务的供应商。

内部供应商的采购

2.6 将内部流程和关系视作供应链的一种类型，可以凸显出组织内部各职能间是如何环环相扣、从而向最终客户提供价值的。这对于**内部客户理念**（Internal Customer Concept）来说是一个重要的观念，内部客户理念认为企业内的任何部门只要其任务关系到其他部门任务的实现，就可以看作是这些其他部门的商品与服务供应商。为了实现其目标，这个供应部门需要预测并满足其内部客户的需要，在这一点上他们与供应商企业必须要预测并满足外部客户的需要是完全相同的。

2.7 用这种视角来看待内部关系是有建设性意义的，因为可以有助于整合整个价值链上不同单位的目标；它注重的是为最终客户增值的过程（而不是各个单位或职能的个别目标与方法）；它能够迫使各个单位仔细研究自己究竟能够提供怎样的价值。

2.8 作为一个服务职能以及内部咨询者，采购职能在组织内有着众多的客户，其中可能包括：

- 高级管理层，他们希望自己的战略目标有着高效的采购与供应管理作为支撑。
- 内部供应链上的相关职能，如财务、设计、制造、仓储物流等职能需要与采购职能协调以保障信息和商品流高效地进入、通过以及离开组织。
- 用户职能的管理者，采购人员为他们购买商品和服务，而他们希望能够按时得到合适质量和数量的资源以实现自己的目标。显而易见，这当中包含了制造型组织中的生产职能，采购人员要为他们的生产流程采购原材料、零部件以及消耗品。但是采购职能可能也还要为财务部门购买电脑硬件，为营销部门购买广告服务，为维护部门购买清洁用品，为所有人购买办公用品，等等。
- 其他部门内为本部门进行部分采购工作（有时称为兼职采购人员），而他们可能会需要专业采购人员的建议或帮助，例如帮助进行请购、确定产品规格、合同签订或供应商管理、谈判建议、市场价格或供应源信息，诸如此类。

采购的内部咨询

2.9 所谓"咨询"（Consulting）就是一个个人或团队（咨询者）帮助另一个个人、团组或组织（客户）动用其内外部资源来处理问题。外部咨询者从客户方体系之外提供专业知识和见解，所以组织经常会聘用市场研究、物流以及其他咨询公司或机构。而内部咨询者则是作为体系内的一部分来提供帮助或改进。

2.10 内部咨询者是一个很复杂的角色，需要认真管理好关系问题。咨询人员通常对于客户决策是没有直接权限的，必须要发挥其专业知识和影响力来获取客户同意执行他们的建议，甚至要得到最高管理层的支持。但另一方面，咨询者和客户都有着同样的外部客户和总体目标（提升组织的效能），这有利于实现协作。

2.11 内部咨询者（或称为内部顾问）经常被请来解决一些特殊的问题或客户部门以其内部资源和专业知识无法高效实现的要求。在下列情况下，采购职能经常要扮演内部咨询者的角色：

- 在用户部门或预算持有部门，采购活动由"兼职"采购员或非采购人员负责。由于这些人缺乏采购相关的专业知识、关系圈以及人脉，难以经济高效地完成采购任务，此时就需要采购专业人员的建议和指点。

- 多职能项目（例如建筑或IT开发）也需要采购。理想情况下，应让采购职能部门研究并提出采购解决方案。

- 特殊专业、技能和信息也是其他职能、项目团队或经理需要的，采购职能可以在其中提供协助。比如，采购职能可能受邀为销售人员提供谈判技巧方面的建议或培训；或者可能应邀担任介绍人或协调人，促成产品开发团队和潜在供应伙伴的联络（为了使供应商尽早参与到设计与规格工作中去）；或者被要求与竞争者的物流或质量管理流程进行对标，以帮助制定竞争战略。

- 采购没有正式的组织权力（授权）把采购纪律、程序或决策强加到其他部门身上，因此必须通过提升其增值专长，才能发挥一定的作用。

2.12 组织可能会给内部顾问安排一个独立的咨询任务或咨询项目。例如，采购专家与客户一起，清晰地表达想要从某次干预中获得的特定结果；收集有关问题或事宜的数据；向客户反馈调查的结果；提出建议；与客户一起提出解决方案（取决于他们之间达成的协议）等。咨询项目的方法对特定的一些干预是适合的，例如，代表市场营销部门雇佣或评价一家广告代理机构；对引进的新计算机系统开展可行性研究；评价自制/外购决策；运用可持续性的采购方法。

2.13 从为其他部门提供采购专家专长优势的意义上讲，内部顾问也可能借助于各种各样的运营机制来发挥作用。

- 制定采购政策和程序，作为其他部门采购员的指导方针，帮助他们以更节约成本和更少风险的方式寻找供应源和采购输入。
- 提供首选的和经核准的供应商清单、框架协议和总括合同，以保证让其他部门的采购员直接使用采购职能利用其采购专长预选（和达成协议）的供应商。
- 提供采购研究和信息（例如供应市场或类目更新），为规划者和采购员提供有关的数据，基于采购部门的专业知识和网络，支持他们的决策。
- 制定供应合同的标准条款和条件，提供缜密的合同条款，将发生法律问题的风险降至最低，从而控制风险。
- 提供谈判服务和技能。代表其他部门进行谈判，或者向他们提供谈判技巧的建议或培训，将组织从交易和关系中获得的价值份额最大化。
- 进行供应商和供应商关系管理，创造和发展可以惠及其他组织活动的协作和信息渠道。

内部关系的特点

2.14 内部关系与外部关系在下列方面存在重要差别。

- 内部客户常常不会与内部服务提供者签订一份法律"服务合同",甚至是一份清楚的服务要求与标准的协议。通常,关系更多是协商的,并且以公司整体目标和部门绩效指标为基础。有这样的风险,即相互的期望没有得到清晰地表述从而可能造成误解和冲突。

- 尽管组织常常会以某些方式核算内部提供者的服务成本,但是不会对其直接付费。这就产生了一些问题,例如,内部客户有权获得什么水平的服务("一分钱一分货"),以及服务部门就其提供的服务能获得哪些回报,即这种关系中哪个环节是"交换"或"互惠"(这是外部交易的一个特点)的?

- 需要指出,采购活动(与其他一些内部活动一样)可以外包给外部服务供应商,但是一般而言内部客户没有选择或变更供应商的自由。这种缺乏竞争的状态对于维持服务水平来说是一种挑战,但它也促进了高度的一体化,并随着时间的推移增强了信任。

- 就个人而言,内部客户一般是内部供应商所熟悉的,因此在他们之间存在成熟的沟通渠道、信息共享和协作。即使这样,采购职能可能不得不努力建立内部联络和网络,努力在组织内部推销自己。

- 不同的职能之间可能会存在利益冲突和差异。人们常常认为管理人员或服务职能过于官僚主义,"干涉"更直接增值的直线职能(例如生产职能和销售职能)。不同的职能都有各自的优先级和目标。

- 然而,不像外部的买方—供应商关系,内部客户和提供者的目的和目标大体上是(或者应该是)共同的或一致的,都是为了公司的整

- 利用跨职能团队可以不断加强内部客户关系，在这样的团队中包括不同客户团组的代表。我们将在本节后面的部分进一步讨论这个问题。

内部利益相关者和外部利益相关者

2.15 "利益相关者是依靠组织实现其自身目标、反过来又被组织所依靠的个体或群体。"（约翰逊，《公司战略研究》）

"一个公司的利益相关者是受该公司损害或从该公司获益的个体或群体，即他们的权利可能受到该公司的侵犯或者尊重。"（乔伯，《市场营销原理与实践》）

2.16 从上述定义中，你可能注意到组织的成员（经理和员工）是组织活动与成功的利益相关者。组织的供应链合作伙伴（供应商、中介和客户）以及与本组织有直接商务关系的机构（如组织的所有者/股东，向组织发放贷款的银行，等等）也都是组织的利益相关者。因此，一个组织既有内部利益相关者，也有外部利益相关者。

2.17 组织的利益相关者包括内部的、相连的和外部的群体。

- **内部利益相关者**（Internal Stakeholders）是组织的成员，即在本组织内工作的董事、经理和雇员。采购计划与活动中的关键内部利益相关者包括：高级管理层（他们需要采购或供应链职能的工作，以便完成总体企业战略），采购经理（他们对采购职能的绩效负责），组织中与采购或供应链职能在工作和目标方面有交叉的其他职能部门或业务单元的经理和员工。

- **相连的利益相关者**（Connected Stakeholders）与组织有直接的法律、合同或商业关系。它们包括：股东（企业的所有者）及其他资金提供者（如银行），客户/消费者，供应商，分销商。
- **外部利益相关者**（External Stakeholders）或**二级利益相关者**（Secondary Stakeholders）与组织没有直接的合同或商业关系，但在组织的活动中有利益关系或受其影响。它们包括：政府与监管机构（对商业活动进行监管），专业团体和工会（代表它们在该组织中的会员的利益），各种利益和压力团体（提高和保护它们会员的利益或某项事业），当地社区（组织在其中运营）。

2.18 外部利益相关者可能是对公司具有重要作用的利益相关者，利益相关者关系管理对公司社会责任和信誉管理可能至关重要。可是，"二级"利益相关者与公司没有直接的经济或合同关系，因而超出了本教学大纲的范围。

采购营销

2.19 简单地说，采购营销（Procurement Marketing）是采购职能在组织中"推销"自己的方式。这与组织（通过其市场营销职能）向外部市场的潜在客户推销自己及其品牌、产品与服务的方式是一样的，所以采购人员或采购职能有必要向其内部客户推销自己及其服务。如果这些内部客户有权从别处获得服务（例如从采购顾问、外包服务供应商那里采购，或者亲自进行采购），这种推销就变得尤为重要。

跨职能关系

2.20 在"职能型"组织结构中，任务是按照其共同的性质或中心进行分类的：生产、销售和市场营销、会计和财务、采购与供应等。这种做法促进了专家专长和有关资源（例如设备、材料、与特定专业有关的管理和培训）

的有效利用。不幸的是，它也造成了不同职能之间的障碍，信息流和工作流在职能内部基本上是"垂直的"，人们把这种现象称为组织内的独立"筒仓"。

2.21 职能型组织会遇到问题，因为商业过程（如内部供应链中的产品流动）实际上是"水平的"，即工作和信息必须在各职能边界之间自由流动，不受由于专业化、部门职位划分及沟通渠道造成的垂直障碍的阻碍。客户服务、产品开发、成本降低和质量管理都是水平方向的活动，需要跨越职能界限进行协作和信息交流。

2.22 这对采购来说尤为重要，因为采购要为各种客户服务，包括不同价值的活动与职能部门。莱森斯等人指出，采购在很多组织中都是单独的部门，仅仅负责供应品的采购；但有一个越来越明显的趋势，即向更为综合化的结构发展，与更广泛的物流过程或供应链管理相整合：整个系列的活动从选用供应商到向终端客户提交产成品。这种结构强调跨职能采购团队决策，因为商业过程是"水平的"，横跨部门与专业，如图 1-1 所示。

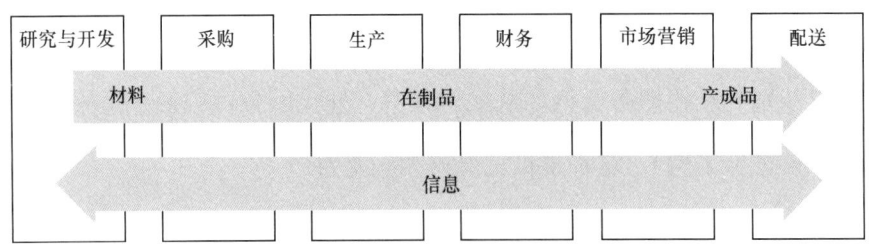

图 1-1　贯穿整个组织的商业过程

2.23 对于任何指定的采购或项目来说，不同职能的成员常常不得不互相合作、共享信息、开展沟通和协调彼此的活动。现在人们越来越多地利用多专业团队来安排这种协作。

2.24 在外部供应链和网络中同样需要跨职能工作。供应网络的各类成员履行着他们自己的专业职能，他们作为供应品、零件和组件的供应商或制造者、物流提供商、市场营销和广告顾问、分销商等。因此，供应链关系也是跨职能的或"跨专业的"，这意味着同样需要多向沟通、工作协调和对潜在障碍和差异的敏感性。

采购中的跨职能团队

2.25 跨职能团队包含来自许多专业的个人，可以采取多种形式。

- 多职能或多专业团队集合了来自不同职能部门或专业的人士，所以可以集中或交换他们的能力。例如，产品管理团队和采购团队常常属于这种情况。

- 多技能团队集合了许多多才多艺的人士，其中每个人都能完成团组中的任何任务。这样，在需要的时候，就能根据谁是完成某一指定工作最适合的人选，来灵活地分担或分配工作。例如，采购团队可能属于这种情况，其中任何一个成员都可以在需要时完成谈判、合同起草、了解不同的品类、投资评估等工作。

- 项目团队和任务小组是为了某一特定目的或结果（例如准时制方法的引进、信息系统集成或供应源搜寻战略评审）而组建的短期的跨职能团队，任务一旦完成就会解散。这种团队中的成员常常是在团队存在的期间临时从不同的职能部门调派来的，从而形成了一种矩阵型结构。事实上，较长期的项目（例如在航空与航天工业或建筑行业）可能需要一个全职的、像一个独立单元运作的、在一个全职项目经理领导下的团队。

- 虚拟团队是由人们互相联系形成的团组，像一个团队一样运作，共享信息、共担任务、共同决策并属于同一个团队，但是并没有处于同一个地理位置。他们是靠 ICT 工具来联系的，例如因特网、电子邮件、借助于电信/视频/网络会议的"虚拟会议"、共同访问的数据库和数据跟踪系统等。

2.26 另外，采购人员可能有机会到跨组织团队中工作，这是内部跨职能团队的延伸，包含了供应商或客户的代表。蒙克萨等人认为，供应商的参与可以促进信息交流、提高供应商对团队目标的支持、提高供应商在关键领域的贡献（例如产品创新与开发）。

第三节 关系的谱系

3.1 商务关系在紧密程度、互惠性、信任度以及专注度（或者一言蔽之为"密切度"）方面差异甚大。相关作者常常将各种关系总结成了一个关系"图谱"，从一次性交易关系到长期密切合作的伙伴关系，如图 1-2 所示。

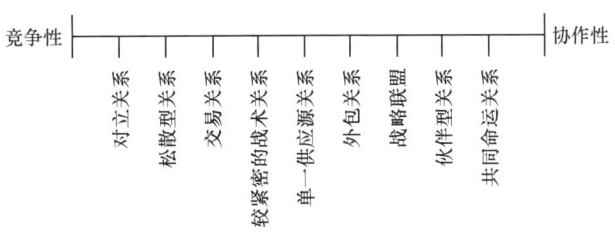

图 1-2 关系的谱系

3.2 表 1-1 对各种关系类型的主要特点分别作了介绍。

3.3 这种图谱模型有多个版本，这些模型通常建立在"核心竞争力"和"战略联盟"概念的基础之上，而这超出了本课程的学习范围（本课程主要着眼于运营层面的各种关系）。

表1-1 关系图谱的解释

关系类型	特 点
对立关系	买方和供应商是对手或竞争者,每一方都努力以另一方付出代价的方式获取自己的优势(通常是价格方面的)。彼此间谈不上什么互信、沟通或者合作,在争取利益的过程中可能出现公开的冲突或胁迫。不考虑发展持续的未来交易的潜力
松散型关系	一种疏远的、不带个人感情色彩的关系,买方不需要紧密地、频繁地或合作性地接近供应商。采购的次数少、数量少、价值低,所以不值得为了建立紧密关系而付出。采用的是不带个人感情色彩的、高效的多供应源方法(例如电子拍卖或现场采购)
交易关系	与供应商之间发生更经常性的交易,但仍被视为多供应源的、一次性的商业交易(一般为了获得有利的价格和交易效率),而不是关系
较紧密的战术关系	在节约成本之外,买方想要保证供应的质量和连续性,因此,试图与选定的、可靠的供应商建立一种相互承诺(例如通过固定价合同或总括合同)和协作(例如共同的质量控制)的长期关系
单一供应源关系	对于买方来说,供应连续性和质量是优先考虑的,所以买方通过确保获得来自唯一的、高度信任的供应商的承诺与配合,来提高自己的控制能力。即买方就某一特定物料项目或物料项目系列,授予供应商排他的独家供货权。这体现了一种高度的信任、相互的承诺和合作。实践中,依赖于唯一供方的风险可能太大,所以买方可能会选用两个供应商来满足其需求(双重供应源搜寻)
外包关系	一个组织选择一家外部供应商来提供原本由该组织自行提供的的货物或服务,这样做的目的,一方面是为了将资源集中到自己的核心能力上,另一方面也是为了获得外部的专长和资源。比起组织内部供应,这样做能更有效地或更有竞争力地满足组织的需求。为了确保达到标准,双方需要建立更高水平的信任、承诺和合作
战略联盟关系	两个或多个组织发现一些可以共同协作的合作领域。比如说,一个软件开发商可以与一家培训公司结盟,培训公司可以提供关于软件使用的认证课程
伙伴型关系	买方和供应商一致同意开展长期密切合作,分享信息和开发思路。这是一种高度的互信,目的在于寻找一种互惠的解决方案,分担收益和风险
共同命运关系	这是一种更为密切的关系,买方和供应商将业务从战略高度绑定在一起,以争取长期互惠

3.4 考克斯的"合同关系梯级"（Stepladder of Contractual Relationships）包括（按照密切性和互相依赖性逐级上升的顺序）：

- 对立利用。用于例行采购的多供应源搜寻、强势谈判、短期的合同，对于供应商没有独特能力的要求。
- 优先供应商。依据供应商等级评定和认可定出潜在供应商短名单，用于较为重要的采购，对供应商有一些特殊的能力要求。
- 单一供应源。从单独一个能够提供独到而重要的能力的优质供应商处采购战略性供应品。
- 网络采购和伙伴关系。主要买家和第一层供应商结成伙伴关系，然后与第二层供应商达成伙伴关系，以整合并控制整个供应链。
- 战略供应联盟或合资。在买方和供应商能力互补、重要性对等的前提下，成立独立的合资企业以提供产品或服务。

3.5 马克·摩尔（《商务关系》）提出了另一种版本的图谱，其中将关系的紧密程度（和我们的一般模型相同）和所采取的采购方式的范例（尤其是在松散型和交易关系中）结合在一起。

- **现场采购**（Spot Buying）。即在需求出现的时候进行一次性采购，抓住当时的最佳条件。
- **经常性交易**。即将重复性的业务交给一组优先（熟悉的，信任的）供应商。
- **按需分批发货合同**（也称**分订单合同**，Call-off Contracts）、**框架协议**（Framework Agreements）或**总括订单**（Blanket Ordering）。即在规定的时间范围内，与供应商达成双方共同议定的供应条款，需要时可以根据该条款提交个别订单。（实际上，是按照议定条款从供应商采购的一种"购买选择权"。）

- **固定合同**（Fixed Contract）。约定一个采购量或频度，按照约定的条件执行一定的期限。
- **联盟**。约定为了共同利益而在特定范畴内与供应商合作（如协作促销、员工培训或成本缩减）。
- **战略联盟**。约定为了长远的共同利益而在特定范畴内与供应商合作（如系统整合或合资进行新产品开发）。
- **伙伴关系**。约定长期在一系列事宜上密切合作，携手解决问题、进行开发。

3.6 莱森斯等人认为，买方与供应商之间关系的密切程度（经销商、首选供应商、独家供应商或合作伙伴）会影响到下列一系列运营因素（并受其影响）。

- 供应合同的类型与期限。
- 供应市场中（或者买方的供应商基础中）供应商的数量。
- 所提供的产品或服务。
- 信息交流的数量和质量。
- 定价机制和交付进度。
- 高级管理层参与的程度。
- 买方对供应商开发和支持的程度。

从多供应源搜寻到单供应源搜寻

3.7 控制供应风险的方法之一就是对任何一种或一类采购都保有较多的经过资格预审以及批准的、能够满足买方需求的潜在供应商。

3.8 多供应源搜寻的一个好处是，如果出现了供应短缺或中断（如由于供应商所在地区政局动荡或气候恶劣），或者需求发生未曾预料的高涨（导致需要更多原料），又或者某个供应商倒闭等情况，组织还有多家关系稳固的批准的供应商可作为替补。

3.9 多供应源搜寻的另一个优点是，一旦买方和供应商所处的环境发生改变，供应商与买方之间的兼容程度可能发生改变，供货竞争力也可能提升和降低。如果有更大范围的通过资格预审的供应商可供选择，买方就更可以随机应变，随时获取最优惠的价格、交易条件、质量、创新性以及灵活性。这一政策还有助于保持供应商基础的竞争力，因为每一家供应商都知道自己要和其他的供应源争夺合同。

3.10 但是多供应源搜寻也有一些缺点。

- 可能导致不必要的高采购成本。供应商数量过多通常意味着更多的小额订单以及更高的交易和管理费用。相比之下，向较少的供应商发出较大的订单不仅可以获得批量折扣，还能够在其他方面节省费用（例如通过与关键供应商的系统整合）。

- 这一方法还会导致浪费，因为白白保留了很多不能或者不再能满足企业的需要或者出于其他原因而很少使用的供应商，此外如果不同供应商提供的产品大同小异，还会导致库存品类和数量增加而形成浪费（所以说从多个供应商进货有悖于加强标准化、减少品种、降低库存的原则）。

- 多供应源搜寻方法会错失与少数供应商紧密合作可能获得更高价值以及更强竞争力的机会（例如持续改进、在创新和质量领域的共同投资、更有效的沟通和整合等）。

3.11 因此，最近这几年更为普遍的现象是，建立更强大的供应商合作关系来"收窄供应基础"，这样可以使采购人员专注于更少数的几个经过开发的和可靠的供应伙伴。相反地，供应商数量的减少又可以使买方的合同和供应商经理专心于建立、维持和平衡与选定供应商的关系。

3.12 在关系图谱最右端的非常狭窄的范围内，可以选择唯一的供应商，与之建立更紧密的伙伴关系，或者与之签订"排他性供应"合同，这就是所谓的**单供应源搜寻**（Single Sourcing）。这种排他性的方式适合于买方希望获得供应商的承诺以及共同投资（如对于战略物品或关键物品的采购），或者其他优惠待遇（例如对于杠杆物品的优惠价格）。

3.13 今天的买方日益认识到多供应源搜寻（Multiple Sourcing）并非降低供应风险、确保采购品竞争力的唯一途径。在以下情况下单供应源搜寻或许更加适合：

- 总需求太小不值得把订单拆分给几个供应商，否则搬运和处理的单位费用太高。
- 某一家供应商在声誉、质量、价格等方面的优势远超其他对手，实在没必要另找别家。
- 供货所需的启动费用（如工艺装备或系统整合）高昂，买家使用多家供应商并为工艺装备多次支付费用得不偿失。
- 供给有风险或匮乏。买方与其从若干个供应能力低且物不当值的供应商中选择一个，还不如敲定一个独家供应商，或许更为合算。

3.14 当然这也是风险性最大的一种供应商基础构成方式，一旦这唯一的一家供应商掉了链子，买方就要满盘皆输。作为应急计划的一部分，可以预先选定一家备用供应商，以便应对供应或供应商失败的风险，但这对于备用供应商而言可能不具有什么激励作用，也不能保证在需要时备用供应商能够或者愿意提供供应。

3.15 出于这种原因，很多组织更倾向于同时找两家供应商，也就是所谓的**双供应源搜寻**（Dual Sourcing）。这样买方既可以获得供应狭小化的好处，又可以防范过度依赖于一家供应商的风险。

对抗性的或竞争性的关系

3.16 在对抗性的或竞争性的关系中,每一方都试图为自己获得可能的最优结果,必要时以牺牲另一方为代价。我们可以称之为一种潜在的"非赢即输"(或"我赢你输")局势,其中买方获得收益,卖方就要增加支出,反之亦然。例如,买方通过挤压供应商的利润率获得最低价格,或者供应商通过在质量上偷工减料来提高其利润率。

3.17 这种关系的特点如下:

- 缺乏信任,因此很少共享信息。
- 着眼于一次性的或短期的交易。
- 利用优势和谈判来获取最有利的交易(甚至为此损害对方利益以及长远关系)。
- 严格强制按合同条款行事(对于质量或改进事务不分担责任)。
- 缺乏合作,或者没有认识到相互的利益。

3.18 从之前讨论的意义上说,这些关系是"交易型的",而非"关系型的"。双方都不考虑对立方式或非赢即输结果对于未来潜在交易的影响,因为无论如何,买方都会找很多其他供应商来刺激竞争。即使买方过于强势,和一个供应商谈崩了,总还会有其他的供应商。

合作性或协作性关系

3.19 在交易型关系中,做生意的利益纯粹来自于等价交换:一手交钱一手交货。而在关系性的方式中,做生意还会因分享、协作以及协同效应(2+2=5)而得到额外利益。

3.20 在协作性的关系中,各方有意识地寻求建立长期、互惠的持续性交易。他们的战略视点在于不仅买方和供应商分享共同利益,还要通过寻求供应链增值的方法来获益。"把蛋糕做大"形成一种双赢局面,买方、供应商以及最终客户都能够获益。

3.21 买方会努力与较少数优质供应商建立长期的关系。关系管理的基础是信任和相互的义务,而不仅仅是照合同办事。双方共同参与,寻找改进和创新的机会点,能够让彼此受益的知识都会得到分享。他们会共同设定成本和质量改进的目标,并且定期会晤来讨论这些目标的进展情况。信息在一定程度上可以双向自由分享(在相关范畴之内),以支持合作解决问题。

3.22 要注意,协作性关系是一种前瞻性的关系,目的在于确保获得想要的结果和改进(在诸如增值和竞争优势等领域,如第三章和第四章所述),而不应当将其看作是一种长期的、"舒适的"或者纯粹为了"交易的便利"而建立的客户—供应商关系,乃至让双方都自足自满、不思进取。

3.23 建设性的供应伙伴关系的特点,明显不同于"舒适的客户—供应商关系",我们可以将其特点总结如下。

- 双方共同探求更高的效率和竞争力。
- 客户与供应商共同制订未来计划。
- 他们拥有一致的共同目标。
- 客户与供应商之间达成共识,为了变得更有竞争力,应该共同努力消除供应链中的浪费。
- 组织之间公开、透明。
- 每一方均理解另一方的期望,并且努力达到或超过这些期望。
- 这种关系是一种平等伙伴式的关系,而且买方不会采用一种"主人—仆人"态度。

- 双方意识到，关系不会永远存在下去，所以共同制定一致同意的退出战略，以备关系走向结束。

外包关系

3.24 现代管理更强调"核心能力"（哈默等人），这导致许多公司外购以前自己制造的产品、零件、组件，并且将一系列支撑职能（例如维护、餐饮、仓储、运输、人员招聘和培训）甚至一些核心职能（例如销售和客户服务，比如呼叫中心）都外包或分包出去。

3.25 莱森斯等人（《采购与供应链管理》）解释了外包（Outsourcing）与分包（Subcontracting）之间的区别在于外包是一种长期战略而分包是一种短期策略："如果你希望美化附近的草坪并雇用一个人负责草坪的所有护理工作，这是外包；而雇用一个人为你的草坪剪草则是分包。"

3.26 外包和分包中关键的合同和关系管理问题包括：

- 外包决策需要建立在清晰的目标以及可衡量的收益之上，并且经过缜密的成本效益分析。

- 因为外包关系把双方绑定在了一起，是一种长期的伙伴关系，因此需要严格选择供应商。出于这个考虑，筛选的时候不能只比较成本，还要考虑质量、可靠性、合作意愿，以及道德和社会责任等因素（因为承包商的绩效会在外包组织的声誉上反映出来）。

- 与供应商的合同要缜密，各种风险、成本以及责任的划分要公正清晰，要求的服务水平应当清楚界定。

- 关于服务水平、标准以及关键绩效指标要明确并得到双方的认可，并有适当的奖惩以促使履行和遵守合同。

- 对于服务的提供和质量要依照服务水平协议和关键绩效指标进行持

续、严格的监控。

- 持续不懈的合同和供应商管理,确保合同得到遵守(目的在于持续地协作降低成本、提升效益),以及建设性地处理纠纷。如果组织不想一步步地将绩效的控制权(以及自己的声誉)拱手交到承包商手里,那么这些就是必不可少的。

- 从合同的履行中汲取教训,以评估合同是否应当续签、修改(以加入改进的内容)或者终止然后另寻供应商(或者将该项服务工作收回企业内部承担)。

3.27 外包的一些可能的优缺点总结于表 1-2。(你应当能够将这些内容转化为赞成或反对内部服务提供即内包的相应理由。)

表 1-2 外包的优缺点

优　点	缺　点
有助于组织机构合理化和规模缩减,从而降低人员、空间以及设施的成本	相比于内部供应,服务(因为要包含供应商的利润空间)、合同授予以及管理等的成本可能升高
可以把管理、人员以及其他资源集中投放到组织的核心活动以及竞争力所在(那些与众不同、增值且难以模仿、从而带来竞争优势的业务)	难以确保服务的质量、一致性以及企业社会责任(环境和员工雇用),因为监管困难且费用大(特别是在海外)
可以借助承包方的专业知识、技术以及资源,对于非核心活动而言,这样可以比组织自行承担增加更多的价值	有可能失去企业自己在服务领域中的专长、知识、联系或者技术,而这些将来也许还会用到(如需将服务工作重新收回企业内部)
获得规模经济效益,因为承包商可能服务于众多客户	在绩效和风险方面可能失去控制(例如对于声誉)
可以施行竞争性的绩效激励,而内部服务提供者却可能不思进取	多出服务提供商这一层,拉长了与客户或最终用户之间的距离,可能弱化与外部或内部客户之间的沟通和联系
	可能被不兼容或绩效不佳的合作关系所绑定,包括文化或伦理观的不兼容、关系管理控困难、承包商失去进取心
	保密数据和知识产权有失控的风险

3.28 外包只应当应用于：

（1）非核心竞争力活动，外包后可以：

- 从专业供应商的专业知识、成本效益以及协同作用中获益。
- 让企业可以充分发挥其核心竞争力。
- 不会让企业因失去自身能力或对市场风险的脆弱性而处于不利地位。
- 让企业能够充分利用其自身所不具备（且因费用高昂而无力自行研发）的技术或其他运营能力。

（2）外部承包商具有企业所需的竞争力和能力的那些活动。

（3）就可获得的服务水平而言，外包由于供应商成本和利润结构、规模经济效益或者买方可以甩掉一些资产包袱等方面的原因，而能够带来更好资金价值的那些活动。

伙伴关系

3.29 伙伴关系（Partnership Relationships）在关系图谱中，属于高度合作和承诺的一端。他们更加具有"战略意义"（关注组织的长期目标），合作时间期限更长。彼此更加信任，信息交流更充分。供应商被视为组织竞争优势和未来计划的一个不可或缺的部分。

3.30 伙伴关系可以定义为："客户和供应商抛却大小之别，在明晰且双方共同认可的目标基础之上致力于一种长期的合作关系，以追求世界级的能力和有效性。"

3.31 伙伴式供应源搜寻的关键特点如下所述。

- 顶级管理层的承诺。
- 所有相关专业和职能的参与。

- 客户与供应商一起协作（例如，在新产品设计中，邀请供应商早期参与）。
- 客户与供应商之间高度的信任水平、知识共享和公开透明，一直扩展到双方共享成本数据（成本透明度）。
- 清晰的共同目标。
- 对长期关系的承诺。
- 采用积极主动的方法来改善与发展伙伴关系（而不是采用被动式方法，在问题产生时才进行处理）。
- 全面质量管理理念，强调通过合作达到质量最优，确保持续改进。
- 具有灵活性，这是提高信任与沟通的结果。
- 高度的系统集成（例如利用 EDI）。

3.32 莱森斯认为："伙伴关系的目的在于将短期的、敌对的、强调运用采购势力达到品优价廉之目的的客户—供应商关系转变为长期的、基于质量、创新以及价值分享和价格竞争力相结合之共识的合作关系。"

3.33 但是他们也引用莱姆西的说法指出了以下问题：

"作为一种供应源搜寻战略，伙伴关系通常只适合于少数非常大型的公司。对于其他企业，虽然对于少数几种采购类型而且供应商的选择余地很小的情况可能适用，但这会是一种风险性很高的策略，应对其极为慎重。按照卡拉杰克的说法，将外购物品的竞争性供应源搜寻转为伙伴式的单供应源搜寻会增大供应风险并对利润造成影响，因为这种伙伴关系往往会将所有的相关采购推向战略物品象限。如果处理得好，战略性采购可以带来丰厚的回报，但是这需要管理层的大量关注，而且一旦出现问题后果会很严重。"

第四节　哪种关系类型最理想

4.1　根据以上的讨论，也许导致有人认为合作性关系是"最好的"或"理想的"，或至少是"更有见识的"，即使在实践中对抗性关系很常见。然而，情况不一定是这样，你应当为给定的采购情形选取一种最恰当的关系类型。实质上，它完全视情况而定。

4.2　对于一个给定的采购情形，最适合的关系类型可能取决于以下因素。

- 被采购物品的性质和重要性。对于低值的、日常的或一次性的采购，不可能在长期合作上进行大量投资；而对于不稳定供应市场上的复杂的、定制的、高值的采购，进行这种投资则具有适当的合理性，其目的在于保证对供应规格、质量和可用性的控制。
- 供应商的胜任力、能力、合作性和绩效（及买方的互惠行为）以及他们之间的信任程度。信任是发展更密切关系的必要基础。
- 地理距离。与海外供应商建立和保持密切关系可能更难，尤其是在通信基础设施缺少的情况下。
- 供应伙伴的相容性。如果他们的战略目的、价值观和体系不相容，那么弥补差距或克服困难可能会因代价太大而无法进行（只要有更相容的备选合作伙伴）。
- 组织和采购职能部门的目标和优先事项，例如可提供的最好价格、供应安全性和质量等。
- 供应市场状况。如果供应面临着风险（例如由于天气或经济状况），买方可能会希望选择多个供应源；如果价格波动，组织可能希望使用投机性的现场购买，或通过固定合同锁定有利的价格；如果市场变化快且具有创新性，可能会避免被锁定在长期供货合同上；如果优质、有能力的、声誉佳的供应商很少，可能希望与他们达成合作伙伴关系。
- 法律和法规要求。例如，在欧盟内有一些关系类型受到管制，以保护竞争（例如禁止卡特尔企业联合、合谋和合并等不正当控制市场和扭曲竞争的手段，确保在公共部门强制执行竞争性招投标程序）。另外一个例子是，有些发展中国家要求外国供应商与当地公司合伙。

交易性方法何时用合适

4.3 在与供应商打交道时，合作性方法不一定比竞争性方法更合适。
- 更具有对抗性的方法可能更好地保证最好的商业交易，并从关系中获得最大的价值份额，如果这些是优先考虑事项的话。
- 发展合作性关系费时费力，而且将资源投入到所有的关系中不切合实际。对于特定的供应商，这种关系或许不可能（例如因为供应商不感兴趣）或不合适（例如供应商不具胜任力），并且对于日常物品（例如办公文具）或很少采购的物品而言这种关系不具成本效益性，因为合作不会实现大的增值。
- 长期关系存在风险，正如叶斯帕森（Jespersen）等人指出的那样。例如，由于关系稳定，可能出现供应商自满或投机行为的风险；有被锁定在"错误"伙伴关系上的风险；很难以有意义的方式测量合作效果；在均摊合作风险与回报方面存在问题（如果联盟被更有势力的一方所主导）。

合作关系的驱动

4.4 实际上，有许多驱动因素推动着供应链关系朝着更有合作性的趋势发展。
- 战略认知得到了拓宽，认识到供应链管理带来的竞争优势是整个供应链，而不仅仅是单个公司在全球市场上彼此展开竞争。

- 产品生命周期缩短了。也就是说，产品更加迅速地进入市场并过时。这就要求我们更加迅速地进行产品开发、更加频繁地推动产品更新换代，以及更有响应性的产品定制（例如戴尔的针对客户的计算机包），所有这些都对供应链沟通与合作施加了压力。
- 组织越来越多地将非核心活动外包给外部承包商，使他们能将精力集中于具有他们显著能力并可增加最多价值的核心活动。这就需要形成密切关系，以便公司可以对输出质量和其他潜在损害信誉的问题（例如环境和道德绩效）保持一些控制，从而使风险最小化。
- ICT的发展推动了组织之间的网络化程度和关系发展。
- 随着服务和知识主导的行业经济发展以及消费品牌化，公司在保护和使用知识产权、知识、关系网络以及品牌价值方面面临压力，这有赖于供应网络内部密切的、信任的合作。
- 在越来越具有挑战性的商业环境下，侧重于松散的、投机性的交易不能充分发挥供应链关系的竞争力和增值性。例如，收集客户反馈的机会，在产品改进或降低成本上合作，与其他公司共享知识和最佳实践以提高整体行业绩效。
- 对抗性关系所付出的代价可能包括鼓励合规性履约（而不是承诺性）、导致纠纷和投机性行为、丧失可能由善意和信任产生的最优惠待遇、丧失可能的协同效应和改进（例如由信息共享产生的协同效应和改进）等。
- 由于存在着向"精益"供应发展的竞争压力，因此更密切的关系和一体化有助于减少供应链中的浪费。合作伙伴可以协作识别各种浪费（例如不必要的或重复的活动、瓶颈、延误、错误和废品以及过多存货等）以及改进的机会。更密切的关系还经常会推动信息系统一体化，从而简化交易过程。

- 供应技术的"最佳实践",例如全面质量管理和准时制供应,降低了对供应过程中延迟和失误的承受度。这样会增加组织对供应链的依赖性,这种依赖性反过来又对内、外部供应商关系的加强,人员、计划和系统更为紧密的整合等,提出了更高的要求。

- 从供应商的观点来看,现在有一个向关系营销方向的重大转变(特别是企业对企业的营销),主要原因在于比起获得新的客户,挽留并发展现有的客户关系更加有利可图。

4.5 "伙伴式供应源搜寻有限公司"认为在下面几种情况下伙伴式供应源搜寻尤为适合:

- 客户对供应商的支出巨大。
- 客户面临着很高的风险。无论市场价值的高低,不间断的产品或服务供应对于买方的运营来说都至关重要。
- 所提供的产品技术复杂度很高,需要供应商先进的技术知识(这也导致了更换供应商的成本很高)。
- 产品很重要、很复杂,管理起来需要大量的时间、精力以及资源("烫手山芋")。
- 产品的供应市场变化很快,因此必须时刻掌握相关市场在技术或法律方面的最新变化。
- 供应市场受限,水平高、可信赖的供应商数量很少,更为密切的伙伴关系可以提高供应的安全性。

4.6 从买方与供应商各自的视角来看,合作型的或伙伴型的关系所具有的优缺点总结于表 1-3。

表 1-3　伙伴关系的优缺点

对于买方而言的优点	对于买方而言的缺点
供应和供应价格的稳定性提高	不思进取导致的成本/质量风险
分担风险和投资	根据需要更换供应商的灵活度降低
由于彼此的投入和互惠导致供应商更加积极，反应更迅速	可能导致保密、知识产权方面的风险（例如供应商同时也为竞争对手供货的情况）
缩小了供应商基础、协作降低成本，节省成本	可能被不匹配或不够灵活的供应商绑定
可以使用供应商的技术和专业知识	在欧盟的公共采购领域受到规章限制（如每3～5年重新招标的要求）
共同拟订计划、分享信息，有利于产能规划和提高效率	在供应市场发生改变、有新的机会出现时被当前关系所绑定
可以制订长期的改进计划	关系管理成本
更加注重关系管理，例如更易联络到客户经理	相互依赖可能导致灵活性和控制权的丧失
对于供应商而言的优点	对于供应商而言的缺点
业务稳定、业务额高，有利于业务发展的投资	可能被不匹配或不够灵活的客户绑定
与客户合作有利于改善服务、学习以及研发	收入/风险的分担可能不公平（取决于力量对比）
共同拟订计划、分享信息，有利于产能规划和提高效率	客户滥用透明性的风险（如利用成本的透明强迫降价）
分担风险和投资	关系管理的投资
效率提高、合力降低成本、按时付款带来的成本节约	对客户的依赖可能导致灵活性和控制权的丧失
可以使用客户的技术和专业知识	在欧盟的公共采购领域受到规章限制
更加注重关系管理，例如更易联络到采购经理	在供应市场发生改变、有新的机会出现时被当前关系所绑定

关系组合

4.7　最后，组织可能需要针对每种供应情形，建立适当的关系组合（Portfolio of Relationships）。

- 组织可以用帕累托原理或称 80/20 法则，将关系投资侧重于提供 80% 总供应价值的 20% 的供应商或提供 80% 总销售收入的 20% 的客户身上。组织还可以根据重要性、风险或价值等其他衡量标准对供应商和客户的优先级进行排序（见第二章），并与更重要的伙伴发展更密切的关系。

- 组织可以将各种方法组合使用。例如，**对抗—合作**（Adversarial-collaborative）方法也许能使它与供应商在产品开发、降低成本或持续改进上合作，并使它能够进行强硬的谈判，以便保证尽可能地分享最终价值收益。换言之，合作可以"扩大馅饼"。

4.8 一位叫拉尔夫（Ralf）的作者总结了这种情况。

"过去那种在购买中强硬的做法必须与对内对外更为协作性的方式结合运用……而对立性的关系也仍会存在，而且这是完全有必要的。但我们所需要的是在这两种方式中保持好平衡，并且透彻理解为了实现组织的战略目标应当选用哪种战术。要能够判定应该在何时采用何种战术，这是一种必须的能力。如果做不到，那么企业就可能被并不希望的关系缠住而不得脱身，而这经常会导致高昂的成本、耗时良久的工作以及破坏性的行为。"

4.9 那么我们如何才能判定"何时需要何种关系"呢？我们会在第二章介绍几个工具，讨论关系的划分与优先排序，从而帮助你作出这个决定。

第五节 关系的生命周期

5.1 就像有机体一样，我们也可以认为关系也在经历着从出生、成长、成熟、衰退到死亡的一个生命周期，如图 1-3 所示。（人们也常常利用类似的模型来描述产品和市场的成长与衰退过程。例如，你有可能已经学过产品生命周期的概念：产品从面世，变得渐渐流行、有利可图，到不再盈利或陈旧、需要更新换代为止，经过整整一个周期。）

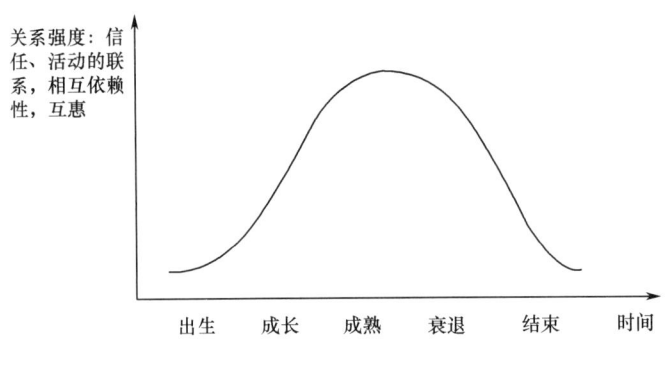

图1-3 关系生命周期

5.2 关系生命周期的每一个阶段，都会给参与者带来挑战与机会。从其最基本的意义上讲，关系生命周期模型强调了供应商和客户都需要管理关系。

- 关系的"出生"。选择合适的关系伙伴；将他们吸引到关系中来；就每一方在关系上的条件与期望进行谈判；建立起持续交往、共同活动与沟通的体系。

- 关系的成长。通过增加联络、合作、紧密感、信任和（最好）给双方带来收益，逐渐提升关系。这包括增进沟通与一体化，管理新出现的问题与冲突，克服距离与障碍，对更紧密参与所导致的风险进行控制（见第四章），不断检查有没有达到目标和增加的收益是否令双方满意。

- 关系的衰退。逐渐使关系降温，或淡出这种关系。关系有自己的运行轨道：关系实现了自己的目标，或者变得陈旧和自满，或者不再盈利；关系会遇到限制，或者出现问题。任一方或者双方的需要和环境都可能会发生变化。随着供应关系走向衰退，我们不得不对角色进行重新定义，并且对资源进行调动。组织必须通知内部的和外部的利益相关者，支持他们应对这一变化。

- 关系的结束，即终结关系。我们需要建设性地完成这项任务，目的在于为未来的关系或进一步的业务奠定基础、为未来的关系管理吸取教训、避免不必要的冲突和信誉损害（例如由于供应商违约产生法律诉讼，或由于供应商裁员带来消极的社会公共影响）以及对利益相关者担负起道德责任和社会责任（例如由于分销合同终止造成消费者无法获得货物）。

关系发展的阶段

5.3 有一个更有针对性的关系生命周期模型（福特等人，2003），常用来分析行业或企业买方及其供应商之间关系发展的阶段，如图1-4所示。

关系前阶段

评估新的可能供应商。最初会存在惰性，因为对现有供应商较熟悉、寻找与评估新供应商会引发成本、更换供应商会面临风险、与新供应商会有距离（不熟悉，不兼容等）。需要回答的一些基本问题是有关潜在的成本与投资、收益和兼容性等问题。双方想从新关系中得到什么？建立新关系要花多少钱？我们需要作出哪种变化，学习哪些东西

探索阶段

联络、讨论或协商考验彼此的方式：例如试订单、一次性的服务采购（例如一个短期的咨询服务）或者对一项资本采购确定规格。双方均花费时间来了解彼此，拉近距离，但仍未承诺对方，仍未建立起程序

发展阶段

业务量在增长，业务特点以一种积极的方式在变化：采购次数在不断增多，或者签订了资本采购合同。人员联系更加频繁，熟悉程度加深，信任增加，信息共享和问题解决得到加强。这是通过对关系的投资与适应，相互学习、建立信任的一个阶段

成熟或稳定阶段

交付变成定期的行为，或者组织已经完成了几笔大的资本采购：现在对对方建立了高度的信任，并且兑现了承诺，增加了互相依赖性。进一步投资于适应的、一体化的和更紧密的伙伴关系，从而建立成熟的、长期的交易模式。建立起了程序，减少了风险，提高了效率

图1-4 关系发展的阶段

5.4 福特等人强调，"对于什么时候到达'成熟'阶段，是不可能设定一个时间范围的，有些关系可能从来不会达到该阶段，而有些关系只需要一点学习与投资，就迅速地变得非常稳定"。

5.5 福特等人也认识到，在任一阶段，关系都有可能不再向前发展，或者一方或双方终止关系，造成这种情况的因素包括供应需求发生变化、资源不足、缺乏承诺。该模型的其他版本中则反映了上述认识。例如，德怀尔等人(《发展买方—卖方关系》)将它们的阶段命名为意识、探索、扩大、承诺和解除。萨朗等人以信任为基础的模型同样地包含了一个最后的阶段，在这个阶段，关系或者面临着更新，或者解除。

关系生命周期模型的运用

5.6 关系生命周期模型将人们的注意力吸引到如下一些有益的问题上。

- 在生命周期中，与指定供应商或客户的关系处于哪个阶段？
- 就各种的采购类型而言，它应该处于哪个阶段？如何对其进行管理？
- 在周期的每个阶段，可能发生的风险和利益冲突是什么，如何对其进行管理？例如，在成熟阶段，是否开始自满？在衰退阶段，供应商是否将价格推高，从关系中压榨最后一点儿可获得的利润？为了建设性地结束关系并顺利转移到另一个供应商，买方如何做好准备？如果与一个战略性的或关键的供应商的关系走向衰退，需要制订哪些应急计划？
- 各阶段有哪些机会？例如，在探索阶段，可以试验哪些创新性项目？在发展阶段，可以协商哪些合作性的持续改进方法？

5.7 可是，重要的一点是要意识到，这类模型呈现的是一种理想的线性发展模式。在实践中，关系像潮水一样，时涨时落。紧密和信任的程度可能会加深，也有可能降低，例如当各方的需求发生变化时，当机会出现时，当期望得到满足或落空时，当障碍出现时。此外，正如我们已经提出的，并非所有供应链关系都需要发展到长期的合作关系；各方可能会满意于从更低强度水平的交易中获益，避免过度依赖和过高承诺的风险。

5.8 我们将在第 10 章"供应商关系管理"中讨论关系生命周期各阶段管理的一些问题。

本 章 小 结

- 买方—供应商关系的概念包含了长期性、为未来互动作出计划、有意义的联系和关系,以及来自双方的承诺。
- 关系的驱动因素包括合作的质量、信任、透明度、承诺、合作和互惠。
- 与外部供应商(和客户)的关系构成了外部供应链。一个类似的概念(内部供应链)描述了组织内信息与资源的流动。
- 采购职能在组织内有许多不同的客户,并且在某种程度上充当着内部顾问。
- 组织中的利益相关者可以分为内部的、相连的和外部的三种。
- 买方—供应商关系是一个谱系:对立关系、松散型关系、交易关系、较紧密的战术关系、单一供应源关系、外包关系、战略同盟关系、伙伴关系和共同命运关系。
- 不存在唯一"最优的"或"理想的"关系类型。相反,买方必须考虑每个供应商和每个供应类别,确定各种情形下哪种关系最优。
- 关系会经历一个生命周期,包括出生、成长、成熟、衰退和结束各阶段。

自测题
括号内数字为参考答案所在段落。

1. 买方与供应商以何种方式来体现相互的承诺?(1.6)
2. 买方与供应商互动的质量是什么意思?(1.8)

3．在何种情况下投资于协作型关系是值得的？（1.15）

4．定义外部供应链。（2.2）

5．内部供应链是什么意思？（2.5）

6．内部客户概念的意思是什么？（2.6）

7．采购在什么情况下会扮演内部顾问的角色？（2.11）

8．列出内部关系和外部关系之间的差异。（2.14）

9．描述跨职能团队的不同类型。（2.25）

10．列出关系图谱中关系的不同类型。（3.1，3.2）

11．根据莱森斯等人，影响买方-供应商关系的因素有哪些？（3.6）

12．多供应源搜寻的主要缺点是什么？（3.10）

13．单供应源搜寻在什么情况下是合适的？（3.13）

14．伙伴式供应源搜寻的关键特点是什么？（3.31）

15．为什么发展合作性关系并不总是恰当的？（4.3）

16．是什么因素推动了朝向合作性关系发展的现代趋势？（4.4）

17．列出关系生命周期中的各个阶段。（5.1）

18．运用生命周期模型，可以提出哪些有益的问题？（5.6）

第二章
关系组合的规划

对应大纲内容

1.2 应用组合分析技术评价供应链中的关系

- 风险的概率与影响评价
- 识别供应、供应商及采购商定位的矩阵
- 制订行动计划

引言

上一章强调了这样的事实,即组织可能处于一种关系组合之中,以适应其采购物品和品类的组合。从对抗性的关系到伙伴关系,在这一关系图谱上没有哪个关系是最好的。我们有必要采用一种权宜方法,即"要看情况而定"。在第一章中,我们介绍了交易性关系或协作性关系最适用的一些情形及其优缺点。

我们也指出,即使合作的、长期的关系是我们想要的,我们也不可能与大量的供应商都建立这种关系。关系发展与管理要求付出相当多的时间、精力和成本。

因此,组织必须对其采购和供应商组合进行概括、划分和排序,将关系的投资应用到能在增值、竞争优势或降低风险等方面带来最大收益的地方,由此发挥关系投资的杠杆作用。

在本章中，首先介绍"关系管理"的概念。"关系管理"是一个对供应和供应商组合进行划分；以支持关键关系排序以及选择适当关系方法的过程。

然后，我们讨论一些可用的组合概括、分析、划分和排序的工具。在每种情况下，我们都要考虑，从这种分析中会得出哪种关系"行动计划"。

第一节　关系管理

1.1　作为一名消费者，你可能听说过"关系营销"（Relationship Marketing）的概念。它是一种长期的营销战略，强调的不仅仅是获得顾客，而且还要挽留他们：为了最大化他们对营销组织的终身价值（在有利可图的长期业务中），与他们建立长期的、不断加深的、互利互惠的关系。一项销售业务不是被视为过程的终结，而是与顾客持续的、互利互惠的交易的开始（借助于忠诚度计划、"脸谱"或"推特"社区、特别优惠等）。

1.2　对"关系采购"（Relationship Purchasing）同样可以这样说。关系采购是一种采购的方法，其目标不仅仅是将与供应商的一次性交易或交换的价值最大化，而且还要建立强大的、持续的、互相承诺的供应商关系，以获得增值、竞争优势并降低双方的风险。

1.3　"交易型"采购方法与"关系型"采购方法之间的区别总结于表 2-1。

1.4　因此，**关系管理**（Relationship Management）可以定义为组织的各种关系的分析、计划与控制，以便能够利用更重要的长期关系，来获取组织的长期利益。

1.5　关系管理包括一系列活动，旨在：

- 收集公司商业关系中其他方的信息，以便帮助组织预测和管理他们的行为。

表 2-1 "交易型"供应链交易方法与"关系型"供应链交易方法

交 易 型	关 系 型
针对一次性的采购业务,强调寻找最低价格或最优价值的供应商	强调保持和发展能提供增值、竞争优势的供应商：长时间内重复交易、互相发展
时间范围较短	时间范围更加长期
正常交易型的,不带个人感情色彩的交易	旨在获得合作、信任和互相的承诺
联络与沟通不多（主要是与业务处理有关的）	联络和沟通频繁（共享信息、促进合作、加深关系、培养共同的能力）
主要关心有效的供应商产出（合规性和符合性）	主要关心的是有效的合作流程（导致增值与竞争优势的结果）

- 根据商业关系组合的相对盈利状况或者对组织的潜在影响（例如战略上重要的供应商，或者易于遭受供应风险的供应品），对公司的商业关系组合进行划分和排序。

- 制订管理重要关系的方法与行动计划。（组织应发展哪种关系？关键问题或潜在问题是什么？应采用哪种沟通和控制方式？）

- 利用合理的机制（例如外部网、联络结构、简报和评审会等），实施沟通与合作行动计划。

- 从目标达成、伙伴满意度、关系发展和组织投资回报等方面，监督和评估关系与沟通的效果。

1.6 我们将在本书详细介绍这些活动。在本章中，我们具体介绍第二步，即公司商业关系组合的划分和排序。

组合分析与划分

1.7 组合分析与划分是指根据业务量、业务金额、利润率、供应风险（或者大体上对公司战略目标的"重要程度"）等相关标准，将公司的供应和/或供应商分成不同的种类。某一指定供应或供应商所属的划分，反映了最重要的采购资源、供应源搜寻方法和关系类型，这些是制订供应源搜寻和关系行动计划的基础。

1.8 现在，大多数采购运营面临着日益增长的维持和深化成本节约的运营压力，同时还要保证供应的质量与连续性。组合细分（Portfolio Segmentation）可以使采购职能：

- 集中并有效利用可获得的资源，同时将已识别的供应和供应商风险因素最小化。
- 关于供应与供应商组合管理，采用标准化的决策和行动规划框架。
- 根据全面的标准和分析，论证供应与供应商组合管理决策的合理性。

1.9 下面我们将介绍考试大纲中所提到的许多组合管理技术。记住，大纲要求理解并解释这些技术的目的和方法，同时还要求能够运用这些技术（根据案例研究中组织及其采购或供应商组合方面的相当基本的数据）。

第二节 风险评估

2.1 考试大纲中涉及合同与关系风险的评估和分类（作为合同管理过程的一个环节），我们还将在第八章讨论这一主题。

2.2 事实上，"风险"也是关系管理的投资中对供应品和供应商排序的一个关键因素。供应中断、失败或不符合的风险越大，买方组织就越想对供应商和供应流程施加控制（例如需求管理和质量控制）以使风险最小化。这种控制欲望反过来又影响着买方组织的合同与供应商关系管理的方法。

2.3 在本章介绍的许多模型中，均将供应风险水平视为划分与排序的一个标准。事实上，风险评估自身也可以作为一个排序工具。

供应风险因素

2.4 我们会在第八章介绍买方组织及其供应链网络所遇到的许多风险，不过在评估关系管理优先级的过程中，我们需要分析如下一些关键风险类型。

- **供应风险**，是与组织的供应链无法供应或者无法按时、完全或按规定质量标准供应有关的风险大类。

- **供应商风险**，是与供应商不胜任或失败有关的供应风险。例子包括：买方的供应商评估、选择和管理流程不得当；供应商不具备生产能力；供应商破产（无法清偿债务）、现金流问题或财务困境；供应商雇员或劳资关系问题（例如罢工）；供应商技术或 IT 系统崩溃；质量管理问题；交付延迟。

- **环境供应风险**，是由于供应市场和外部环境因素或变化引起的供应中断或供应成本增加的风险。例子包括原材料短缺，供应的自然风险（例如天气或疾病），商品价格波动，市场结构对买方不利（例如供应商稀少、势力太大），交付前置期和长的、复杂的供应链（导致更大的脆弱性），运输风险，汇率风险（是国际供应风险中的一种），政治风险（例如由战争和冲突引起的中断，或者进出口配额等政府政策），技术风险（技术陈旧、不兼容、安全性），信誉风险（例如关于道德贸易、用工标准、环境保护和其他公司社会责任问题）。

- **需求风险**，是由如下因素所致：对成品（及有关输入）需求的波动；需求高得出乎预料（导致服务水平变差）；需求低得出乎预料（导致浪费）；某一指定供应物品或服务对买方组织业务流程的重要性或"决定性"。

风险的概率与影响评估

2.5 人们常常用下面两个因素的函数来评估风险：

- 风险或风险事件要素发生的概率（或可能性）。
- 如果风险事件发生，其所造成的后果或影响（有正面的，也有负面的，不过人们最常关注的是负面的影响）。

2.6 风险水平可以用一个简单的公式进行计算：

$$风险 = 概率 \times 后果（或影响）$$

其中：

- 概率用风险事件发生的百分比来表示。
- 风险影响用 1～10 的数字来表示：1 表示较小的不利后果，10 表示灾难性的（威胁到企业的）后果。

2.7 例如，在评估一个信息技术职能外包合同时，我们可以识别出如下一些关键风险要素。

风险要素	概率	后果	风险水平
系统故障	20%	10	2
罢工	30%	6	2
初期磨合问题	80%	5	4

2.8 然后，我们可以将采购、供应商或供应市场相关的各种风险，根据它们的总风险分数，或者根据其他决策规则（例如，不管概率是多少，后果评分为 7 或者以上的风险属于高风险），划分为低、中、高三种。

2.9 根据概率和后果，将采购、供应商或风险因素标绘在一个矩阵中，这样可以进行一个简单的风险或影响评估，如图 2-1 所示。

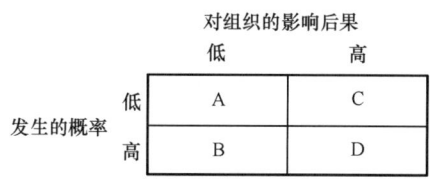

图 2-1　风险评估栅格

2.10　假设我们针对某一指定供应市场进行这一分析，主要集中在已识别供应风险的分类上。现在我们依次来看一下每个栅格：

- A 格包含的事件是不太可能发生并且一旦发生所造成的影响比较轻微的事件，例如，在配备了应急备用发电机的情况下，发生的一次供应商工厂停电事故。

　　行动计划：鉴于影响的程度比较低，组织可以把这些因素当作低优先级的因素而忽略掉。

- B 格包含的事件是相对可能发生并且一旦发生后造成的影响比较轻微的事件，比如说汇率波动（如果组织参与国际采购的程度比较低）。

　　行动计划：合理的应对措施是对这些因素进行监测，以防形势发生变化并且影响超过预期。

- C 格包含的事件是不太可能发生但是一旦发生后造成的影响比较严重的事件，比如说，满足关键需求的供应商倒闭了。

　　行动计划：合理的应对措施是制订应急计划使影响最小化，以防事件发生。也许是建立供应的后备供应源，并购买保险。

- D 格包含的事件是既可能发生、一旦发生所造成的影响又比较严重的事件，比如说出现一项新的改变供应市场的技术。

　　行动计划：合理的应对措施是对已察觉的威胁或机会作出响应，及它们包含到战略分析和规划之中。

2.11　另一个方法是利用同样的概率和后果计算，来确定如下的风险水平：

- 买方组合中特定采购或采购类别。
- 特定供应商（及其供应链）或供应市场。

在这种分析中，A格的采购与供应商不需要管理层关注，不需要采取控制措施。B格和C格则需要以谨慎的供应商选择、合同管理、供应商绩效或风险监督与应急规划（例如后备供应源）为基础，制订一个行动计划。而D格则需要我们优先发展紧密的供应商关系，这样才能利用信任、合作、互相的承诺和控制来将风险最小化。

第三节　供应和供应商定位

3.1　供应定位模型是一个工具，用来确定如下事宜：采购人员就其为组织采购的各种品项而言，应当建立哪种供应关系，采用哪种供应源获取方法。该工具的目的是要评估采购组合中各种品项的重要性或"关键性"，并且据此对合同和关系管理工作进行排序。

3.2　供应定位分析是一项耗费时间和金钱的工作，所以是否要开展这项工作，应根据潜在的收益与价值进行优先级排序与论证。供应定位的一些目标结果如表2-2所示。

表2-2　供应定位的目标结果

结　　果	解　　释
更好地理解各品项在采购组合中的相对重要性	该项工作迫使采购人员非常谨慎地思考他们要购买的每一件物品的一些重要问题，例如供应风险、对于组织而言相对的成本与价值是多少
供应源搜寻和关系方法的决策规则，是制订行动计划的基础	以品项的性质和重要性为基础进行划分，为确定最适合的供应源搜寻方法和供应关系提供了一个框架
更好地理解库存要求，有助于提高库存管理的效率与效果	低成本的品项，其库存持有成本相对便宜；如果它们是具有高供应风险的品项（即战略性的品项），则表明要有一个谨慎的库存持有政策（与大多数情况下的现代思维相反，但却是分析结果所揭示的）

3.3 下面我们来考查供应品定位和供应商定位的一些常用工具。

帕累托分析

3.4 意大利经济学家弗雷多·帕累托（1848—1923）提出了如下命题："任何要素序列中，从要素数量而言占少数的几个要素'20%'总是占据从成果而言的大部分成果'80%'。"

3.5 **帕累托原理**（也称 80/20 法则）是一种有用的工具，可以帮助你合理调度自己的时间、精力和资源，以取得最大的收效。帕累托法则是对任务或关注领域进行排序的一个常用方法。

3.6 在说到供应或供应商定位的时候，我们可以将帕累托原则解释为 80%的开支是针对 20%的供应商的。这种基本的划分可用于将关键的几个供应商（它们供应重要的、高价值的、高使用量的物品，这些只能从一个有限的供应市场中获取）与无关紧要的众多供应商（他们供应日常的、低价值的供应品，这些物品可以容易地从任何地方获取）区分开。采购与关系管理的大部分精力和资源应当集中于关键的 A 类供应商及从他们那里采购的产品。

卡拉杰克采购定位或关系矩阵

3.7 帕累托划分方法是以我们和每个供应商交易的业务量与业务金额为基础的。可是，这并非采购与供应链职能在划分供应商时应该考虑的唯一因素。

3.8 彼德·卡拉杰克（1973）开发了一个分析工具，用以分析下列两个因素。
- 所采购物品对于组织的**重要性**（与组织对该物品的年度支出额、该物品通过创收或成本节约而带来利润的潜力等因素有关）。
- 供应市场的**复杂性**（与物品供应源搜寻的难度、采购方对供应或供应商失败的脆弱性、采购方与供应商在市场中的相对势力等因素有关）。

3.9 该矩阵分为四个象限，如图 2-2 所示。

	供应市场的复杂性			
	低		高	
高 物品的重要性	采购的焦点 杠杆物品	时间 变化的，一般 12~24 个月	采购的焦点 战略性物品	时间 可长达 10 年；受制于长期战略影响（风险与合同组合）
	关键绩效标准 成本/价格和物料流动管理	所采购的物品 各类商品和特定的物料	关键绩效标准 长期的可用性	所采购的物品 稀缺的和/或高价值的物料
	典型来源 很多供应商，主要是当地的	供应 丰富	典型来源 已有的全球性供应商	供应 天然稀缺性
低	采购的焦点 非关键物品	时间 有限的，一般 12 个月或更短	采购的焦点 瓶颈物品	时间 变化的；依赖于可用性与短期灵活性之间的权衡
	关键绩效标准 职能部门的效率	所采购的物品 初级商品，一些特定的物料	关键绩效标准 成本管理与可靠的短期供应源搜寻	所采购的物品 主要是指定规格的物料
	典型来源 已有的当地供应商	供应 丰富	典型来源 全球性的、主要是具有新技术的新的供应商	供应 基于生产的稀缺性

图 2-2 卡拉杰克（Kraljic）采购组合矩阵

3.10 在战略层次，卡拉杰克矩阵用于评审一个组织的采购组合及其面临的供应中断的风险。在本课程中，可以更简单地将其看作一个工具，用于评估针对不同类型的采购最适合采用哪种供应商关系类型。
- 对于**非关键的**或**日常物品**（如常用的办公用品），关注焦点应当是保持低的日常维护工作以降低采购成本。

行动计划：对于这类物品的采购，采用正常交易关系如总括订单（授权最终用户根据签订的协议进行"按需分批发货"采购）和电子采购方案（例如网上订购或使用采购卡）。管理的重点是根据从供应商、终端用户或电子采购系统收到的定期报告，监督开支情况。

- 对于**瓶颈物品**（如专有零备件或专业的咨询服务，如果缺少这些，可能会造成运营延迟），采购者的优先权应当是确保供应的连续性和安全性。

  行动计划：为保证安全性可以采取如下方法：与精心预选过的供应商谈判签订中期或长期合同；开发备选的或备用的供应源；在合同中包含激励和惩罚条款；为保证交货的可靠性，对交货情况进行监控和催交。

- 对于**杠杆物品**（如一个大型超市购买的当地生产的农产品），采购者的优先权应当放在利用己方在市场中的势力来保证最好的价格和条款，纯粹是以交易为基础。

  行动计划：利用买方的势力可能意味着多供应源搜寻；利用竞争性定价（例如通过竞争性招标、投标或电子拍卖），将规格标准化以便于更换供应商；使用合并订单或团体采购以增强买方的势力（必要时），保证经济规模。

- 对于**战略性物品**（如汽车制造商购买的关键组件，或便携式计算机制造商购买的中央处理器），可能存在相互依赖性和共同投资，所以关注焦点应当为供应的总成本、安全性和竞争力。

  行动计划：开发长期的、以信任为基础的、互利互惠的战略性合作关系及关系管理原则（例如跨职能团队、供应商和客户管理、高层支持）；协作规划；数据共享和系统集成；等等。（我们将在本书后面章节讨论发展供应商关系的详细行动计划。)

3.11 将卡拉杰克矩阵应用到某一特定环境是一个相当直截了当的过程，可以为制订行动计划提供一个有用的一般性框架。事实上，它也存在一些局限性。

- 这种分析很大程度上忽视了一个事实，即并非所有的供应风险都产生于买方与供方关系的内部，或者可以通过发展并管理这种关系来减轻。外部环境和竞争性因素也可以产生很大的影响，如第三章所述。
- 这种分析适用于供应品（产品或服务），而不是供应商。例如，非关键物品的一个供应商也可能提供战略性物品，如果把这样一个供应商视为"非关键的"角色（根据它的一些业务出现在这一类别之中），那显然是错误的。
- 买方与其供应商的认识（例如关于业务重要性、关系中各方的相对势力和优势等）也许存在差异。某一指定物品对买方而言可能是一个"杠杆"物品（作为其组合中高开支的采购），但对于一个拥有许多其他客户的大型供应商来说，这并不代表高额的或重要的开支，因此采用"杠杆"方法可能是无效的。（在本章下一节介绍的"供应商偏好"就是考虑供应商视角的一种方法。）

第四节 供应商偏好

4.1 采购定位模型（例如卡拉杰克矩阵）反映的是买方的视角：某一指定采购或供应商在买方组合中有多大的重要性；如何最优地管理采购流程和关系才能将对买方组织的价值最大化？但是在本课程的学习中，对于供应链关系另一面的理解也是同等重要的。买方可能想利用（或强迫）一个供应商，或者想与供应商建立合作的长期关系,但供应商怎么想呢?买方的业务对于供应商是否足够重要,以至于使供应商作出让步?供应商是否愿意或接受买方成为其长期客户或伙伴?

4.2 供应商偏好模型也采用了矩阵形式,表示的是供应商有多大的兴趣与一个买方进行交易,以及该买方的业务对于供应商有多大经济价值,如图 2-3 所示。

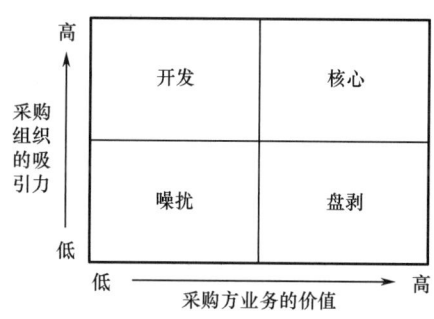

图 2-3 供应商偏好模型

4.3 让我们依次来看一下每个象限:

- "噪扰"类客户的业务既谈不上吸引力也没有价值可言。那些有着客户关系管理意识的供应商会经常性地审查他们的客户群,减少或者停止为不能带来利润的客户提供服务,或者提高对他们的价格(从而将他们转变为"盘剥"类客户)。

- "盘剥"类客户的业务量很大,从而弥补了吸引力不足这一点。供应商会满足供应合同条款的要求,但不会额外提供什么(对任何额外要求都会另外收取费用)。

- "开发"类客户则非常具有吸引力,尽管当前的业务水平还很低。供应商在这些客户身上看到了值得开发的潜力,会在履行合同的时候额外用心以招揽更多的业务,如果一切都好的话,这些客户会转变为"核心"类客户。

- 对于供应商而言,"核心"类客户是非常受欢迎且高价值的,他们希望能够与这些客户建立起长期互利的合作关系。

4.4 这个模型对于运营层次的供应商管理非常有用,因为它清楚地体现出,如果要找到最好的供应商,并且从供应商那里得到最好的结果,买方要维持一个有吸引力的客户形象。有若干因素可能导致供应商特别乐于与某个买方组织合作,并因此(可能地)更具合作性、灵活性和信守承诺:

- 品牌形象好或知名度高:供应商愿意与这些组织合作以提升自己的声誉和对客户的吸引力。
- 良好的声誉和市场地位,例如在环保或商业道德方面处于领先位置(例如 Body Shop 化妆品连锁店或马莎百货)。
- 公平、符合商业道德和职业道德的供应源搜寻以及贸易操作。(如及时为供应商结款、不挑起无谓的纠纷、及时与供应商通报情况、不过分挤压供应商的利润空间。)
- 愿意协作和共同投资于能力和绩效的提升。(例如通过供应商培训和其他形式的供应商开发来共享信息,以协作降低成本、持续改进等。)
- 愿意与供应伙伴平等分担风险和成本、分享价值。(也就是寻求一种互惠或双赢,而不是贪得无厌、使用强硬的谈判技术,反过来却不提供任何好处或妥协。)
- 与买方组织的联络人有着建设性的人际关系。(虽然如果联络人一旦离开,这种关系也就不复存在。)

4.5 维持与供应商积极的关系与地位可以获得收益,相反,得到"负面的"或"没有吸引力的"客户这样一个名声则具有消极的一面。尽管供应商的商业目标是为客户提供其产品或服务,可能的话满足他们的需求和期望,但这不应被视为理所当然的。客户关系营销的现代趋势包括对客户排序；给最富有吸引力的客户（忠诚的、有影响力的、可靠的、长期盈利能力）提供优先的服务水平和满意度，以此来利用与之建立的关系；对于不具有吸引力的客户减少精力投入，这就是供应定位的另一面。

4.6 在以下情况下，买方可能会变得对供应商缺乏吸引力：

- 常常延迟付款、部分付款，或者协商非常苛刻的条款。
- 时常对订单细节和条款提出质疑、变更或争辩。
- 在其订单处理程序中使用（或者要求）过度的官样文章或官僚主义，造成审批、付款等延迟。
- 人员粗鲁，对销售和服务人员不尊重。
- 人员在交易中不诚实或不道德（例如要求贿赂或串通欺诈）。
- 具有不良的信誉（在道德交易、用工标准、客户服务或产品安全性等方面），这会在其供应商网络上具有不良的反映。
- 过分地好打官司（对于稍微违反条款或条件的损失，不断地提出诉讼）。

4.7 这样一种客户可能会遭致这种行为和不良关系管理的惩罚，形式如下：

- 优质供应商拒绝与之交易，或者拒绝投标，或者拒绝达成长期协议。
- 如果供应商找到更有吸引力的合同（也许是买方的竞争对手），买方会失去供应。
- 在供应商那里的优先级很低，导致交货、信息共享和服务质量等更差。
- 更高的价格，或更少有利的信用条款，以补偿供应商为开展业务增加的成本。（由于不存在什么忠诚度、商誉及建立长期关系的愿望，这种做法也反映了供应商想投机性地最大化利润的取向。）
- 如果供应商回应了客户好打官司的方法，则会出现更多的法律诉讼。

本章小结

- 关系管理是指为了能够利用更重要的关系来获取组织的长期利益,而对一种组织的各种关系进行分析、计划和控制的过程。
- 组合分析与划分是指按照有关标准,将公司供应品和/或供应商分类与划分为不同种类。
- 买方主要的风险类型是供应风险、供应商风险、环境供应风险和需求风险。
- 风险可以表示为概率与潜在影响的乘积。
- 供应定位模型是一个工具,用以确定买方应该努力建立哪种供应关系和供应源搜寻方法。
- 供应定位工具包括帕累托分析和卡拉杰克矩阵。
- 供应商偏好模型用以确定在供应商看来,与某一特定买方交易的吸引力有多大,买方业务用货币表示的价值有多大。
- 买方(在供应或供应商相当关键的情况下)获得并维持"有吸引力的顾客"的身份,从而从供应商那里获得最好的待遇和利益,这对于买方而言是很重要的。

 **自测题**

括号内数字为参考答案所在段落。

1. 请指出供应链交易中,交易型方法与关系型方法的区别。(1.3)
2. 列出关系管理中包含的活动。(1.5)

3．对于买方来说，划分供应组合有什么好处？（1.8）

4．请列出买方感兴趣的风险种类。（2.4）

5．如何用概率与影响计算出风险？（2.6）

6．什么是供应定位模型？（3.1）

7．解释采购人员所用的帕累托分析。（3.4～3.6）

8．试解释与风险评估栅格的每个栅格相对应的行动计划。（2.10）

9．画出卡拉杰克矩阵。（图2-2）

10．在供应商眼中，是哪些因素使得买方成了一个有吸引力的顾客？（4.4）

11．如果买方没有获得"有吸引力的顾客"身份，可能的后果会是什么？（4.7）

第三章

竞 争 环 境

对应大纲内容

1.3 影响供应链中关系的竞争力分类

- 竞争优势的来源
- 竞争力：竞争的来源，采购方和供应商的议价势力，新进入者和潜在替代者的威胁
- 影响供应链的 STEEPLE 因素（社会、技术、经济、环境、政治、法律和道德）

引言

在本章中，我们探讨对供应链产生影响的竞争与其他外部势力。这种讨论从以下几个方面与供应链关系管理发生了联系。

首先，正如我们将要看到的，现在的观念已经发生了转变，从认为是组织间的竞争（例如提供同样的或类似的货物与服务的供应商）转变为认识到是供应链之间的竞争，即组织的整个供应链极大地影响了组织货物与服务的质量、价格和可获得性，或者（正如我们将要在第四章介绍的）流向最终顾客或消费者的总"价值"。

其次，有效的供应商关系或供应链管理流程的一个重要目标或期望的结果，是买方组织（及其供应链）获得相对于其竞争者的竞争优势，即比竞争者更有效率、更有效力地为客户提供价值并满足他们的需要与期望。

最后，供应市场中的各种竞争势力会影响供应的竞争力。供应商想要获得相对于其竞争者的竞争优势，买方利用供应商这种心理的能力，以求达成最有利可图的交易和对合同履行的承诺，以及在合同生命周期内不断提高绩效。考试大纲也指出了一系列影响供应链和供应链竞争的外部环境因素，我们将在一般意义上的供应环境背景下进行讨论。

第一节 供应环境

1.1 某一指定采购职能的供应环境可以被视为一系列同心圆，如图 3-1 所示。

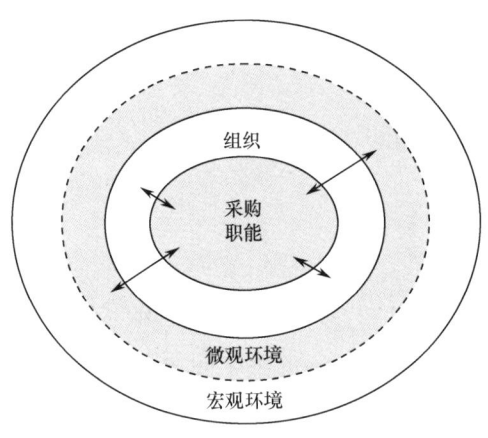

图 3-1 采购环境

- 组织内部环境包括各种部门和全体员工；风格或"文化"；目标和计划；系统和技术；规章和流程等。
- 组织的直接运作环境或微观环境包括对其运作带来直接影响的顾客、

供应商和竞争者。

- 总的或宏观的环境包括组织运作的市场和社会里更广泛的因素：行业结构、国家经济、法律、政治、文化、技术发展和自然资源。

1.2 供应链管理活动受所有三"级"环境因素影响非常大：从内部采购流程，到供应商更换，到国家合同法律或国际商品价格。反过来，采购职能可以采取措施来影响或控制以下环境：

- 内部环境。（最明显的是，通过管理材料流入和其在组织内的流动，以及制定采购政策和程序。）

- 微观环境。（最明显的是，通过努力控制供应商行为和关系，以及通过提高组织的竞争优势。）

1.3 "宏观"环境一般并不在组织的控制下，买方组织所能做到的，仅仅是从自己的利益出发努力预测、识别和管理出现的威胁和机会而已——理想情况下，能做得比竞争者更加有效率和更加有效力。在这种背景下，采购和供应职能就显得尤为重要，因为采购人员借助于自己与外部供应市场的联系，扩展了组织间及其环境之间的边界。市场营销职能部门借助于他们与外部客户的联系，也发挥了类似的作用。

1.4 组织的"开放系统"模型强调在公司风险管理中考虑外部环境的重要性。首先，是因为组织依靠其所处的外部环境获取其输入，并将输出投放到市场，外部环境是组织获取反馈信息来测量和调整其绩效的重要途径。其次，是因为组织在获取输入、创造输出（既包括产品，例如货物和服务，也包括"副产品"，例如废料、污染、供应商开发或本地就业）的过程中，也对环境施加了影响。

1.5 外部环境通过以下三种方式，对组织及其供应链的脆弱性施加着重要的影响。

- 它既是威胁（例如法律限制、竞争行为、技术陈旧或供应短缺），也是机会（例如消费需求、技术改进，或者富有革新精神的供应商进入供应市场）。这影响着企业在其市场上竞争的能力和完成其目标（战略风险）的能力。环境的威胁与机会是形成企业（及供应链）战略和计划的关键因素。
- 它是组织所需资源（人力、材料、供应品和服务、能源、资金、信息等）的供应源。环境决定了组织以适当的价格、适当的数量、适当的时间获得或无法获得这些资源的可能性有多大，以及为了确保供应，哪种供应链战略、政策和做法是有帮助的。
- 它包含了对组织活动试图施加影响或有权施加影响的利益相关者。这些利益相关者包括供应商及其供应链，也包括在供应链道德、管理和绩效中有利益关系的法律制定者、监管机构、行业协会和其他有关方面。

采购研究

1.6 很明显，采购职能为了实现其供应商关系和供应链管理上的战略目标，有必要理解其供应市场和可能影响供应的任何威胁、机会或利益相关者势力。采购研究可以定义为："出于确保当前和未来需求、提升企业竞争地位的目的而系统地研究所有可能影响到商品或服务的获取的相关因素（引自维尔著述）。"

1.7 显而易见，这是一个宽泛的范畴。它包含了各种形式的信息收集与分析，包括：

- **环境分析**，包括环境因素分析与优势、劣势、机会和威胁（SWOT）分析。

- **行业分析**：集中在买方所处行业和供应市场的结构、主要参与者、行业中竞争的性质和强度。

- **竞争者分析**：集中在关键竞争者的资源、行动和方案、优势与劣势等方面。

- **关键成功因素分析**：关注为了获取某一指定行业或市场中的竞争优势，组织必须实现哪些目标。

- **供应、需求和生产能力预测**：例如使用统计分析法或专家意见收集法，来预测未来的采购需求（和相关的供应链能力需求）。

- **供应商分析**：评价供应市场中当前供应商和其他潜在供应商的绩效、潜在生产能力和生产率。

- **供应市场分析**：评价市场中的一般供应条件，应考虑的因素包括可能的可获得性、短缺或中断的风险、市场价格、价格波动和趋势、影响供求的环境因素。

1.8 采购部门开展的供应市场研究一般是持续不间断的，包括持续的市场扫描与分析，但也不排除有时启动某一具体的研究项目为其补充（例如需要进行新的采购，或者发现了风险因素的情况下）。它的目标在于：

- 提供信息，让组织可以拟订计划在供应环境发生改变的时候积极应变（最好能够比竞争对手做得更早、更好），既包括抓住新的机会，也包括在察觉威胁的时候做好防御准备。

- 及早获知供应市场上的创新以确保竞争优势。

1.9 基本的供应商和供应市场数据，如供应因素和风险、供应商能力和绩效、市场价格、供应市场结构和竞争程度等，都可以用来为供应链决策提供支持：

- **战略层面**：如在自制还是外购、本地供应源搜寻还是国际供应源搜寻、供应商基础优化、伙伴关系建立等决策上。

- 战术层面：如关于供应商评估标准、供应源搜寻政策和方法、价格目标、风险管理等。
- 操作层面：如在谈判与沟通程序、价格谈判、拍卖和招投标，以及供应商绩效和关系管理等方面。

1.10 可是，采购职能也需要对外部采购环境中的广泛因素作出反应。

- 新出现的商业机会和威胁，如新的供应市场开张，关键供应品的价格下跌或者上升，或者竞争对手抢去了最佳的供应源（或者开发了其他基于供应链的竞争优势来源）。
- 社会价值观、偏好和预期的改变，可能导致新产品或改良产品（如使用回收材料）、新的流程（如电子商务）的需求上升，或者对供应商和其他利益相关者提出更高的期望（如公平交易或可持续供应源搜寻）。
- 技术发展：支持新产品、新材料和新的供应源搜寻方式（如电子采购），同时淘汰原有的。
- 供应市场全球化的趋势正改变着供应源搜寻和供应链战略。
- 欧盟、各国政府和其他机构对于商业法律法规的不断修改与增补。一个重要的例子就是 2006 年欧盟对于公共部门采购法规的修订，并且与采购相关的很多法律也在司法实践中不断地发生着改变。

1.11 鲍尔等人对环境变量及其对供应市场和供应链的影响进行了总结，如表 3-1 所示。

表 3-1　环境变量及其影响

变　　量	例　　子	对如下方面产生影响
社会变革	改变了客户偏好 大众趋势	产品需求或设计 分销，产品需求和设计
政治和法律变化	新的法律 新的实施优先级	产品成本 投资，产品，需求

(续)

变量	例子	对如下方面产生影响
经济变化	利率 实际个人收入水平 汇率	扩张，债务成本 需求 国内和海外需求和利润
竞争变化	新技术的采用 新的竞争者 价格变化 新产品	成本状况，产品质量 价格，市场份额，利润率 市场份额，分销利润率 需求，广告开支
供应商变化	输入的成本变化 供应变化 供应商数量的变化	价格，需求，贡献利润 生产流程，投资 成本，可获得性，风险
市场变化	产品新用途 产品陈旧 新市场	需求，生产能力利用 价格，需求，生产能力利用 分销渠道，需求，生产能力利用

1.12 但是，我们将会集中于考试大纲规定的模型，即 STEEPLE 分析。

第二节 STEEPLE 分析

2.1 分析外部宏观环境或供应市场因素的流行工具是 PEST 工具或更为综合的 PESTLE 分析。"PEST" 是用首字母拼成的缩略词。这类模型中最全面的版本是 STEEPLE 模型，如表 3-2 所示。我们列举了对组织、管理和就业关系影响最为明显的一些 STEEPLE 因素示例。

表 3-2 STEEPLE 框架

因素	示例
社会文化因素（S）	• 人口统计因素（年龄、性别、种族、人口流动等）会影响货物和服务需求以及技术的可用性 • 消费主义和消费能力（会对供应链消费者所要求的价值产生影响） • 价值观（例如公司社会责任和多样性，形成心理契约） • 工作态度和员工关系（影响着供应风险） • 国际文化差异（影响着国际供应商关系）

（续）

因　素	示　例
技术因素（T）	● 信息与通信技术（ICT）的发展改变了产品和商业过程（例如电子商务） ● 自动化和 ICT 促进了劳动力合理化或裁员；"虚拟"组织；外包（通过完善的通信、整合和控制） ● 自动化和 ICT 改变了工作岗位和组织，用工的技能需求
经济因素（E）	● 经济实力，行业或市场稳定性（例如影响就业、人力资源投资、企业生存优先级、竞争优势来源） ● 通货膨胀率、利率和税收（影响可支配收入、企业财务成本、工资费率和预期） ● 国际供应市场：汇率、比较工资和税收、劳工自由和资本移动、贸易协定等
环境因素（或生态因素）（E）	● 对环保产品的消费需求和公众对环保制造过程的要求 ● 环境问题方面的法规（和有关的合规性风险），例如污染、碳排放和废弃物管理 ● 新出现的或本地优先考虑的绿色生态问题，例如水的管理、森林砍伐、气候变化和温室气体排放 ● 自然资源和商品的供应、稀缺性和价格
政治因素（P）	● 政府政策（例如国际贸易方面的政策、支持工商业和创新的政策、公共开支削减政策、人事政策如工作生活的平衡、终生学习与培训） ● 可以利用的政府补助与资助，如关于雇员、供应商和地方发展的优惠政策 ● 在运营地或供应和劳工市场中的政治风险（例如政治或国内动荡或战争）
法律因素（L）	● 在很多方面存在法律和法规规定，例如用工权利和义务、工作场所安全和健康、平等就业权利、工作时间、最低工资、环境保护、消费者权利和条款、数据保护和政府采购程序
道德因素（E）	● 消费者要求合乎道德的采购或货物和服务生产（例如公平定价、供应链人工标准、避免动物实验、不可再生资源的可持续性采购） ● 消费者和供应商、专业团体（例如 CIPS）、贸易联合会和压力团体等发布的职业道德规范和标准 ● 供应链上不道德行为的曝光或由此所产生的道德或商誉风险 ● 组织的"雇主口碑"（人力市场对组织是否有道德的雇主的看法，影响了组织吸引人才和保留人力的能力）

2.2 对于考生来说，记住这些类别会很有价值：如果在考卷中请你评价组织的外部环境或供应市场，你可以按照这些类别展开系统的和结构化的论述。

社会文化因素

2.3 社会文化环境包含了组织在其中运营并从中获得供应商、客户和工人的社会、产品市场和供应市场的"人"的一面。

2.4 社会文化因素包括：人口统计特征（年龄、性别、地理分布、人口密度和流动、教育和就业趋势等）；文化规范、价值观和习惯；新出现的价值观（例如"绿色环保"消费主义）；工作态度、工作生活平衡和消费者开支；生活方式和时尚潮流；消费者购买偏好等。这些因素反映了组织目标市场的需要和期望，有助于组织预测产品和服务需求，并发现可以用来瞄准并建立竞争优势的市场细分。事实上，它们也反映着其他的利益相关者团体，比如塑造了与来自不同文化的供应商的关系、决定了对供应链中"公平的"和"道德的"交易和用工标准的期望值、影响了组织所需的熟练工的可获得性。

2.5 社会文化数据来源包括：出版的人口调查和报告（例如《经济与劳工市场评论》）；媒体和专业的趋势分析；市场研究计划（和/或出版的研究报告）；以市场为中心的咨询；消费者反馈和偏好的监控（例如通过在线数据收集）；对环境的一般"扫描"。

技术因素

2.6 技术环境包括组织所处国度或国际供应市场的技术复杂度，以及与组织有关的特定领域的发展情况。技术日益变得重要，原因在于创新和发展可以：

- 提高信息收集、处理和通信的速度和能力（通过信息与通信技术，即ICT），促进流线型的、自动化的采购交易和买方-供方数据共享。

- 借助于互联网与电信系统，保障全球商业活动（包括供应链沟通）的全天候（一周七天，一天24个小时）运行，尤其是有助于国际供应链管理。

- 促进新产品（例如音乐或网络电视下载）和新的业务流程（例如电子商务和计算机辅助设计与制造），供应链必须适应这些新进展。

- 由于需求变化、老化和改良的速度越来越快，缩短了产品的货架期（"产品生命周期"），迫使人们进行产品创新，并要求快速、灵活的供应链提供支持。

- 促使小型竞争者面向全球市场提供差异化的或定制的、小批量的产品与服务，激化了竞争，扩大了选择，提高了供应链多样性。

- 建立"虚拟"团队和组织，其中人们共享主要由ICT技术联系起来的数据，并且开展合作。不管公司位于哪里，都可以进行供应源搜寻并且与供应链伙伴进行协作。

2.7 信息与通信技术在很多方面可以用作供应链和供应商管理的战略工具，例如：

- 提高供应链生产率与绩效，例如通过使用计算机辅助设计与制造（CAD/CAM）或JIT系统，利用电子邮件或外部网促进供应商的沟通，或者利用信息集成系统减少订单跟催的需要。

- 促进供应链创新、学习和提高，因为能够获取全球各种相关信息，如多样化的、小型的、专业化的和海外的供应商和产品等方面的信息，全球最佳实践和竞争者活动等信息用于对标与模仿。

- 通过自动化的程序和例外报告等来促进合同与供应商管理中的最佳实践，在合同管理移交到用户部门时将他们发生自行其事行为的风险降至最低。

- 发展忠诚的、互利互惠的供应商关系与合作，途径有：
    - 提供供应商生产能力、生产率、绩效、联络人、合同和协议等方面的信息（例如在服务水平或持续改进等方面），促进关系和绩效管理。
    - 为交易过程、交付跟踪和其他增值服务提供实时信息。
    - 简化采购和交付流程，以达到更高的客户服务水平并降低成本。
    - 创建知识社区，通过外部网等手段共享最佳实践、供应市场和竞争者信息。
    - 通过顺畅的沟通，促进合作活动的协调。

2.8 获得技术环境信息的途径包括：技术调研、专业杂志；媒体分析；贸易交易会和展览；技术顾问与技术提供者（例如研发公司、软件和系统开发员、机器人公司等）。

经济因素

2.9 经济环境包括经济系统中的一般活动水平与增长，以及经济周期的影响（繁荣、衰退、复苏、增长）。这些与更详细的经济因素有关，例如政府财政（税收）和货币（货币供应）政策、外汇汇率、利率、资金可获得性与资金成本、通货膨胀和价格、消费者支出、人工成本和失业水平、跨国际边界的资金与人力流动、国际贸易协议等。因此，对未来经济趋势作出明智的判断和假定，对于商业战略规划而言至关重要。

2.10 同时，组织是在中间行业和供应市场经济系统中运营的。行业分析研究下列一些问题：

- 该行业的基本经济特征是什么？

- 行业集中度与竞争水平如何（最大的五六家公司控制了总量的百分之多少）？
- 行业销售与需求之间有什么显著关系或相关性？经济指标如何（例如国民生产总值或就业）？
- 经济因素和变化对供应链决策（例如需求预测和管理、供应商开发投资、供应商财务稳定性和其他供应风险）可能引发什么后果？

2.11 经济数据的来源包括：出版的政府预测、报告和统计；媒体分析；行业预测和报告；行业会议和联络人。

环境因素

2.12 自然环境包括如下因素：立法、国际义务（例如气候变化京都议定书）和政府在环境保护和可持续发展方面的目标；消费者和压力团体对生态友好型产品和商业流程的要求；污染、废弃物管理、处置和再循环问题；不可再生自然资源的耗尽；保护原著民和生态多样性免受工业和城镇化的影响；降低碳排放；自然力量影响供应的风险（例如天气）等。

2.13 所有这些因素都会对供应链造成影响，例如材料规格、供应商选择与管理（为了确保良好的环境实践）、对物流进行规划、将负面影响降至最小（例如污染和燃料使用）、增加对逆向物流的使用（例如退货与回收）、合规和风险管理。特定行业和公司需要考虑特殊的放置条件问题，比如轿车制造商、航空公司、金枪鱼罐头品牌或医院首先要考虑哪些"绿色环保"问题？或者哪些种类的供应最可能受到天气风险的影响？

2.14 顺便提一句，你应该留意到考题中问到"环境因素"时可能存在的误解。你要弄清楚，问题是在环境分析的背景下提出的（例如STEEPLE因素），还是具体指自然环境或"绿色环保"问题。

政治因素

2.15 政治环境包括如下一些因素:政府(以及更广泛的集团,例如欧盟)的经济与社会目标;政府作为雇主、消费者或供应商的角色(在公共部门);对行业的支持(形式包括融资、区域资助、小企业扶持、专家服务等);工会的优劣势(以及公司中雇员关系的稳定性);游说集团和公众舆论对政府政策和公司实践的影响;政治体制的稳定性和其他形式的政治风险(尤其是在国外市场上)。

2.16 这类信息的来源包括:出版的政府政策;与政府代表和游说者的直接接触;媒体对政治事件的分析;出版的、在线的或者特别开展的调研和报告;政治风险分析的专业顾问。

法律因素

2.17 法律环境包括法律体系(法律及司法)的运转和组织与各方建立的合同关系(包括供应商)。在如下领域,存在广泛的国家和跨国(例如欧盟)法律和规定,例如:经济合同中各方的权利;就业关系中雇员和雇主的权利与义务;职业健康与安全问题;消费者保护;环境保护;数据保护等。除了法律规定的原则之外,还有法庭判决引出的原则,它表明了人们是如何解读法律的。

2.18 在战略上和运营上遵守有关法律规定,这对于展示公司社会责任来说是至关重要的,这可以保护组织的品牌和信誉(包括它挽留优质供应链伙伴的能力),避免不合规所遭受的惩罚和制裁。

2.19 法律规定和变更等方面的信息都是很公开的,并且专业咨询师也会定期检查。可是,采购专家还是需要跟踪自己所在领域的最新发展,例如,

《供应管理》杂志会定期刊载有关法律和案件的简讯和最新消息。

道德因素

2.20 道德因素包括许多与公司社会责任（CSR）和商业道德有关的问题，即什么是组织在商业环境中的"正确行为"。因为合规性和环境保护一般被视为道德责任，所以道德因素和上面提到的法律与生态环境因素有些重叠。事实上，道德因素也包括如下领域的行业和专业执业准则，以及利益相关者压力：公平贸易和道德地对待供应商；对雇员的公平的和人道的待遇（超过法律最低要求）；支持当地的社区（投资和就业等方面）；选择并管理供应商，以便他们在这些领域遵守优良实践。

2.21 像 CIPS 这样的行业协会和专业团体还发布了职业道德准则，为这些领域提供了指导原则。为了支持上述指导原则，许多组织还建立了它们在企业公民或企业社会责任等方面的目标、道德准则或执业准则。媒体上的讨论、态度和反馈调研、压力团组的活动等，也是广受关注的道德问题的很好的信息来源。很多组织也积极推动公平和道德贸易及就业实践，例如国际劳工组织（ILO）、道德贸易倡议（ETI）和公平贸易运动。

SWOT 分析

2.22 SWOT 分析（优势、劣势、机会和威胁）分析是一项战略规划技术，用来评估一个组织、职能或供应链的资源，对组织所处环境中的因素进行分析并/或加以利用。

2.23 优势和劣势是企业或供应链提高（或限制）其竞争、改变和生存能力的内部因素。内部评估包含以下各个方面：

- 物质和资金资源：设备与机器，原材料的可利用性，自有资产，收入潜力，利润率。

- 产品和服务组合，其竞争优势（例如品牌定位和市场份额）和可持续竞争优势（难于模仿的）的来源。

- 人力资源：管理专长、员工技能、用工灵活性。

- 流程、运营和体系（例如质量控制、库存管理、沟通、信息处理）的效率和效果。

- 结构与关系：适应性、效率、合作和沟通、团队精神与合作、承诺与信任。

- 独特的能力和资源：组织或供应链比其竞争者做得更优秀的或更独特的事物。

2.24 机会与威胁是外部环境中出现的对企业或供应链产生影响的因素（像在 STEEPLE 分析中识别出的那些因素）。它们给企业可能带来的是提升还是削弱竞争能力、盈利能力、信誉或其他价值来源？

2.25 可以将各个内部和外部因素列在 SWOT 网格中，如图 3-2 所示。

	优势	劣势
内部的	新技术 质量管理体系 稳定的、高素质的员工 市场领导品牌	新产品开发不足 财务控制不佳 资源不可再生
	机会	威胁
外部的	电子商务 消费者价值与质量 地区发展的税收变化	环境保护法律 潮流趋势 人口老龄化

图 3-2 SWOT 分析

2.26 SWOT 可以用来识别需要采取战略应对措施的领域，以便组织或供应链能够维持或提高其在相关环境中的地位。

- 有计划地建立优势并/或让劣势最小化,以便能够利用发现的机会(或者创造新的机会),并对付出现的威胁。
- 有计划地将威胁转化为机会,通过建立优势(和应急计划)比竞争者更为有效地应对威胁,并有准备地从中吸取经验。

第三节 竞争力

波特五力模型

3.1 20世纪80年代迈克尔·波特教授撰写了一些关于竞争和竞争优势的重要书籍。他指出"行业内的竞争根植于其深层次的经济性",而且"存在的各种竞争力量远远不止于特定行业内已有的竞争对手"。

3.2 波特提出了一个框架,认为一个行业或供应市场内的竞争激烈程度决定于五种环境力量的交互作用,如图3-3所示。

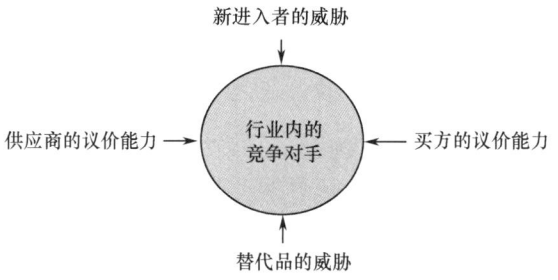

图3-3 波特的五力模型

潜在的新进入者

3.3 **潜在的新进入者**进入一个行业会让这个行业的竞争更加激烈,原因是:增加了供应(不一定会增加市场需求);也许通过创新或激烈的竞争,努力开拓市场并扩大市场份额；提升了成本，因为他们会为获取生产要素而竞标。

3.4 因此，为了现有竞争者的利益要阻止新的进入者。由于进入市场的不同障碍和现有竞争者对任何新的进入者的不同反应，新进入者的威胁程度因行业而不同。（如果现有参与者很普遍地通过激烈的价格竞争阻止新对手，则本来要进入市场的对手会反复考虑是否有利可图……）

3.5 进入障碍是降低一个市场对外部潜在新进入者的吸引力或盈利能力的因素，并因此降低他们进入市场的可能性。在完全竞争中，不存在这类障碍，但是在寡头垄断和垄断市场中，公司为了保护他们的势力和利润，会很有兴趣设立这种障碍（如果目前还没有障碍的话）。

3.6 主要的进入障碍包括：

- 当前的竞争者的规模经济和其他成本优势（例如批量采购和生产上的经济性、更低的营销成本、没有学习曲线、对必要的输入可以优先获得），使他们在必要时可以用价格手段排挤走新的进入者。

- 为了进入新市场需要付出的高额资本投资。

- 产品差异化和品牌辨识度：提供的东西难于模仿，具有难于应付的市场地位和客户忠诚度。现有竞争者有钱支付高额的广告费用，并利用所出售的大量产品分摊其成本；而新的、更小型的进入者则很难在广告上投入那么多钱，来创造产品辨识度并把客户从现有的竞争者那里吸引走。

- 转换成本（例如时间、不方便性、不熟悉新产品，也许还有退出当前合同所引发的成本）和当前品牌的客户忠诚度，阻碍了市场对新产品的试用与接受。

- 现有竞争者对供应和分销渠道的控制（也许是建立在一个选择性的或

排他性的基础之上，阻碍了竞争者）。

- 现有竞争者对不存在近似替代产品的自然资源的控制（例如，矿产或森林的所有权与使用权）。
- 人力和技能供应受到限制（例如提供会计和法律服务的人员须获得合适的职业资格认证）。
- 政府政策和法律障碍。例如，保护现有竞争者的知识产权（例如设计专利和著作权）或物质财产（例如矿产或渔业权利）的法律。

潜在的替代产品

3.7 具体的风险在于，如果替代产品源自真正的创新，公司将难于发现它的产生。**替代品**是能够达到同样目的的另一种产品（如邮政服务、速递服务、传真、电子邮件），让购买者更容易的转换，从而可以限制一个公司对产品收取的价格。同时，如果在买方组织自己的产品市场上有替代产品，则会削弱组织相当于其自己客户的势力。有一个特殊的风险是，如果替代品是创新的结果，那么公司也许无法发现它的出现。

3.8 如果市场上有很多替代品，则产品的需求可能对价格相对敏感，因为购买者很可能因价格升高（或竞争者的价格降低）而转换供应商。因此，替代品价格或价值定位的提升会对给定供应市场中的供应商形成很大的威胁。

买方势力与供应商势力

3.9 **买方（客户）的势力**可以让一个行业竞争更激烈，这使买家（顾客）能够：压低价格；讨价还价要求更高的质量或者更好的服务；或者利用供方的竞争让他们相互打压。波特指出，买方在下述情况下更有势力。

- 相对供应商而言，买方数量很少或规模很大。
- 他们的支出占供应商收入的比例很高（但并不是占买方自己总开销的比例很高，因为这会让他们依赖供应商）。
- 产品和服务无差异性，或有替代产品，买方很容易更换供应商。
- 潜在的"反向整合"（即购买者会拥有或控制他们的供应商，例如一家出版社接手管理一家印刷公司）。

3.10 在某一指定行业或供应市场中的**供应商势力**通常是用来提升价格、挤压买方的利润（特别是如果他们无法通过抬高自己的价格而转嫁成本）。供应商在下述情形下特别有势力。

- 供应商相对于买方而言数量有限或者规模较大。
- 很少有替代产品和/或供应商产品（和/或服务）高度差异化。
- 买家或行业的购买数量对于供应商不重要。
- 供应商的产品是买方业务的重要组成部分。
- 对买方而言转换成本很高。（如因为与特殊供应商建立关系的投资，或因转换带来的合同罚款。）
- 潜在的"正向整合"。（即供应商拥有或控制他们的买家，例如制衣厂自己经营零售商店。）

3.11 供应链成员可以通过操纵上述这些因素来努力提高自己在关系中的势力。例如，供应商为了提高买方对其的依赖性以及随后转换到另一家供应商的成本和困难度，供应商可能会在一个对买方具有战略重要性的领域，将自己所提供的产品进行差异化。而买方可能会将自己的需求进行标准化，这样可以有更多的供应商来竞争这笔业务，从而减弱对现有供应源的依赖性。诸如此类，不胜枚举。

竞争性对抗

3.12 当前竞争对手间的**竞争强度**很难一概而论，从竞争对手之间的合谋（以维持和分享行业的利润），到采取其他激烈的竞争战略，如创新、价格战和促销战，在这些情况下一个公司的获利就是另一个公司的损失。在下列一些情况下竞争会更加白热化。

- 有很多竞争对手势均力敌。
- 行业增长缓慢。（如果一个"蛋糕"不变大，公司要增长的唯一办法将是通过竞争争取更大的"一块"。）
- 产品和服务缺乏差异化。
- 生产固定成本高，所以公司需要更高的收入收回成本并获得利润。
- 退出市场障碍大，所以继续竞争比退出行业成本更低。

3.13 退出障碍是指在一个行业被证实不具有吸引力或者不盈利的情况下，让现有供应商难以离开该行业的因素。下面是一些退出障碍。

- 公司的资产不能进行拆解、再销售或再利用，这样公司无法从它们身上实现任何价值（只能继续使用它们）。
- 如果由于业务停止或改变而不得不解雇工人，则还需支付裁员成本。
- 对公司的其他部门或业务造成影响：由于撤资，使组织失去士气和/或战略方向；辅助产品上的损失（对产品系列中其他产品的销售造成影响）；失去管理人才（如果没有转移到其他部门）。
- 由于工厂关闭、产品收缩等因素，造成信誉损失，这会对公司其他产品线造成影响。
- 企业社会责任和/或政府压力，要求公司维持就业和基本货物与服务的生产（即使它们是不盈利的）。

波特模型的应用

3.14 五力模型已经成为分析竞争环境中势力的标准模型。它有助于区分一个行业中的关键竞争变量，可以对行业势力结构和竞争压力进行系统性分析。因此，它可以使经理人判断不同行业的可能利润率，发现竞争机会与威胁，并努力操纵不同的势力来提高利润率（增值）和竞争地位。

3.15 这是一个简单的框架，可以帮助进行讨论和对调查结果进行沟通，并且它集中于那些与利润率最直接相关的势力，而利润率可能是商业组织的一个关键战略目标。

3.16 然而，你也应当看到该模型的局限性。

- 它强调利润率，而这并非所有组织的基本的或者唯一的目标。最明显的是，对于非营利组织就并非如此；而其他有些组织为了优先考虑市场或产品开发、技术、创新或道德等，可能会对利润率以一种长期的视角来看待。

- 它只是提供了时间上某一特定时点的竞争环境的静态"快照"。在一个高度动态的环境中，它可能会随着各种势力的变化（例如假如法律或政治方面的进入障碍消失了，或者说一个替代产品从技术创新中诞生了），或者随着竞争者为克服不利势力而采取的举措与反举措，而很快变得过时。

- 它只考虑了直接竞争环境中的五种势力。这只是描绘了一幅过分简单的图画，除非也考虑了各种竞争势力（它们之间不是互相独立的）之间的联系和宏观环境（STEEPLE因素）中关键动因的影响。五种势力就其自身来说，并不足以代表某一特定行业中的各种竞争变量，例如核心能力、技术或知识产权的发展脚步、产品生命周期长短（例如在快速消费品行业）等。

- 它的初衷是用于战略业务单元（SBU）级别，而非整个组织或供应链级别。组织就其运营和市场来说各不相同，因此竞争势力的影响也是大相径庭的。

- 它将制定战略的"定位"方法进行了典型化处理，表明组织竞争优势的来源主要在于它如何使其战略"适合"其外部环境。正如在本章下一节所看到的，有人提出基于定位的竞争优势并不是长期可持续的，原因在于环境变化的速度与不可预测性，以及竞争者模仿基于一般优势来源的战略的能力。

监测竞争者

3.17 竞争者是供应链管理外部微观（市场和行业）环境的一个重要组成部分。

- 一个组织需要在市场上获得或保持相对于竞争者的优势，这在某种程度上会影响该组织的战略和产品。经理人会努力预测竞争者会怎么做，以便前瞻性地应对竞争者计划对自己产生的威胁。因此，买方就有必要监测竞争者的材料成本和质量等，以便使自身的供应链保持竞争力。

- 可以将竞争者作为关键能力的标杆。例如，组织可能对照关键竞争者或市场领导者的供应链所设定的标准，来测量它自己供应链的客户服务、质量管理、采购效率或道德价值观。（我们将在第十一章"供应商绩效管理"中介绍对标。）

- 竞争者可能试图通过控制最优质的供应和分销渠道，来寻求竞争优势，例如与供应商或分销商建立优先关系，或者谈成排它性的供应和分销合同。因此，一个组织的供应链经理是直接与竞争者的供应链经理进行竞争的，特别是当供应有限或稀缺的时候，这对供应链关系的质量带来了额外的压力。

3.18 因此，竞争者分析是环境分析的一个重要组成部分。分析内容包括竞争者目标、能力（优势与劣势）、战略（它竞争的基础是什么：价格、产品差异化还是细分市场）以及对环境威胁和机会的可能应对措施。例如，买方可能需要审视竞争者与关键供应商的关系，他们对关键或稀缺供应品是否有所控制（或者能够获得控制），他们在多大程度上控制或降低采购、材料搬运或供应链成本（带来更大的利润率和/或价格竞争）等。

竞争与竞争性供应

3.19 公共部门采购特别强调供应商的选择要依据可公开审计的（论证公共资金的使用是否合理）、遵循最优价值和道德准则的（向所有胜任的供应商提供平等的机会）透明程序，并非依据政治私利、社会经济目标或偏袒。为了最好的保证质量和资金价值，政府采购特别强调要促进（或者强制执行）竞争性的供应源搜寻程序。

3.20 我们要特别注意竞争性供应源搜寻的目的性，不能为了竞争而竞争，而是审慎利用竞争从而实现**竞争性供应**的增值结果，也就是说供应安排所提供的供应品应当达到或超过要求，而成本要在特定供应市场上体现最佳价值。

3.21 所谓**竞争性**就是一个市场内竞争的强度和激烈程度，它可以带来真正的客户选择权、供应商承诺（以赢得业务），并且让客户在价格、质量以及创新方面获得潜在益处。

3.22 一个关键性的问题是，竞争性供应源搜寻（例如使用竞争性招投标或电子拍卖和短期、频繁重新招标的合同）是否真正导致了代表竞争性供应的供应解决方案、投标和关系。

- 在有些情况下，有必要增加供应市场的竞争程度，例如通过鼓励新的进入者或替代产品和流程，拓展供应市场（从当地的扩展到欧盟甚至全球的），协作采购以增强采购方的谈判能力，使合同变得对更广泛的潜在供应商更富有吸引力和更容易接近（例如中小型企业、第三部门供应商或少数民族供应商）。
- 在有些情况下，竞争性供应源搜寻可能在实际上发挥了阻碍竞争性供应的作用，例如阻碍了潜在的创新型供应商（例如小型供应商，无法在经济规模上展开竞争），削弱了产生于长期供应商开发和供应链伙伴关系（例如在创新性解决方案、响应性或质量等方面展开竞争，而非仅在价格上）的可持续竞争优势潜力。

竞争方面的法规

3.23 当我们一般性地讨论竞争的时候，值得一提的是，政府可以通过立法和其他手段，大大地影响公司与其所处微观和竞争环境中成员之间的关系本质。

- 控制价格（例如在私有化公用事业公司的情况下）和竞争实践（例如宣布建立卡特尔的行为和扭曲竞争的垄断、市场操纵行为是违法的）。
- 给进入市场的新生产者降低进入障碍（例如通过提供开发资金援助和补助金）。
- 规范质量、测试和环境标准（并且在有些行业，新产品的采用，例如药品)。

- 提供资金资助、税收刺激和补助金,鼓励竞争与创新,等等。

第四节 竞争优势的来源

4.1 基本上,一个企业可以通过比其竞争对手更低成本或更好地执行战略上重要的活动而获得竞争优势,即在同等的成本下比竞争者提供给客户更好的预期收益,或者以更低的成本提供相同的预期收益。

4.2 是否获得竞争优势或是否在竞争中取得成功,主要是根据**市场份额**来衡量的。所谓市场份额就是在某一指定市场上某一指定供应商获得的销售量或销售额的比例。组织也可能会测量销售增长率(在数量上或者在价值上),不过这一指标不一定能反映竞争力上的成败。销售上的增长有可能是市场成长的结果,而不是比竞争者更加获得了客户的青睐。

4.3 组织在内部商业价值链上的任何一处都可以获取竞争优势,但同等重要的是,围绕供应商、关系和客户的整个价值系统,也可实现竞争优势。(我们将在第四章进一步探讨"增值"和"价值链"的概念。)

竞争优势的一般来源

4.4 波特(《竞争优势》)提出,公司在市场上可能会寻求两种基本的竞争优势,即胜过它的对手:低成本或差异化。换句话说,竞争优势可以通过以下两种方法获得:

- 比竞争者更有效地(低成本)为客户提供相等的价值。
- 以相同的成本但是以独特的或唯一的方式开展业务,来为客户创造比竞争者所创造的更大的价值并且收取额外费用（差异化）。

4.5 同时，一个组织既可以选择将上述任一个战略应用于广泛的市场，也可应用于精确的或目标市场（或者市场细分）。波特将此总结为三种通用的战略：

- **成本领先**（Cost Leadership）：谋求成为整个行业中最低成本的生产商。
- **差异化**（Differentiation）：谋求开发整个行业中被认为"不同的"或"唯一的"产品或服务。
- **集中化**（Focus）：既可以通过以更低的成本向该市场细分提供货物或服务，也可以通过根据该细分市场的需要提供差异化的产品或服务，将组织活动定位于选定的市场细分。

4.6 你可能已经注意到，在实践中存在两种集中化战略（成本中心和差异化中心），因此可以得出四种一般性战略。后来有人将波特模型的四种可能战略表示为一个矩阵，如图3-4所示。

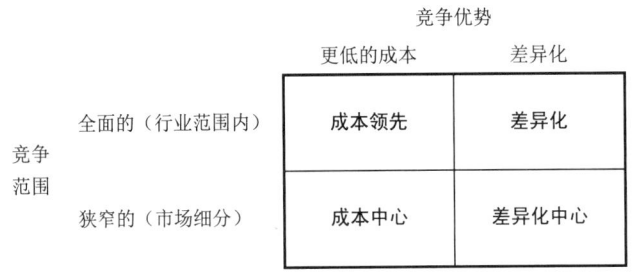

图3-4　波特关于竞争优势的一般战略

4.7 **成本领先**对于在价格敏感市场中展开竞争的组织来说，是重要的竞争优势来源。这类组织需要对其供应链成本、成本动因以及客户对质量的定义有一个全面的了解。他们的基本任务是以最低的可能的单位成本提供所需的质量，特别地，以相对于竞争者而言更低的成本水平。

4.8 这使得他们在必要的时候与行业中任何其他生产商能够在价格上展开竞

争，而同时赚取最高的单位边际利润。它给新的竞争者提高了进入障碍，并且使得公司在其他竞争势力面前变得不那么脆弱，例如替代者的威胁、买方势力（由于客户不能将价格降低，除非另一个更有效的竞争者降低了价格）和供应商势力（由于公司在应付成本上升方面有一定的灵活性）。

4.9 要追求总成本领先战略，要求企业采取如下战术，例如为保证规模经济（"大批量、低成本"）而进行大量生产，依靠技术来提高生产率，寻求持续改进和减少浪费，将供应和物料搬运成本最小化。从供应链的视角来看，成本领先战略的主要含义在于强调成本降低，手段包括库存最少化、对材料要求和运输进行规划、种类减少和质量控制、简化交易流程、就价格进行谈判、为实现规模经济而聚集供应等。（我们将在第四章讨论增值来源时介绍成本降低。）

4.10 对于面临低成本强有力竞争者的组织而言，差异化是获得竞争优势的一个关键来源。差异化战略是基于一些非价格因素，将产品与那些低价产品区别开，从而获得优势。换言之，使之在客户的心目中与其他产品区分开。（注意，成本领先是以实值衡量的，而差异化则是以市场的主观感知衡量的。）

4.11 差异化可以通过以下手段实现：产品规格或增加的特性；技术和性能（像戴森工程）；质量上的信誉（像马莎百货）或公司社会责任上的信誉（像Body Shop化妆品连锁店）；"风格"或品位价值（像iPod）；鲜明的品牌辨识度（像吉百利巧克力）；供应链在产品延迟客户化方面的灵活性和响应性（像戴尔电脑）；客户服务（像维京航空公司）；整体供应经验（像亚马逊网站）。在理想的情况下，一个产品可以沿几个维度进行差异化。

4.12 从供应链的视角看，差异化战略允许、鼓励和要求（对此可能仍有争议）与供应商形成更紧密的合作关系。供应链的专长和有效性会对广泛的差异化变量有所贡献。过程和产品改进将是关键目标，同时还有质量控制和信息交流。

4.13 差异化可以创造客户与品牌忠诚度，这对新竞争者是一个进入障碍，并能减弱公司在面对其他竞争压力时的脆弱性，例如替代者、买方势力（由于它不那么容易转换）和供应商势力（由于高边际利润会抵消成本增长）。可是，差异化也有其自身的缺点。客户对"独特性"的感知常常与高市场份额不相容。客户迟早会变得对价格敏感，不再愿意支付明显高于行业平均水平的价格。竞争者模仿也可能是差异化价值随着时间推移变得更低的一个因素。

在竞争战略上的两种观点

4.14 如前所述，系统的战略形成过程包括分析组织所处内、外部环境，确定环境给组织竞争地位带来的优势、劣势（内部的）、机会与威胁（外部的）。事实上，对于这两套变量，哪一个对竞争优势产生更大的或更持久的影响，有两种不同的观点。

- **基于定位的战略方法**提出，组织竞争优势来源主要在于其战略适合于其所处的外部环境，利用机会并将威胁最小化。换句话说，你通过发现一个指定环境中的产品和市场机会来制定你的战略目标，然后发展并配置所需的组织资源达成你要的目标。在这一"由外而内"的方法中，你从环境条件出发，使组织适应并利用这些条件。

- **基于资源的战略方法**提出，组织竞争优势来源主要在于其如何利用其独特的（唯一的或难于模仿的）内部资源和能力，根据它们能够做什么来制定战略目标。在这种"由内而外"的方法中，你从组织的优势出发，寻找一个能让你加以利用的环境，即组织可以改变环境来适应自己最擅长的，而不是改变它最擅长的来适应环境。

4.15 本章到目前为止讨论的概念主要是以基于定位的方法为基础的：从细致的外部环境分析（STEEPLE 和竞争与行业分析）出发；选择一般的最适合的战略，将组织重新定位，获取指定环境中的竞争优势。波特的一般竞争战略即是这一方法的典型代表。

4.16 可是，许多作者认为，基于定位的竞争优势从长期看是不可持续的，主要原因如下：

- 商业环境中变化的速度与不可预测性削弱了定位背后隐含的假定。产品和市场变化常常压倒了长期战略。正所谓，计划赶不上变化。持久竞争优势的一个更为有效的来源，是灵活、快速适应这类变化的能力，组织通过有效的供应链沟通、关系和流程，可以获得这种能力。
- 定位方法建立在优势一般来源的基础上（例如差异化和降低成本），这些东西最终会被竞争者模仿复制。持久竞争优势的一个更为有效的来源，是竞争者无法拥有或不可能轻易模仿的一些资源或能力。组织通过与专业的供应链伙伴建立起强大的（可能的话，排他的）关系，可以获得（并防止竞争者获取）这类资源和能力。

竞争性资源与能力

4.17 能力是指"使得组织更有效地配置其资源的活动或流程（约翰逊等人，《公司战略探索》）"。

- **门槛能力**（Threshold Competencies）是支持某一特定战略或使组织在某一指定市场上展开竞争必需的基本能力。（IT 系统的有效运用现在被认为是大多数市场的一个门槛能力。）

- **核心能力**（Core Competencies）是指独特的、创造价值的技能、能力和资源，它们在客户眼中可以增加价值，是稀缺的和竞争者难于模仿的，是能够灵活适应未来需求的。它们提供了可持续的竞争优势，例如通过促成差异化或成本领先地位，或者给进入一个行业的竞争者树立障碍。

4.18 哈默认为，"高级经理必须将他们公司看作一个核心能力的组合，而不仅仅是业务和产品的组合"，这句话也可以用于供应链。

4.19 核心能力概念是供应链结构和关系的一个关键决定因素，它代表了组织自身为获得竞争优势能够开展和利用的那些商业活动，以及那些能够通过供应链从外部更有利地获得供应源的活动。这将影响到：

- 公司内部执行的和控制的活动，以及那些购入的或外包的活动（战略供应源搜寻和外包决策）。
- 组织对扩展的企业中的资源和活动施加控制的程度，并因此影响有关供应链分级、主导供应商、伙伴关系等的决策。
- 供应网络的构成。由于在一个松散的、信息共享的网络中，有些成员也与竞争者合作联系，所以能力的不可复制性存在着脆弱性。

4.20 核心能力概念也是供应链关系选择中的一个关键因素，原因在于它反映了组织在多大程度上依靠其供应商提供、开发和保护独特的、不可复制的、增值的能力。

4.21 考克斯的**关系能力模型**（Relational Competence Model）提出，依赖性越强，供应关系的深度就需要越深。

- 如果一个供应商能够提供重要的补充能力，而且这种能力在供应市场上不容易获得，那么可能值得在合作上投资（甚至是参股）。由于组织需要保证获取重要的竞争优势，并且从其他来源获得需要而付出很高成本，所以组织实际上会被有效地"绑定"在这种关系之中。

- 如果供应商提供的能力充其量是剩余的（存在许多供应商，具有类似的生产能力水平，转换成本比较低），那么长期合作关系就是没有必要的，建立在竞争性利用基础之上的简单交易关系足以保证组织以最有效和有利的条款获得各种能力。

4.22 拉姆斯也提出了许多具体的方法，组织可以利用其供应链来发展不可复制的能力。

- 识别并开发未知的供应商，即竞争者不太可能接近的那些供应商。
- 为了确保其资源获取的唯一性，"封存"一个供应商（例如通过合并、合资、排他性供应协议或保密协议）。
- 应用竞争者难于模仿的采购战略，例如利用行业或关系中强大的谈判力量，或者利用与供应商形成的"特殊关系"（建立在个人关系、知识共享、针对关系的投资、适应性和一体化等基础之上）。

本 章 小 结

- 我们可以将供应环境画成许多同心圆，分别代表内部环境、运营或微观环境、一般或宏观环境。
- 采购研究包括环境分析、行业分析、竞争者分析、关键成功因素分析、预测、供应商分析和供应市场分析。
- 分析宏观环境因素的一个流行工具是 STEEPLE，即社会文化的、技术的、经济的、环境的或生态的、政治的、法律的、道德的因素。
- SWOT 分析是一种用来分析组织（内部的）优劣势和它面临的（外部

的）机会与威胁的战略规划技术。

- 迈克尔·波特认为，某一行业竞争的程度依赖于五种因素的相互作用（波特的五种势力）：新进入者的威胁；替代者的威胁；供应商议价势力的威胁；买方议价势力的威胁；行业中现有公司之间的竞争程度。
- 竞争者是外部环境中的一个重要组成部分，这意味着竞争者分析是环境分析的一个重要组成部分。
- 波特认为，公司通过降低成本，或者通过差异化来寻求竞争优势；而且这些战略既可以用于广泛的市场，也可用于特定的市场。
- 提出以定位为基础的战略方法，如果组织在战略上"适应"了它所处的环境，那么组织就是富有竞争力的；以资源为基础的方法则认为，竞争优势在于独特资源和能力的利用。

自测题

括号内数字为参考答案所在段落。

1. 区分公司的内部、微观和宏观环境。（1.1）
2. 外部环境以什么方式对组织施加影响？（1.5）
3. 作为采购研究的一个组成部分，需要开展哪些类型的分析？（1.7）
4. 针对 STEEPLE 的每个标题，请列举几个环境因素。（2.1）
5. 列举技术发展的一些特定影响。（2.6）
6. 如何利用 SWOT 分析来帮助制定战略？（2.25）
7. 列出波特的五种势力。（3.2）
8. 请列出进入一个行业可能遇到的障碍。（3.6）

9．在哪些情况下买方特别有势力？在哪些情况下供应商特别有势力？（3.9，3.10）

10．列出波特五力模型的局限性。（3.16）

11．政府是怎样影响公司及其环境之间关系的性质的？（3.23）

12．描述波特的一般竞争优势战略。（4.4～4.6）

13．列出公司实现产品或服务差异化的途径。（4.11）

14．区分以定位为基础的战略方法和以资源为基础的方法。（4.14）

第四章
增值型供应链关系

对应大纲内容

1.4 分析通过供应链关系取得增值的来源

- 关系作为一种流程与创造的增值成果之间的联系
- 增值的来源：从外部供应商采购时的定价和成本管理、质量改进、时间期限、数量和地点因素
- 供应链网络中各组织之间的联系

引言

在本章中，我们探讨合同和关系管理的商业理由，以此结束对供应商关系管理及其背景的概述。在第三章中我们提到过，关系管理作为一个过程，并非为了关系管理本身，而是为了过程合规或者与供应商更顺畅地进行交易，只能以它对组织战略目标的可测量的贡献（例如竞争优势与市场份额）来论证其所涉及的成本和工作量是否合理。

在本章中，我们将更深入地探讨有效关系管理的目标结果，介绍组织和供应链网络可以实现的"增值"的来源。

我们先从各种视角来解释增值概念。然后探讨增值的各种来源：首先，利用"采购的五个合适"框架；然后看看在实际中如何通过关系管理本身，以及

通过供应链关系中各种发展机会的方法,来增加价值。到第十章和第十一章供应商关系管理和供应商绩效管理部分,我们还会继续讨论这方面的内容。

第一节　何谓增值

价值与增值

1.1　迈克尔·波特(《竞争战略》,1980)认为,一个组织的竞争优势最终来自它为其客户创造的"价值"。价值可以简单地被视为产品或服务所值的东西,我们可以用两种方式来加以测量,一种是组织生产产品或提供服务的成本是多少,另一种是按照客户愿意为之付出的金额是多少。换句话说:

- 组织创造价值——通过比其竞争者更有效力或更有效率地开展其业务。
- 客户购买价值——通过将组织的产品和服务与组织的竞争者所提供的那些加以比较。

1.2　这样,"增值"这一术语本质上是指给一个产品或服务增加的价值,作为支持其生产和向客户交付的所有流程的一个结果,包括市场营销、设计、生产、客户服务、分销、维护等。

价值链与价值流

1.3　波特的"价值链"模型反映了组织借以创造价值的主要活动和支撑活动,如图 4-1 所示。

1.4　每项组织活动都可以被视为价值链或价值流的一个组成部分。所谓价值链,就是一个商业活动的序列,组织或供应链依序将价值增加到产品或服务中去。

- 主要活动（Primary Activities）涉及将资源输入到组织、通过"生产"过程对这些资源进行转化、将最终产品移动到客户、并对产品进行营销。
- 支持性活动或次要活动（Secondary Activities）涉及支持主要业务的一些职能。

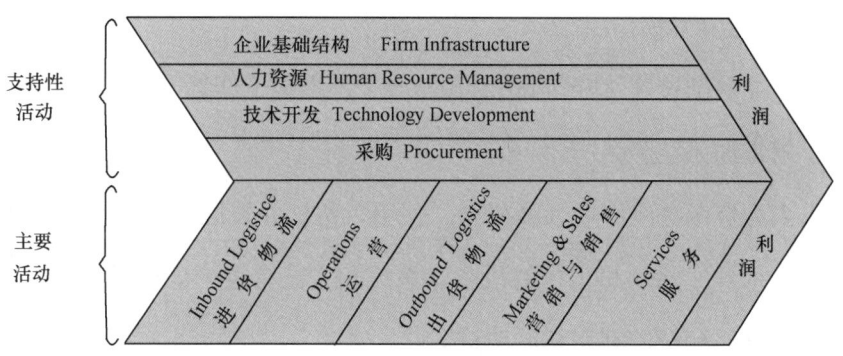

图 4-1 波特的价值链

注意，增值"活动"不等同于一个业务职能或业务单元，这些活动的实施可以跨越部门的界限。

1.5 **基本价值活动**（Primary Value Activities）可以分为五大领域：

- 进货物流是有关输入货物接收、存储和分拨的各种活动，如物料搬运、仓储、库存控制等。
- 运营涉及输入货物到成品货物或服务的转化。在制造业中，这些活动包括组装、测试、包装与设备维护等；在服务行业，即为基本的服务提供。
- 出货物流涉及成品货物的存储、配送和向客户送货：仓储、物料搬运、运输计划、订单处理等。
- 营销与销售负责与客户的沟通，以便为客户提供一种他们能够购买该产品的途径（以及诱导）：市场研究，新产品开发，广告与促销，销售队伍管理，渠道管理，定价，等等。

- 服务包括销售之后发生的所有活动，旨在提升或保持该产品对于客户的价值：安装，维修，培训，零备件供应和维护。

1.6 **次要价值活动**（Secondary Value Activities）支持所有的主要活动，跨职能和活动边界发挥作用。

- 企业基础设施（Firm Infrastructure）是指用于计划、财务、质量控制与管理的系统和资产。
- 人力资源是组织中人员招聘、任用、留任和发展中涉及的所有活动。
- 技术开发活动与工作的设备、系统和方法有关，如产品设计、生产过程优化和资源利用率的改进。
- 采购包括为获取主要活动的输入而需要完成的所有活动（或者支持各主要活动获得它们自己的输入）。

1.7 就其最简单的形式而言，该模型指出，采购活动通过为组织主要的增值活动提供支持或服务而增加价值。

- 采购职能对进货物流和/或出货物流负有直接的责任，或者可能管理着这些职能的外包（例如通过第三方仓储和物流供应商）。
- 采购借助于满足"采购的五个合适"（即确保具有合适质量的合适货物，在合适的时间，以合适的价格，交付到合适的地点），来支持运营和服务活动的价值增加。（这是考试大纲在有关增值来源方面的重点，我们将在本章第二节详细讨论。）
- 采购职能通过提供产品和交付信息、寻找营销服务机构（例如广告机构、印刷服务机构等），或者给营销人员提供有关采购的建议，来对营销和销售部门提供支持。

价值体系或价值网络

1.8 一个公司的价值链不会孤立存在，增值活动也不会局限于组织的边界之内。如第三章所述，一个企业通过对其供应网络内的各种联系进行管理（即基础技术，本章后面还将讨论，如敏捷供应和精益供应、全面质量管理和供应链管理），也能够获得竞争优势。

1.9 这种广泛的价值链延伸贯穿整个供应链，称为**价值体系**或**价值网络**，如图 4-2 所示。

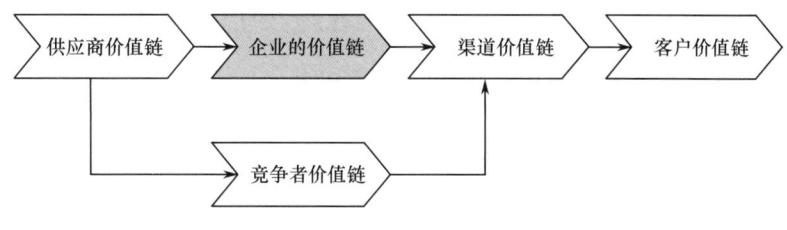

图 4-2　价值体系

供应链联系

1.10 出于合同和供应商关系管理的目的，价值链和价值网络模型的一个关键点在于，价值体系内的活动被认为是相互依赖的：每个要素都会影响价值链中另一个活动的成本、效率或效力，这就构成了波特所说的"联系"。例如，提高所采购材料的质量可能会减少在质量检验或售后服务方面的工作浪费。将成品及时交付给客户，要求组织对采购、运营、出货物流和服务活动进行整合。

1.11 为了将价值向客户的流动达到最优化，需要对这类"联系"进行协调，这就是为什么内部的和外部的供应链关系以及沟通是如此重要的原因。

通过对各种联系的管理实现价值向客户流动的最优化，这是"供应链管理"概念的基石。我们将在本章第四节更详细地讨论这一内容。

"浪费"的概念

1.12 价值链和价值网络模型将商业流程视为一个在组织资源"流向"客户的过程中，成功将价值附加到组织资源上的活动序列。可是，这就提出了一个问题，一个组织或供应链的所有活动是否实际上都增加了价值，或者是否有些活动实际上是不增不减的甚至减少了价值。（即在客户眼中没有增加价值，反而增加了成本，亦或在客户的眼中甚至可能减少了价值，例如通过给价值链引入低劣的质量或服务。）

1.13 增加成本、不增加价值的活动和流程被认为是"浪费的"活动，即它们对价值向客户的流动没有丝毫的帮助，因此应该通过供应链和价值链，对其最小化或尽可能地加以消除。

价值向客户的流动

1.14 还需要注意，"价值链中的每项活动都提供了输入，这些输入在处理之后，构成了输出的价值增加，被最终客户以产品或服务的形式接收到"。（莱森斯等人）

1.15 因此，采购可以被视为价值向最终客户流动全过程的不可分割的一部分，不仅仅是一种内部行政支持职能。在最近几十年，这一观点得到了越来越广泛的认同，使采购在组织管理中发挥着更加综合的和战略性的作用，并且为战略决策提供着输入，例如自制/外购决策、新产品开发决策、供应链开发决策、流程再造等。

关系"过程"与增值"结果"之间的联系

1.16 考试大纲要求考生认识到"作为一个过程的关系"与"增值结果"的实现之间的联系。你应当能够解释关系过程(例如信任的发展、伙伴关系或者绩效管理)如何有助于增值结果的实现(例如降低成本、减少浪费、提高利润率、改进质量或服务、供应链创新或可持续性采购)。通观本章,我们将介绍这其中的方方面面。

1.17 事实上,清晰地区分"结果"和"过程"是有所裨益的。
- **结果**是一个组织或采购职能想要实现和/或实际上实现的事物。
- **过程**是追求想要结果所依赖的或一个组织为确保优秀实践而遵从的手段或步骤。

1.18 我们必须根据增值结果来调整过程。可是,组织可能会以优秀实践和创新、增值过程为代价,过分地强调狭窄的目标结果,例如成本降低或利润最大化。举例来说,强调短期的最优价格(结果)可能会催生对抗性的谈判和供应商关系和发展方法(过程);而在长期内错过了供应链(过程)改进、可持续性采购、合作性的全生命期成本降低、敏捷或灵活供应等方面的增值潜力。

1.19 另一方面,组织可能会过分强调"正确的"或"公认的"过程和程序,而对增值的需要视而不见。过分强调"以正确的方式做事"(与"做正确的事"形成鲜明的对比)可能会引起各种文化问题和浪费(这些通常与大型官僚组织有关)。人们不是通过主动性、自由决断力或创新来寻求增值,而仅仅是在遵从程序(而程序可能是也可能不是满足商业需求或客户需求的一个完善的、最新的方法)。

1.20 需要在过程合规性与专注于结果之间进行权衡。

第二节 增值的来源

经济价值与客户价值

2.1 根据波特的理论,一个公司创造的最终价值,是用客户愿意为其产品或服务支付的金额,减去公司完成其所有增值活动(生产、服务、物流等)所发生的成本之后的余额。如果从客户那里实现的价值(客户准备支付的金额)超过了价值创造引发的成本,那么公司就是盈利的。

2.2 因此,从财务的角度来看,增值等于总收入减去为了开发和营销产品或服务所开展所有活动的总成本。这表达了为组织资源增加的经济价值量,即组织是如何有效率地利用了资源,并且资源利用的实际效果是怎么样的。

2.3 从这个角度出发,组织可以通过下述方法来增值:

- 让客户支付得更多。(例如通过增加一些额外的特性或服务,吸引客户额外付费。)
- 降低成本或提高过程的效率。

2.4 从市场营销的角度看,增值意味着提升对客户提供的价值:"提升"那些客户视为有价值的、在客户看来使该企业产品、服务或品牌区别于其他竞争者的、核心产品或服务(考特勒等人,2003)。因此,组织可以通过提升产品质量或设计、资金价值、送货/可用性、品牌吸引力、独有性、服务水平等,来实现增值。波特和其他专家强调,价值"在客户的眼中"才是有效的,因此组织必须努力准确理解它们提供给客户的哪些方面是真正赋予客户价值的。

2.5 采购的主要焦点是,实现增值的途径要么是通过削减成本(同时不失去质量或产品特性），要么是通过保证运作效率（在不增加成本的情况下获得高质量或特性）。理想的情况是，同时达到这两个目标，即以更低的成本获得更好的质量。

2.6 现在，我们利用采购运营目标的"五个合适"这一宽泛框架，详细讨论增值的各种来源。但首先介绍消除浪费的一般概念。

消除浪费

2.7 正如之前提到的，增值的一个关键一般来源是减少或消除造成浪费的活动或过程。早期制造业质量大师之一，大野耐一（丰田）提出了"七个浪费"的概念，即为了消除浪费和提高价值流的效率，我们在制造运营中应当针对的目标领域减少相应的浪费，如表4-1所示。你应该能够看到，非增值活动的消除是如何同样应用于服务供应的。

表4-1 大野的"七个浪费"

浪费活动	解 释
生产过剩	产出（成品或半成品）超过需求，导致持有成本、产品变质、陈旧和报废。供应链通过准确的需求预测和根据需求进行供应与生产，可以有助于消除浪费
运输	在不同的位置之间不必要地移动材料（例如移到一个生产设施，或者在生产设施内部移动）会增加成本，以及带来损坏和变质的风险。供应链通过有效的材料搬运、运输路线和负载规划，可以有助于消除浪费
等待	加工中的延迟或排队意味着实际花费的时间比真正需要的更多，却没有增加价值。供应链通过有效的进度安排来让等待时间最小化，或者将等待时间用于增值活动（例如培训或维护），可以有助于消除浪费
移动	不必要的移动（弯腰、伸手去够等）违反了合理的人体工学原理，降低了生产率，引起员工疲劳（甚至可能是受伤）
过度加工	当采购规格要求过高（导致生产不必要的特性），或者当采用了不必要如此复杂的设备来生产相对简单的货物而增加了货物成本的时候，就发生了过度加工现象。供应链通过诸如价值分析（和新产品设计价值工程）等技术来消除非增值的特性和过程，可以有助于消除浪费

（续）

浪费活动	解释
库存	不必要的的库存会增加成本，却不会增加价值，而且会掩盖生产计划或过程中的无效。供应链通过准确的需求管理和发展准时制（JIT）与响应性供应能力，可以有助于消除浪费
缺陷/纠正	返工和报废增加了成本，而不增加价值。供应链通过质量保证、持续改进协议或更根本性的供应链方法如全面质量管理（TQM）等技术，可以有助于消除浪费

价格与成本管理

2.8 成本降低和成本管理（包括货物和服务的采购价格），是支持公司财务目标（利润率、流动性、投资回报率等）的一个关键目标，甚至在公共部门也是如此（其目标包括具有资金价值的服务供应和效率目标）。它也是基于成本领先的竞争优势的基石。

2.9 埃米特认为，简而言之，成本战略关乎"了解成本实际上是什么，然后研究如何来降低成本"。首先，你必须运用有效的成本分析，特别关注全生命期成本计算、总获取成本或总持有成本，即采购价格加上资产使用生命周期之内的交付、支持、消耗品、人员培训、库存与搬运成本、检验、维护和维修等。然后，你就需要考虑消除浪费、价格谈判之类的事情了。

2.10 价格管理是通过确保组织为日常采购和杠杆物品的采购（对此，我们优先考虑的是竞争性的采购价格，而不是全生命期的资金价值）获得最优价格，从而控制输入成本。

- 价格分析（Price Analysis）是决定对货物所提出的价格是否公平与适当的过程。从这一意义上说，"合适的"价格就是与下列各种价格相比具有优势的或合理的价格：其他供应商提出的价格（竞争性招标或报价）、采购者之前为相同货物或服务支付的价格、市场价格或"现行"价格、备选品或替代品的价格。

- 成本分析常常用来支持价格谈判,其中供应商要论证其价格弥补其成本(称为"基于成本的定价方法")。成本分析专门考查所报的价格与供应商生产成本的相关性。可能要求供应商在其价格报价中包括成本分解,以便于进行成本分析。并不是所有供应商都愿意将其详细的成本信息告诉采购方(这称为成本透明性)。可是,如果作为互信采购方供应商关系的一部分,能够说服他们共享这些信息,那么这对于成本分析有很多好处。例如,在只有一个首选供应商且缺乏竞争的情况下,成本分析可以使价格切合实际(即没有不合理的过高利润率)。成本分析的关注焦点是货物或服务的生产中应当涉及哪些成本,这样可以作为成本控制与削减的刺激因素,从而为采购方带来成本节约。

- 通过如下途径可以确保在供应链中发挥价格杠杆作用(Price Leverage):需求汇总或团体购买;在价格上谈判强硬;利用各种竞争性的供应源搜寻方法(例如电子拍卖或竞争性招投标)。只有对于那些适合采用对抗性的或交易性的方法的采购类型(通过合作关系增加不了多少价值),才应当采用这类方法。

2.11 除了输入的价格之外,采购在战略的、战术的和运营的层面,也可以借助于广泛的手段帮助降低成本和控制成本。(如果考试中问到,为案例中的组织推荐方法,记住要选择那些适合于组织背景、决策层次和时间范围的方法。)

- 重构:对采购结构减少其层次、削减其规模、使其扁平化,以最小化人工和一般管理费用成本,最大化过程效率(更少的重复劳动,更少的管理和协调机制,等等)。

- 集中采购(利用汇总订单和谈判势力)或者分散采购(减少运输和存储成本)。

- 建立具有成本和价格优势的供应关系（是利用竞争杠杆来确保低价，还是通过合作来降低供应源搜寻和交易成本，鼓励相互的成本透明和成本降低举措，等等）。

- 应用 ICT 和自动化技术，简化流程（例如 EDI 和其他电子采购工具）；提高生产率，降低人工成本；确保竞争性定价（例如通过因特网利用全球供应市场，或者使用电子拍卖）；支持更有效率的计划和决策（借助于信息化计划模型）等。

- 与关键供应链伙伴发展"精益"供应和"精益"生产，消除贯穿供应链的流程中的浪费，例如通过更好的需求预测和材料计划，通过准时制技术减少存货，过程布置和运输计划更有效率，通过质量管理将缺陷和浪费最小化等。

- 与供应链伙伴合作进行成本降低计划，例如使用"目标成本核算"。（即估算市场愿意为成品支付的销售价格，沿供应链倒推回去，计算为了达到那一价格我们必须实现的成本目标是多少，并考虑到所有各方均能获得合理的利润率。）

- 降低交易和管理成本。例如通过运用电子采购；运用标准化和种类减少来合并需求；集合小的采购（例如通过使用采购卡）；协商数量、系统或总括合同；对供应基础进行合理化（更少数量的批准供应商和首选供应商）；利用团体采购或合作采购（以获得数量折扣和价格杠杆）；更有效地执行招投标流程。

- 管理现金流。例如通过谈判从供应商那里延长信用条款，以及将库存降到最低水平。

- 对于某些采购，从低成本国家或供应商那里进行供应源搜寻，但要牢记增加的运输成本、风险、质量和合同管理等事宜。

- 考虑将非核心活动外包（例如运输、物流或设施管理），应当牢记有关的风险和成本。

- 通过供应链改进规格（以与用户的建设性的内部关系为基础）和需求管理，根据需求进行准确的采购，以此来减少浪费。

- 运用价值分析（即"分析材料、组件、零件或系统的功能，发现引起不必要成本的领域"）和/或价值工程（在产品开发阶段应用价值分析）来消除浪费。价值分析考虑的是，某个品项的使用是否对价值有贡献，其成本是否与其用途成比例，其所有特性是否都是必要的，是否可以使用更低成本的方法而同时保留增值的特性和功能。

- 选择并管理供应商、供应链质量保证流程和持续改进倡议（例如改进协议、供应商开发或质量小组），以便能将检验、缺陷和返工等浪费最小化。

- 风险管理。凭借供应市场研究和知识收集，将组织的风险暴露最小化；合理进行供应商资格预审和财务评估；合同管理；针对发现的供应风险制订应急计划；等等。

提高质量

2.12 提高的质量可以让组织收取额外的费用，从而增加经济价值；另一方面，可以提高感知的产品和服务收益，从而增加客户价值。供应链在维持和保证质量方面发挥着关键的作用。杜布勒等人（《采购和物料管理》）提出，"质量必须融入产品之中。采购人员的责任是确保供应商拥有能力、创新和足够的信息，以一种节约成本的方式，来生产达到规定质量的材料和部件。采购人员在履行这一责任的过程中，可以对进货材料的质量和伴随成本施加积极的控制。"

- 在战略的层面，包括供应商关系管理、供应商早期参与、供应商选择和发展政策、质量管理和持续改进战略、供应商绩效控制体系的建立等。
- 在运营的层面，它包括如下一些问题：材料规格、服务水平协议、分包、供应商评价、质量控制、对标、合同管理等。

2.13 质量大师戴明（W. Edwards Deming）在对日本公司的分析中发现，这些公司能够保持高生产标准，主要是因为它们有能力控制输入材料的质量，采用的措施有密切的供应商关系、合作的质量保证、培训供应商的人员、激励长期关系。他还指出，在选择供应商时，质量和可靠性至少与价格一样重要。

2.14 因此，采购或供应链职能可以通过广泛的途径来增加价值。

- 选择那些质量管理体系（如 ISO 9000）通过了第三方批准或认证的供应商。
- 评估供应商的质量管理体系和"历史记录"，作为供应商评估和选择过程的一部分。
- 准备首选的或批准的供应商名单，以确保用户部门只从这些通过了质量管理评估的供应商采购。
- 对产品设计的质量施加影响，途径包括：与设计和生产部门协作（如参与质量小组）；保持掌握最新的材料发展动态；在合适的情况下推荐替代的材料；让供应商早期参与产品开发过程，以便在设计决策中利用他们关于材料的专业知识（这种方法称为"供应商早期参与"）。
- 将设计要求转化为清晰的、精确的材料与服务规格，反映用户需求（符合用途）并具体指明所要求的质量标准、测量指标、检验和测试方法。
- 制定进货的质量检验和测试程序（除了供应商的质量保证之外如果有

必要的话)。

- 管理与供应商的关系：发展对质量标准与程序的现实的相互理解；对高质量和持续改进提供激励与奖赏；等等。

- 持续监控供应商的质量绩效（例如使用供应商等级评定）；向供应商提供反馈意见；发展与可靠的、高质量的供应商的密切关系。

- 与供应商共同解决质量纠纷与质量问题，并进行持续的质量改进，例如为其提供咨询、培训、技术等（供应商开发）。

2.15 我们将在第十一章供应商绩效管理部分更加详细地讨论质量管理和改进。

时间范围

2.16 埃米特(《90分钟学会供应链》)提出关于增值的精辟见解："更快地制造，更快地移动，更快地得到付款！"在下列方面运用有效的采购和供应链管理技术，可以获得增值。

- 准确地谈判、解释和验证供应商前置期，以便确保及时补货或确保输入的供应源来维持运营。

- 必要时缩短供应商前置期。例如通过激励价格谈判换取"优先"机会；与供应商合作消除供应过程中的时间"浪费"；或者与供应伙伴签订合同预制并保存半成品存货。

- 缩短采购周期时间，例如通过简化采购流程或将其自动化、有效的合同、供应商关系管理等。

- 与供应商合作，保证按时交付，途径包括：选择具有良好交付能力的供应商；设置按时交付的KPI和合同条款；向供应商发布准确的和现实的交付进度计划；定期向供应商提供现在或未来需求的预先通知；如果对进展有所顾虑的话，控制供应风险（例如运输延误）

并催交订单。
- 缩短新产品开发（概念到市场）的周期时间，例如通过在开发流程中的供应商早期参与。

数量

2.17 与数量有关的主要增值来源是库存的降低，将持有库存的成本和风险最小化，同时仍旧保证有足够的库存来满足所要求的服务水平并维持运营。

- 在供应链的每个点上，必须持有足够的库存来满足预期的需求。库存用尽会造成生产上的瓶颈或中断、闲置时间成本、向客户延迟交付，以及可靠性、商誉和销售额等方面的损失。
- 当供应受到罢工、运输中断、供应短缺、供应商破产、较长的或不确定的供应商前置期等因素的影响而中断时，"安全"或"缓冲"库存可以让组织保持正常运转。对于运营中关键的物品来说，这一点尤为重要。
- 通过签订更少的、更大数量的订单，数量超过当下所需的量，买方也许能够利用批量折扣、更低的价格或降低交易成本。他们也可以通过在需要之前提前购入（"囤积"）货物，来利用有利的现价。
- 可是，过剩的库存是浪费的来源：将资金堆在了"闲置"的库存上；浪费了存储空间；冒着库存变质、丢失或损坏造成价值损失的风险；冒着陈旧或滥用的风险；引起持有成本（仓储、保险等）增加。

2.18 可以通过如下方法实现供应链中有效的库存管理：

- 准确预测整个供应链的需求，需求数据透明化（例如避免由于供应链中每个环节都建立缓冲或安全库存而导致需求放大）。

- 对于独立需求品项（例如 MRO 供应品），使用合理的库存补货系统。根据使用率和供应商前置期，监控库存水平，做好及时补货的计划，满足预测的需求。

- 对相关需求品项，使用合适的"拉式"库存管理技术。在"拉式"库存系统中，采购人员只是在生产需要这些物品时，才下订单。例子包括准时制（JIT）供应和一些计算机信息系统，例如物料需求计划（MRP）或企业资源计划（ERP）。

- 准时制供应是一种激进的库存减少方法，旨在确保货物只是"准时"到达工厂即进入生产过程。JIT 的理念是"库存是有害的"。确保最晚交付由需求驱动的所需数量的供应品，从而尽力使库存最小化。同时，由于时间和数量参数如此"严格"，买方承受不起所交付供应品中出现任何缺陷，因此要在整个供应链的"零缺陷"质量管理中投入很大精力。这样一种哲学和实践，需要与供应商形成强大的整合与合作。它有利于减少浪费、将库存和前置期最小化、提高供应链的灵活性等。但它也存在风险，如果供应商或系统出现失误，则没有可利用的时间或缓冲库存。

- 标准化和种类减少，将库存"蔓延"（即库存物品种类不受控制的扩张）的风险最小化。

地点考量

2.19 与"地点"有关的重要增值来源是开发贯穿供应链的有效运输和物流战略，以确保及时、有效和风险受控的供应。贯穿整个供应链，可以通过如下方法增值。

- 物流和仓储位置的合理化和重组,例如使用区域配送中心,即将大批量进向货物分装,然后配送到多个场所或用户("中心辐射式"配送)和/或合并多个进向货物,统一运输到现场或用户(合并配送)。
- 将物流(仓储和/或运输)外包给第三方供应商,他们具有更好的竞争和增值能力与资源,能够比组织自己做时提供更有效率的运营。
- 针对某一指定的采购,选择最有效率、效果和风险受控的运输模式。
- 对运输负载和路线进行规划,将成本(例如司机和运输时间、燃料用量、交通工具磨损)和环境影响(燃料使用、碳排放、交通拥堵、污染)最小化,尤其是将交通车辆的空间浪费降至最小(例如负载不满或空车返回)。
- 保证贯穿供应链的运输风险得到有效的控制,例如通过使用运输包装、保险、交货"跟踪和追溯"系统、车辆选择与管理。

第三节 增值的关系管理

积极关系管理的收益

3.1 我们已经提到过,供应商关系的发展与管理本身并不是目标,它是用于达到某预期结果的一个过程(手段),尤其是为了增值与竞争优势。考试中可能要求你根据一个"商业案例",论证为发展与维持某一指定供应商关系(或者一般的供应商关系)所做的投入是否合理,即论述关系发展和可测量的增值结果(如上所述)之间的联系。

3.2 高质量的、积极的和有承诺的供应商,有潜力在如下领域对企业作出重要贡献。

- **新产品开发和过程创新**：根据他们在材料、部件和所涉及技术等方面的专长，贡献想法（即"供应商早期参与"）。
- **可用性和交付**：迅速、灵活地交付输入品，这样组织可以持有较少的库存（并从更低的库存成本中获益），同时仍旧能够完成订单。（这是"准时制"供应的原理。）
- **质量**：保证交付的材料和部件的质量；与采购和运营合作，改进质量管理流程；承诺进行持续改进计划。
- **资金价值**：保持较低的材料、供应和库存成本，或者与组织展开成本降低方面的合作。
- **服务、建议和信息**：例如，在广告代理公司、管理顾问、第三方物流供应商等参与的情况下。

3.3 更广泛地说，积极的供应商关系管理自身可以为组织带来一系列的好处。

- **更牢固的关系**，途径包括：努力发展信任、信息共享和合作；前瞻性的冲突与问题管理；随着关系的发展，持续监督、评价和改进关系。
- **全面的风险管理**。对供应链伙伴了解加深，所以组织可以预测和管理他们的行为。对高风险的供应商，通过关系管理来实施更为严格的控制。合同和关系监督有利于将供应中断的风险最小化。如果一个企业的活动已经外包给外部伙伴，这一点就更为重要。
- **更大的关系投资回报**，途径包括：优先考虑组织最有可能有效利用的少数几个关键关系（付出更少的投入与努力，获得更大的回报和影响）；而对较少增值的关系，维持松散的交易关系以获得交易效率。
- **提高商业效率**，途径包括：简化并集成供应链信息和通信系统；协作降低供应链中的浪费；更好的信息共享（促进前瞻性的规划）；建立程序（而不是每次交易都重新进行计划与沟通）；等等。

- 通过在供应源搜寻和输入上降低成本,获得**更大的利润率**。比起维持和利用那些你已经用过的供应商,不断地识别、评估并适应新的供应商,代价会更加高昂。长期供应商可能会增加越来越多的价值(例如通过成本降低和改进计划),同时与他们打交道的成本却越来越低(例如通过系统集成和更大批量的订单)。

- **增值的协同效应**(2+2=5)。管理得当的关系中建立起来的商誉和信任,在合同、规格或服务水平协议等方面可以促使合规,还可以促进合作、思想共享和忠诚度。供应商在面临问题(例如合同争议或需求减少)的时候,可能仍会保持忠诚;同时,必要时可以提供优先待遇(例如首先供给稀缺的供应品,快速处理紧急订单,愿意做适当的调整)。可能会出现协作促销(例如在供应商和零售买家之间)和其他战略联盟的机会。

- **提高公司社会责任和声誉管理**。为了建立绿色环保的、道德的供应源搜寻和供应的信誉,组织必须谨慎地挑选它们与之开展业务的供应链伙伴,监督并管理它们供应链的环境和道德绩效。积极的关系管理会对上述两个方面发挥促进作用。

- **竞争优势**。如果一个组织比竞争者更有效果、更持久地和更有效率地收获上述收益中的一些或全部,那么该组织在获得并挽留客户方面就占有优势(如第三章所述)。在市场看来,积极的关系管理是把一个公司与其竞争者区分开来的一个关键因素。此外,所有关系(不仅仅是客户关系)都可以促进品牌在市场中的知名度。例如,与供应商的关系可以支持产品质量和定制;与中介机构的关系可以支持优先的产品展示和促销;与雇员的关系可以鼓励并激励他们将更富有竞争力的服务带给客户。

- 消极的关系管理具有潜在成本。

3.4 那么，没有有效地管理关系的后果是什么呢？记住，我们在这里不是在谈论紧密关系（或任何一种关系类型）的优缺点，我们谈论的是用于管理所有类型关系的一种系统的和结构化的方法的可取性。你应该能够想到上述那些收益的反面效果是什么。

- 关系弱化，或者无法发展并利用各种可能盈利和增值的关系。
- 风险控制不到位。（例如供应商绩效管理不善导致信誉损害的风险；不可预见的供应商破产导致的供应风险，或者不履行合同。）
- 在太多的关系或非盈利关系上浪费资源。
- 由于缺乏集成、协作和沟通，体系和流程没有效率。
- 丧失降低供应源搜寻和交易成本的机会。
- 丧失商誉和协同作用所带来的机会。

3.5 另外，还存在直接由关系管理不善导致的显著成本。

- 供应商争议的成本（仲裁或法律诉讼、损害赔偿等的成本），关系不好为争议的解决创造了一种更加不利的氛围。
- 由于频繁的争议和投诉，导致员工士气丧失。
- 在供应商那里丧失了"优先"地位，导致更加不良的交付绩效、服务质量、信息共享等。
- 丧失了供应商眼中"富有吸引力的客户"地位，导致组织在需要时无法得到优先待遇和灵活性。
- 优质供应商拒绝与买方打交道，或者拒绝投标获取业务、达成长期协议。
- 供应商提出更高的要求（例如有关价格或支付条款）来补偿它们开展业务所增加的成本。（因为没有什么忠诚度、商誉或建立长期关系的愿望来达成诱人的双赢局面，这种做法也可能反映了投机性的"非输即赢"的方法。)

- 丧失供应商忠诚度，在面临进一步的问题的时候，可能会造成供应中断或丧失业务。供应商可能会寻找更有吸引力的合同（也许甚至与组织的竞争对手）。

第四节　开发供应链关系中的机会

为什么要开发关系中的机会

4.1　如果你看到一个产生于积极供应商关系的机会可以提高绩效、增加价值或提高竞争优势，那么你应该做些什么呢？下面列出了一些可能的回答。

- 组织已经投入了时间、精力和资金来建立关系，而且证明这种投资合理的唯一理由是，组织是否从关系中获得了收益和回报。这有时被称为**关系投资回报率（RORI）**，这一指标也用于衡量关系的投入。

- 组织为了生存和发展，应该不断地寻找增值机会，保护其竞争地位，提高自己的绩效，或者降低自己的成本。关系代表了组织的资源和能力，组织应该利用关系来追求其目标。

- 这是采购可以在组织中增值的一个关键途径。这对于提高采购职能的信誉、地位、影响和战略角色，可能具有重要意义。

- 理想情况下，开发各种机会不仅可以惠及本组织，而且也可以惠及供应商，这种互利互惠可以进一步发展并深化他们之间的关系。一个例子就是供应商开发（Supplier Development），即买方组织帮助供应商提供更好的服务，以惠及并满足双方。

- 组织可以利用关系来获得一系列具体的好处，包括：降低供应成本，更好的规格，获得更多的新产品开发信息，加快新产品面世时间，更优的质量，更快和更灵活地交付，支持创新或持续改进，等等。

- 坚持关系投资回报和开发关系内的绩效改进机会，有助于供应商心存警觉。它树立了持续改进的承诺，维持了高水平的期望，没有这些，长期供应商会变得安于现状，而关系会变得失去活力。

4.2 让我们来看看另外一面。如果组织没有开发关系内的机会，会有什么风险呢？我们再次给出了如下一些答案。

- 组织会没有重点地进行关系投资，眉毛胡子一把抓，不对他们的增值潜力进行排序与评估，因此在不能带来回报的关系上浪费资源。

- 采购职能无法为其供应商的管理活动提出令人信服的商业理由，并且可能会丧失信誉、地位和利益相关者对其政策、程序和建议的支持。

- 如果组织只是为了建立紧密的关系而建立，而不是将其作为增值和竞争优势的来源，那么随着时间的推移，这种紧密的关系也可能会变得松懈和自满。供应成本可能会提高（或者不会降低），供应商绩效可能会变得反复无常（或者无法持续改进）等。

- 组织可能会忽视外部威胁或对其不做应对。（例如采购组织未能利用其强大的供应基础来应对供应短缺、价格波动或未预料到的需求高峰或低谷。）

- 组织可能会忽视外部机会或没有对其加以利用。（例如采购组织未能利用其供应链实现创新、应用新技术或快速对出现的客户需求作出反应。）

- 组织的竞争对手可能正在比自己更有效地收获利用供应商的好处（成本降低、灵活性、创新、持续改进等），并获得竞争优势。（记住：是供应链之间的竞争，不仅仅是组织之间的竞争。）

4.3 现在，让我们来了解开发紧密供应商关系的内在机会的一些方法。如何运用这些方法来提高绩效、增加价值、提高竞争力和风险管理水平？

供应商早期参与

4.4 供应商早期参与（ESI）可以定义为："在产品开发过程的早期阶段邀请一个或更多的经挑选的供应商参与买方的产品设计团队。其目标是在制定产品规格时利用供应商的专长和经验，以便有效率和有效力地推出产品。"
（美国供应管理学会）

4.5 ESI 的主要目的是，促使供应商积极主动地提出产品或服务设计改进（也可能会降低成本）方面的建议。这与更多传统的设计开发方法形成了鲜明的对比。传统方法中，供应商仅仅就完成的产品设计提供被动的反馈。在极端的情况下，买方组织会将自己的一名工程人员派到供应商的工厂（或者反之亦然）来保证效果，但是合作是通过一系列咨询会议或跨组织的任务小组或项目团队合作来实现的。

4.6 供应商在产品开发过程中发挥作用的方式很多，例如：

- 对设计提出建议性的意见：提出备选的材料、技术或制造（组装）方法（在工程设计变更仍是可行的时候）；提出可能的标准化或定制；提出过程问题（例如经济订单规模，前置期和安全库存数量）。

- 关于材料或零件性能和公差的技术信息，或者可能产生的任何包装与运输问题。

- 供应市场信息：材料和零件的可获得性（包括供应风险、生产能力和市场需求），它们现在和未来的成本，可能产生的任何知识产权问题（例如设计专利、著作权和设计或流程许可）等。

4.7 ESI 的优缺点总结于表 4-2。

表 4-2 ESI 的优缺点

ESI 的优点	ESI 的缺点
从概念到市场的开发前置期更短	如果过程有冲突或无效，开发前置期会更长
改进产品规格，提高产品的可制造性	对公司间沟通的投资很大
提高质量，降低开发成本	可能由于在研发方面的共同投入，陷入与不兼容供应商形成的关系之中
获取领先于竞争者的新技术	有可能由于目标和议程的不同而引发冲突
共享问题解决的技术专长	如果对供应商或技术不熟悉，可能会有风险
交流知识和信息，建立信任和同盟：让供应商觉得是组织"团队"中的一分子	有信息和知识产权泄露的风险（特别是当 ESI 供应商成为或服务于竞争对手的时候）
提高了对供应商能力的认识，具有未来发展和建立伙伴关系的潜力	如果产品或服务是围绕供应商设计的，则存在依赖性的风险

道德的、环保的或可持续的供应

4.8 组织可以利用他们与供应商的关系来提高供应链中的道德和环境标准，这通常也是公司使命和形象的一个重要方面。他们可能会利用自身的议价势力来谈判道德和环境（或"可持续性"）标准，或者强制执行政策和程序（例如绩效监督和标准审核），或者他们可能会使供应商参与到合作倡议中以提高双方在这些领域中的绩效。

4.9 这里，列出了买方可能与供应商一起解决的一些重要的可持续性问题。

- 发展逆向物流能力，这样可以回收材料和零件以便再利用或安全地处置，作为减少废物和垃圾填埋"绿色环保"承诺的一部分。

- 监督和改善供应商工人的就业条款与条件，尤其是在发展中国家，当地关于就业与人权的立法可能无法达到发达经济体买方（和消费者）认可的道德标准。

- 监督与改进关于浪费、排放、污染、环境影响（例如森林退化）等方面的标准。

- 采购更环保的（例如可重复利用或可生物降解的）和道德地生产出来的（例如没有做动物试验）材料。
- 给小型的和多样化的供应商提供成为分包商的机会（他们可能没有能力或生产容量获得主要供应商地位）。

4.10 注意，由于（整个供应链的）道德、环境和可持续性绩效变得对政府、消费者和一般大众越来越重要，所以对于采购组织来说，这代表了一个机会。在这些领域宣传不好，会使买方的信誉受损。另一方面，对绿色环保的、道德的和可持续的产品和品牌的需求和支持，正在日益增加。

全面质量管理和持续改进

4.11 全面质量管理（TQM）是一种质量导向，其中，组织将质量的价值观和志向贯彻到公司内部及整个供应链的所有资源和关系的管理中，以求达到所有方面绩效的持续改进和卓越。

4.12 我们将在第十一章供应商绩效管理部分详细介绍 TQM 和持续改进协议，但在此值得指出，这种根本性的质量管理战略需要依赖并利用强大的供应商关系，来使质量保证和持续改进最大化。

外包

4.13 紧密的、信任的关系和信息共享可能使组织得以将一些内部业务外包给专门的外部供应商。外包可以使组织：

- 将其管理、人员和其他资源集中于组织核心的和独特的能力上。
- 利用供应商的专业专长、技术、资源和规模经济。比起组织自己来做非核心业务，这样的外包具有以更低成本增加更多价值的潜力。

4.14 可是，要实现外包带来的好处，只能依靠卓越的供应商关系管理，这是因为外包存在以下风险：选择了错误的供应商；不能控制服务标准；当服务或道德问题产生的时候可能造成声誉损失。有名的案例（例如英国航空公司因为其餐饮服务外包商佳美公司糟糕的员工关系而遇到问题）表明，组织需要谨慎地管理外包，对关系、输出和服务质量、道德和就业标准及他们对外包组织及其品牌造成的后果进行控制。

供应链管理的发展

4.15 供应链管理（SCM）是一个整体性的、全面的和战略性的供应链关系方法。它可以定义为："供应链生产产品、服务和信息并为最终客户带来增值。供应链管理就是对于整个供应链中关系和一体化商业过程的管理……SCM 概念的应用需要供应链中的各个连接节点通过权衡供应链的总体效率与竞争力，计划与协调它们的流程与关系。"

4.16 换句话说，供应商管理或供应商关系管理主要关注采购企业与其直接供应商的关系，而供应链管理则关注供应链中所有组织之间的所有相互作用与联系。

4.17 SCM 概念本质上是建立整个供应链的协作关系，以便整个供应链以一种盈利的方式为终端客户带来增值。克里斯多弗（《物流与供应链管理》）指出，当今：

"真正的竞争不是在单个公司之间，而是在它们的供应链或网络之间……正是供应链或网络中关系与接口的管理方式，决定了一个供应链或网络有别于其他。从这一意义上讲，差异化的一个主要来源是来自企业相对于竞争者所拥有的关系的质量。"

4.18 一体化的 SCM 方法的潜在优势包括：

- 降低成本，途径是消除整个供应链中无价值的活动并实施成本削减方案。（叶斯帕森等人指出："两个公司之间的交易中常常包含有许多并不创造价值的活动。共同找出并消除这些活动，并制定未来的合作目标和指导方针，这样可以将资源集中于真正的改进与发展。"）
- 提高对客户要求的响应性（通过强调通向客户的连续价值流），这有望带来更高的客户忠诚度和销售收入。
- 可以利用互补的资源与能力（例如联合投资研发、技术共享、交流思想等）。
- 提高产品与服务质量（例如通过协作的质量管理、持续改进项目、提高供应商的积极性和承诺）。
- 改善供应链沟通（通过更好的信息共享与系统集成），这反过来有利于更有效地进行计划与协调、减少库存、有益于创新和灵活性。
- 分享需求预测与计划信息使供应商能够在有需要时按需求进行生产，降低库存，这种方法可以看作是一种准时制供应。
- 产品开发和交货的前置期更短，这也意味着可以根据客户需求的变化提供新的和改进的产品，这种方法有时称为"敏捷"供应（Agile Supply）。
- 更好的沟通可以提高透明度。可以很快地或实时地获得关于成本核算、绩效、订单状态和库存移动的信息，这样可以建立信任、使所有各方提前计划，并在意外情况发生时进行管理。

4.19 可是，应当现实地看待供应链管理的这些好处，应当分析它对于一个特定的组织是否是相关的、可能的或有益的，这一点很重要（无论在考试中，还是在现实中）。供应链管理方法并非对每个组织都适合，供应链管理需要相当大的投资、内部支撑和供应商/客户的积极参与，有可能不具备其中之一或全部。供应链管理还需要集中于和少数供应商和客户建立更密切的关系，而这样做是有风险的。例如，如果这种关系发展不顺利，或者如果企业所依赖的一个供应商后来出现问题、不求进取甚至不再生产本企业所需要的产品。

4.20 请注意，无论企业是否采取供应链管理导向，供应商管理和供应商关系管理仍然是需要的。

精益供应

4.21 精益（Lean）思想发源于日本制造业，不过它也可以应用于任何组织类型（包括服务供应商），并且可以跨所有商业领域加以应用。它是一种三叉方法，综合了质量信仰、消除浪费和员工参与，以一个结构化的管理体系作为支撑。

4.22 "精益生产"是"精益的"，原因在于它与大批量生产相比，使用了更少的资源，如工厂中的人力使用一半，工厂空间一半，工具投资一半，用了一半的工程时间，在与以前相比一半的时间内开发了新产品。同时，它在现场需要远低于一半的库存。预期的结果是更少的缺陷，同时生产出更好、种类更加丰富的产品。

4.23 根据 CIPS 论文《精益的和敏捷的采购和供应管理》（Lean and Agile Purchasing and Supply Management）一文，精益思想有五个关键的原则。

- 明确从客户的视角来看，是什么创造了价值：这意味着需要保持与客户的紧密关系，以确保其价值认知体现在供应商所提供的产品之中。
- 识别跨价值流的所有步骤：目标是消除非增值的活动和流程，只留下增值活动流。

- 采取创造价值"流"的措施：将增值活动有效地联系起来，以向最终客户提供全部价值。
- 只是在客户需求拉动时才进行制造，即准时制（而不是在客户需求之前，为存货而生产）。
- 连续消除各个层次的浪费，努力达到完美。浪费是指增加成本（或消耗资源）但运营上不必要、不增值的各种活动。

4.24 精益组织的其他文化特征包括：积极的、清晰的沟通；"不指责"文化（鼓励主动性）；高度的员工参与；利用过程地图吸引挑战和想法（以消除非增值步骤）；以找出根源为导向而非只看症状；持续改进哲学。

4.25 拉明将精益供应（Lean Supply）定义为："消除供应链中重复的工作和生产能力，与持续提高绩效期望并自我施加压力以求卓越的哲学结合在一起。"他接着指出："要实现精益供应，需要认识到客户与供应商之间的相互依赖性和共同利益，远远超越运营层次的协作。"精益供应需要紧密的供应伙伴关系，要基于单供应源搜寻或双供应源搜寻和信息透明度。

4.26 下面是精益供应声称的一些优点。

- 逐渐消除浪费、降低成本和提高质量。
- 使供应链中的合作关系更为紧密，为共同的竞争优势和协同作用创造了机会。
- 公司内部的跨职能团队合作、参与和灵活性（对组织学习和持续改进大有裨益）。
- 降低库存（也改善了现金流）。
- 缩短了循环和交付期，为客户提供更好的服务。
- 过程流更有效，促进更好的资源利用。
- 缺陷更少，带来客户忠诚度和更低的故障成本。

4.27 精益供应链（Lean Supply Chains）也有其局限性，并不是对所有情况下的所有组织都适用。

- 浪费的减少也使组织灵活应对意外的能力被降低，例如缓冲库存可以将组织应对意外订单或供应商失败的风险最小化，但精益供应消除了缓冲库存。
- 高度一体化的、精益的供应链增加了供应风险。它们也会阻碍组织通过短期的虚拟（ICT 集成的）关系，来利用全球供应和电子商务带来的机会。
- 可能会只关注降低成本（或专注于工厂技术与工艺），而忽视了为长期客户价值而提高质量、服务和创新性。
- 如果供应链中有的成员不太强大，精益化可能会大大增加成本，而且使之因为公开账目成本计算而变得脆弱，却没有在价值收益上获得同等的收获。
- 精益供应基本上适合具有较长前置期和相对可预测需求的高生产量行业；在低生产量、动态的行业，它就没那么有效。

敏捷供应

4.28 敏捷性（Agility）概念是这样一种认识，即我们在一个一直变动的、需求经常变化的世界中运营。敏捷性意味着能够熟练且恰当地应对变化或未预料到的事件（既包括机会，也有威胁）。CIPS 关于精益供应和敏捷供应的论文，将敏捷供应描写为"利用市场知识和一个响应灵敏的供应网络，来开发市场中的可盈利机会"。例如，一个敏捷的组织，能够在市场开始成熟的任何时点，更好地利用产品改良的机会。

4.29 拉什顿等人给出了两个简单的定义，来解释"精益"和"敏捷"之间的区别。

- 精益（Lean）：没有多余的肉或体积。
- 敏捷（Agile）：移动迅速，灵巧。

考克斯（摘自 CIPS 论文）认为，在致胜标准是成本和质量时，精益哲学最为有力；而在服务和客户价值提升至关重要的时候，则敏捷性最为重要。

4.30 精益思想把库存当作一种浪费，力图从供应链中消除库存；而敏捷性思想则更乐于接受库存，如果持有库存是合理的话。有一个例子是，客户要求供应商持有库存，以便供应商能够以很短的前置期进行供货；这是一个库存没有成为成本源的例子，但却是客户价值提升的来源。

4.31 对于那些实行延迟客户化的敏捷性的公司来说，库存也是可以接受的：持有的库存一般大多数是以半成品的形式存在的，等接到客户订单后再被转化为成品。这一概念对于从戴尔网站订购电脑的任何人来说，是再熟悉不过的。戴尔让在线客户准确确定计算机系统中需要哪些配置，然后根据客户规格确切地将其生产出来。由于所有零部件已经完成到一个很高的程度，准备着被集成到成品当中，所以戴尔电脑可以非常迅速地生产出来。

4.32 克里斯多弗支持敏捷性存在于供应链之中的观点："敏捷响应的关键是，供应链中核心企业的上下游存在敏捷的合作伙伴。"要实现敏捷，要求：

- 简化来自供应商部件的实物流。（例如通过过程一致化和共享的系统，或者与供应商合作降低进货前置期。）
- 简化并同步化信息流。（例如通过电子数据交换、集成信息系统和对地理上分散的虚拟合作团队的 ICT 支持,和供应链伙伴关系的快速形成。）

- 对市场需求变化的适应性。(例如通过同步规划和过程的再设计;新流程的快速开发和试验;利用电子商务来改善与客户的直接接触;推迟产品的最终配置、组装和分销。)
- 利用合适的敏捷性指标测量供应链的绩效。

本 章 小 结

- 迈克尔·波特认为,组织的竞争优势来自它为其客户创造的价值。他的价值链模型将组织活动分为主要活动和次要活动,组织以此创造价值。
- 增值活动不会局限在组织边界之内,它们一直延伸到自己所处的整个供应链。
- 结果(公司想要达到的)和流程(借以追求结果的手段或步骤)之间存在着联系。
- 采购在增值中的作用是将成本降低(同时不影响质量)和保持运营效率结合在一起。
- 大野耐一发现了七种常见的浪费源:生产过剩、运输、等待、移动、过度加工、库存和缺陷/修改。
- 价格管理包括价格分析、成本分析和价格杠杆。
- 采购人员可以通过质量管理来增加价值(例如通过合理地选择供应商)。
- 开发高质量的、积极的和有承诺的供应商是很值得的,因为供应商可以有助于实现增值。
- 积极的供应商关系管理为组织带来许多好处;相反,关系管理不善则有很多缺点。
- 完善的关系管理所产生的回报,有时被量化为"关系投资回报"。

- 供应商早期参与的目标是要在产品开发早期阶段利用供应商的经验与专长。
- 现代思想强调一体化方法对供应链管理的价值。如果组织正在实施精益的或敏捷的供应战略,那么这样一种方法就是必不可少的。

自测题

括号内数字为参考答案所在段落。

1. 请列出波特价值链模型中的主要活动和次要活动。(1.3,图 4-1)
2. 根据价值链模型,采购是如何增加价值的?(1.7)
3. 请解释关系流程与增值结果之间的联系。(1.16,1.17)
4. 对于增值,请区分财务的角度和营销的角度。(2.2~2.4)
5. 大野耐一发现的七个浪费是什么?(2.7,表 4-1)
6. 请区分价格分析与成本分析。(2.10)
7. 请列出采购通过质量改进实现增值的途径。(2.14)
8. 列出有效管理库存的手段。(2.18)
9. 请说明高质量的和积极的供应商可能带来的贡献。(3.2)
10. 列出积极的供应商关系管理的优点。(3.3)
11. 列出供应商关系管理不善产生的潜在成本。(3.4,3.5)
12. 如果组织没有开发它与供应商关系中的机会,则存在哪些风险?(4.2)
13. 供应商可以什么方式来为产品开发过程作出贡献?(4.6)
14. 一体化的 SCM 方法可能的优点有哪些?(4.18)
15. 列出精益思维的五个关键原则。(4.23)
16. 请说明精益供应和敏捷供应两种方式下对待库存的不同态度。(4.30,4.31)

第五章

合同履行的基础

对应大纲内容

2.1 评估具有法律约束力的协议的各要素

- 规范商业协议和关系的合同条款
- 口头陈述与表述
- 模板合同
- 使用标准合同与谈判的合同/定制的合同
- 适用法律和术语界定

2.2 比较影响绩效的默示条款和明示条款

- 明示条款的定义
- 基于法律、案例法和惯例的默示条款
- 国际法的意义

引言

现在，我们从对商业关系的介绍，转到这类关系赖以形成和得到控制的一个关键运作流程，即商业合同的签订与管理。考试大纲从两个方面强调了这一过程："法律的"角度（关心的是支持合同履行或不履行的法律准则和事宜，见第五章至第七章）和"管理的"角度（关心的是保证合同履行的实用方法，统称为"合同管理",见第八章至第九章)。

在本章中,我们先介绍合同履行的法律基础:具有法律约束力的商业协议的形成,合同中包括的或隐含的表述签约各方权利、义务和期望的各种条款。记住,这里强调的是出于监督和控制合同履行的目的而对合同的解释;合同签订中涉及的详细事宜则是"采购与供应中的谈判与合同"课程要讲述的内容。

在第六章,我们会继续考查围绕合同不履行的法律内容,随后在第七章介绍争端解决的有关内容。

第一节 具有法律效力的商业协议的构成要素

理解各个法律方面

1.1 采购人员应当设法掌握商业法律的知识,原因有很多。

- 组织守法不是"可选的"或交由组织的管理层裁定的:合规是各种制裁和处罚所要求和强制执行的。
- 随着法院、立法者和监管机构签发新的法规和修正案,各种法律法规要求处于不断变化之中。
- 采购涉及法律法规中一些特别关注的活动。显然,与供应商签订和履行合同便是其一。为了监控和强制遵守一致同意的条款,具有合同管理责任的买方必须能够解释本组织在合同中的义务(例如向供应商付款的义务)和供应商的义务(例如保证交货和质量的义务)。
- "忽视法律不可原谅"这一不成文法的原则是指:法院不接受陷入不守法困境的组织有关"我们不知道"的辩解。
- 正如莱森斯等人所述:"一知半解是危险的。"如果你知道法律有多么复杂，为了避免出现代价巨大的错误的风险，在需要时你就更有可能从法律专家那里寻求专业建议。

合同的性质与作用

1.2 合同贯穿于日常生活的方方面面。购买学习书籍、搭乘公共汽车、在餐厅点餐等所有活动都构成合同。合同仅仅是一个拟在两方（多方）之间依法实施的协议。注意，"法律约束性"方面使合同不同于社会协议，例如安排某日借用朋友的车辆。在后一种情形下，如果一方不履行其角色，他不会被另一方带上法庭强制实施该协议。然而，如果是在两个商业企业之间签订的合同，则具有达成"法律关系"意图的假设，即在必要时用法律强制实施该协议。

1.3 合同的作用是规定双方在某个交易或关系中的作用、权利和义务。从合同绩效管理的目的来看，合同基本上是对以下各项的陈述：

- 两方或更多方确切同意实施或交换什么（规格、价格、交付和付款日期等）。

- 可以修改协定的条件和意外情况。（如某些条款无法强制执行的情形，或如果 A 方做 x，则 B 方可以做 y 的协定。）

- 如果一方未能按约定办，另一方的权利（"违约"的"补救"）。

- 在出现问题时如何分摊责任（如由谁赔偿货物损坏或丢失）。

- 如何解决纠纷（如通过仲裁解决）。

具有法律约束力的协议中的各个要素

1.4 形成一个有效合同有一定的基本要求，并且这对于与供应商签订合同或起草合同至关重要。在合同后管理中，了解你与供应商是否签有有效合同，以及你（和他们）是否因此一定要遵守合同规定的条款，这两点也很重要。

1.5 为了使一个合同成立并具有法律约束力，需要具备五个基本要素：**协议**（要约和承诺），对价，建立法律关系的意图，立约能力以及准确的形式。

1.6 一方（"要约人"）必须作出一个在法律上受特定条款约束的确定承诺，这就是要约。它可以是一个销售要约（"这辆车售价 5 000 英镑"），也可以是一个购买要约（"我将花 5 000 英镑买那辆车"）。要约可以明示（例如以口头语言或书面形式），也可以默示，例如在一个人的行为隐含着要约的情况下。应当注意，并非所有"陈述"都形成要约，这一点很重要。一个发送给潜在供应商的"要约邀请"（例如一个投标邀请）就不是一个购买要约，而是一个让供应商提出销售要约（投标）的邀请。同样，在供应商样本中展示的商品和价格不是一个销售要约，而是一个提出购买要约（以买方采购订单的形式）邀请。

1.7 另一方（"受要约人"）必须清楚地、无条件地和自由地（即不受威逼或过度影响）接受该要约，这就是承诺。

- 承诺是对某个要约的全部条款的无条件同意。如果受要约人试图改变要约条款，以便使用自己的标准商业条款或规定条件，应将这种情况当成是拒绝原始要约并提出了一个反要约，它必须随之被另一方承诺。（这就产生了"条款之战"，比如该用买方的标准条款，还是用供方的。）

- 任何形式的承诺都是有效的，不论是口头、书面还是根据各方行为推断（例如零售商拿了你的钱，或者你要了所提供的货物），除非要约人另行规定（例如规定必须以书面形式或在一定时间内承诺）。

1.8 在大多数情况下，只有在各方承诺受到某种形式的对价（Consideration）支持时，一个合同才具有约束力。"Dunlop 与 Selfridge 案"（1875 年）提供了一个很好的对价定义，即"合同一方的行为或忍耐（或对此的允诺），作为合同另一方向他作出允诺的价格"。换言之,合同必须是一种交换:一方因为另一方有所做为而要做些什么(或放弃什么,或承诺做些什么),以作为交易的一部分。

- 对价可能包括以货换货或货物与服务交换,不过在大多数商业采购合同中,对价一般是对所收到的货物或服务的某种形式的付款。
- 围绕部分付款和条款变更可能会有一些棘手问题,例如如果买方无法向供应商支付全款,或提出早于原先协定日向供应商付款(以求换取折扣率)。对这种情况需要进行法律咨询,但重要的是任何条款变更都是合同中的一个新要素,并且必须为它提供单独对价。例如,如果供应商同意接受比原先协定少的付款金额,那么他应收到相应的对价,比如采取提前付款或减少交付的货物量等形式。

1.9 建立法律关系的意图是指双方有意图使他们之间的协议具有法律约束力。换言之,每一方都承认如果产生纠纷(例如如果买方拒绝支付协定货款),可以将该事项提交给法庭裁决。

- 在商业背景下,有一个强有力的推断,即各方有意使协议具有法律约束力。然而如果在协议本身中清楚地表达了相反的意图,便会对此提出挑战。例如,在合同条款中规定"所达成的任何协议不会产生任何法律关系,仅在道义上具有约束力"。
- 另一种特例是各方尚未准备好签署正式合同,但打算在一致同意最终条款后这样做。因此他们可能草拟一份"意向书"为未来继续签订合同提供保证,在此基础上一方开始其在交易中承担的工作。这很危险,在各项条款被一致同意之前,不存在具有约束力的合同,并且被过度承诺方不能为任何浪费掉的工作提出损害索赔。

1.10 签约能力是指合同任一方都必须在法律上具备签署合同的能力。用简单的语言来讲，合同各方通常至少在 18 岁以上，具有健全的心智，代表企业签署合同的任何个人都应该具有法定权限：企业的所有人、合伙人或董事、具有代表公司行事的正式授权的代理人。

1.11 关于正确的格式，一些专门类型的合同，例如土地转让和租约转让（时间期限超过三年）必须采取契约的形式，即一份书面的、签署的和签名见证的文件。其他类型合同，例如股票转移、汇票（例如支票）和租购协议，也都必须采取书面形式。可是，根据英国法律，口头协议一般也是具有法律约束力的，只要其他要素也同时具备。（实践中，用书面形式来签署商业协议是可取的，从而避免日后就议定了哪些内容而发生争议。）

1.12 对这些要素中的每一项的解释，都有详细的习惯法规定（以及相关的案例法，根据具体法庭案例中作出的判决为基础）。这些内容超出了本考试大纲的范围，在《采购与供应中的谈判与合同》中，对此有更多的介绍。

无效的合同

1.13 一个合同可能由于若干因素而失效（有缺陷），例如错误、误述、威逼或过度影响（也就是说没有一个真实的要约和承诺存在）、不合法性（也就是说各方不能履行合同条款，因为这样做是非法的）。在这些情况下，合同是无效的（它对双方没有法律效力）或可以被撤销的（任一方都可以使之无效）。任何已经交换的货物都必须退回。

1.14 可以将误述（Misrepresentation）定义为一签约方在签订合同前或签订合同时对重要事实所做的虚假陈述，其目的在于（并且确实）诱使另一方签订了合同。（不管广告语真实与否，通常被认为是"吹嘘"而不是表述。）基于误述的合同是可以被撤销的合同，它们可以被受害方有效取消，从而使之解除了合同下的义务（例如对被误述的货物付款）。

如果误述是欺骗性或疏忽性的，而不是无辜出错的，可对附加损害进行赔偿。

1.15 错误（Mistake）描述了一种情形，在该情形中，一方或多方最终受到他们本不打算投身其中的（尽管根据习惯法的"货物售出概不退换，买主须自行当心"原则对于这一点难于证明）或被事实证明是无效的合同的约束。一个例子是，买方和卖方诚意签署一个货物销售合同，但他们不知道货物已经损毁或不存在了，因此该合同无效。另一个例子是卖方提供一个"房屋"供出售，而买方认为他提供的是一匹"马"（注：马和房屋这两个词在英文中读音很接近），各方相互误解，故从来没有过一个真正的协议，因此合同不存在。

1.16 如果一方迫于压力同意签订合同，以至于合同因此未能反映双方的真实意图或愿望，则这种情况就是威逼和过度影响。由于一方不是自由同意所订立的协议，可以由被逼迫或被影响方选择合同是否被撤销。注意，"威逼"不仅是指威胁或恐吓，它还可以指"经济威逼"，例如由大客户或业主过度施加商业压力（重于合法的"硬议价"）。

1.17 合法性是另一个可能使合同无效的问题。法院不会支持一个目的、意图或效果与成文法律或习惯法相违背的合同（虽然合同在组成上有效），这样的合同是没有法律效力的。显然，你不能起诉签约进行犯罪活动的另一方，以便使他们履行协议中的义务，或因为他们未能这样做而获得损害赔偿。在欺骗活动的情况下，这一点似乎是显而易见的，但在更复杂的法律领域如竞争法（例如在价格固定协议的情形下）或平等机会法（例如与招聘顾问签订应用非歧视选择政策的合同）等，就不是很明显了。

1.18 在合同出于上述原因而无效的情况下，"废除"（撤销）合同是一种平衡法上的补救方式（一项任由法院基于公平原则决定的补救方式）。废除可以指法院的一个正式命令或合同一方取消或"撤销"合同的行为。这只是将合同搁置在一边，仿佛它从未存在过一样，使双方确切回到签订合同前的状态。

第二节　合同条款

合同条款指什么

2.1　合同条款就是合同各方对自己在合同中应该具有的权利和义务的一种表述。合同条款定义了"要约"（或"反要约"）的内容，一旦对方接收，就具有法律效力。

2.2　合同条款明确了双方的权利和义务。很重要的一点是，从一开始，这些协议条款就必须是真实的、明确的。在合同签署之后，任何一方想要单方面改变这些条款都太迟了。只有在双方都同意的情况下（通过签署另外一个合同），这种改变才是有效的。

2.3　关于合同条款的类型，有许多重要的区别。

- **明示条款**（由任一方或双方明确地加入合同中的条款）和**默示条款**（根据有关法令、惯例或商业和其他因素，自动假定为合同组成部分的内容）。本章第三节会介绍这些内容。

- **条件条款**（合同的关键条款，如果违背了，无过错方有权利取消或者"拒不履行"合同）和**保证条款**（合同的非关键条款，如果违背了，无辜方仅仅有权要求赔偿，双方仍然负有相互的合同义务）。这种区别主要是与合同不履行或违约补救等问题有关，因此将在第六章中讨论。

口头陈述与表述

2.4 一个在合同谈判中作出的书面的或口头的陈述（Statement）可以理解为：

- 一个后续合同的条款。
- 仅为一个为"诱导"（或鼓励另一方签订）合同的表述（例如一个供应商对较短前置期或提供价格折扣的声明）。

2.5 重要的是要确定一个陈述是否变成一个合同条款，或始终仅是一个表述（Representation），因为对受害方提供的补救（在产生纠纷时）将根据是否违反了合同条款还是仅为一个"误述"而有所不同。

- 如果一个表述最终被作为合同条款之一纳入合同中，并且如果后来发现它是不真实的，那么被误导方不仅可获得违反合同的补救，还可获得误述的补救。
- 如果表述未变成一个合同条款，则被误导方将仅因误述而获得补救。

2.6 一个陈述是否变成一个合同条款取决于各方意图，这与合同法的规定很相似。各方意图的检验取决于他们所说的话和在什么环境下作出的陈述。法院在裁决事项时将考虑以下因素。

- **陈述是在何时作出的。** 作出陈述与签订合同之间的时间间隔越长，陈述仅是一个表述的可能性越大。
- **在作出陈述后是否将其付诸书面。** 如果是，它是合同条款的可能性更大。
- **陈述对接受者的重要性。** 例如，如果一个有关货物质量的陈述是合同赖以签订的全部基础，就买方而言，它是一个条款。

（在 1861 年"Bannerman 与 White 案"中，啤酒花的买方问卖方在处理它们时是否使用了硫，并说如果是，他就不买了。卖方向他保证说从未使用过硫。但后来事实证明卖方使用了硫。法院裁决是否使用硫是合同的至关重要部分，整个交易正是围绕着它展开的，它是一个条款。）

- **作出陈述的人是否已经建议另一方核查其有效性**（例如让估价人或质量评估人核查货物），在此情况下它也许不是一个条款。然而，如果陈述特别强有力和具有强调性，那么另一方不需要为了将它按一个条款解释而核查其准确性。

  （在 1913 年"Schawel 与 Reade 案"中，潜在买方正打算检查一匹他想用作配种的马。马匹的卖方告诉他说："你不需要检查什么，这匹马绝对没问题。如果有什么问题，我早就会告诉你了。"买方停止了对马匹的检查，而后来证明这匹马不适合用做配种。法庭认为卖方的陈述是一个合同条款，因为他已有效地为马匹的良好性打了保票。）

- **作出陈述的人是否具有有关陈述主题内容的特殊知识或技能**。如果是，陈述更有可能被当成是一个条款，因为另一方更有可能依赖他的专业知识（1965 年"Dick Bentley 生产有限公司与 Harold Smith（电动机）有限公司案"）。如果是一个通常不从事某货种交易的门外汉向专家作出断言，该陈述不可能是一个条款，因为专家能更好地权衡该陈述的可信性（1957 年"Oscar Chess 有限公司与 Williams 案"）。

买方条款与供方条款

2.7 大多数商家不会在每次买卖货物或服务的时候都费力地重新起草一份特别的合同。相反，他们常常会使用标准合同。每个公司都会起草一份自己的"标准商务条款"，并试图确保和他们有业务往来的其他公司接受这些条款。

2.8 考虑一下买方与卖方可能存在利益冲突,并因此使用冲突条款的领域,对我们是有帮助的。

- 合同是固定价格合同还是包含了价格增加条款?
- 如果供应商延迟交货,买方是否有权终止协议?
- 由谁来支付运费?
- 由谁来承担搬运过程中发生意外损坏的风险?
- 商品的所有权在什么时候转移给买方?
- 如果供应商交付的商品不符合规格,或者没有令人满意的质量,买方是否有权拒绝接收或要求赔偿?或者对于这类违约行为,供应商是否在合同里规定了免除或限制责任的条款?

2.9 如果买方的标准采购条款与供应商的标准销售条款不同,就可能由于之前讨论的要约和承诺原则而产生法律问题。如果受要约人在其承诺中试图改动条款,无论以何种方式(例如通过规定该交易使用它自己的标准商务条款),那么可以将此解释为反要约。这就形成了所谓的**条款之战**(Battle of the Forms)。

2.10 让我们来讨论一下典型的采购周期。

- 买方会给所有潜在供应商提供一份书面询价单,以印刷表格的形式说明任何依据询价单进行的采购活动都必须遵循买方的标准条款(印在表格的背面)。
- 供应商会反馈详细的报价信息及货源情况,并说明任何销售活动都必须遵循供应商的标准条款(印在表格的背面),即一份要约邀请。
- 买方可能会下订单(用一份自己的标准表格,重复自己的条款),即提出一份要约。
- 供应商可能会回复收到订单(用一份自己的标准表格,重复自己的条款），即一份反要约。

2.11 在这样一种情况下，一般原则（即所谓的"最终文件规则"）是，最后发出的那份文件所约定的内容就成为此次采购双方都必须遵循的条款，在这个过程中"打最后一枪"的人胜利。通常，销售商处于比较有利的位置，可以在最后交付货物或服务的时候附加一份交付单，再次重申自己的条款。如果买方负责接收商品的部门在交付单上签了字，或者哪怕就只是接收或使用了货物，法院就会裁定最后的反要约已经被接受，合同应遵循销售商的条款。

2.12 不过，有时候由于双方提出反要约的时候都比较认真，很可能会形成双方都没有接受对方条款的情况。在这种情况下，商品被运输和使用了，但是没有收到款，这在法律上称为"准合同"（Quasi-contract）。在这种情况下，根据公平原则，购买者必须根据商品的价值支付费用。

2.13 为了防止条款之战，采购人员应采取以下措施。

- 向潜在供应商发送询价确认书，并附上买方条款，供应商必须对其填写并返还以示同意。如果供应商也发来一个表明他们自己条款的报价单，必须拒绝该报价单，并要求供应商按买方的条款签署协议。

- 和供应商进行合同谈判，明确条款，达成协议——其中可能既包括了采购者的也包括了销售商的一些标准条款。这很可能是非常耗时的一个过程，只适用于大规模、高价值的业务。

- 检查所有发生了更改的条款和条件（即反要约），这些有可能是附加在供应商的文件中的，如订单确认函、交付通知、发票等。

- 在收到商品的时候，在上面盖上刻有"依据买方的条款接收"字样的章。

标准合同

2.14 与供应商每签一次新合同就协商并拟定一次合同条款,是极度浪费时间和代价昂贵的。由于对于大多数同类的商业交易,条款基本上都是类似的,所以在许多情形下,它属于"重新发明轮子"的做法。因此,买卖双方可能会同意使用标准合同(Standard Contracts),即一份根据某行业或供应市场广为接受的合同"模板",或者根据有关双方过去达成的协议。

2.15 当一个组织与一家供应商重复发生交易时,或者对某一产品或服务再次出现需求,它可能会针对特定交易类型用途拟定自己的标准合同。例如,一家出版商可能会对作者使用一种标准合同,而对印刷厂使用另一种;对书籍经销商用一种合同,而对书店则用另一种。每份标准合同都结合了每种合同关系类型过去被接受的和可行的标准条款和条件。供应商或买方可能会接受原来的合同条款或协商修改特定的条款。

2.16 莱森斯等人提出了一种包含标准条款的合同结构,如表 5-1 所示。

表 5-1 一般合同结构

协议	双方在合同上的姓名和签字(通常包括一份已经阅读并理解所有条款的申明)
定义	名称和词汇的定义,以避免在合同正文中重复使用长句子
一般性条款	• 一般性协议条款 • 关于改变、代替或者变化的条款:例如,除非另外签署书面协议,否则不可以对合同做任何变动 • 关于通知的条款:如何或用什么方式将与合同相关的通知发送出去
商业条款	供应商及购买者的权利及义务。采购的标准条款可能包括: • 所有权或者权益的转移:在哪个点上商品会成为购买者的财产(例如在检查及正式的接收后) • 履行时间:例如一条阐明"时间是至关重要的"条款,说明延迟交付就会造成合同违约 • 检查/测试:给进来的商品留出合理的检查时间

（续）

商业条款	• 交付/包装：规定交付和包装必须按照采购订单中的要求来做 • 指定委派：例如没有购买者的书面同意，订单的任何部分都不可以分包给第三人 • 搬运过程中造成破坏或损失的责任（及相关的保险费用） • 拒绝：说明购买者有权因各种原因拒绝商品的条款（例如不能令人满意的质量，延迟交付） • 支付条款
次要的商业条款	• 保密性及知识产权保护 • 赔偿金：如产品有瑕疵，供应商担保会赔偿购买者的损失（例如以消费者补偿条款或产品召回的形式） • 担保条款：例如，如所供应的产品有瑕疵，供应商担保会赔偿购买者的损失，如果是在合理的时间内收到相关通知的话 • 终止：例如，什么时候及如何终止合同 • 仲裁：例如，解决合同争议应先考虑申请仲裁，而不是到法院起诉
标准条款	这些可能包括： • 弃权：如没有在既定的时间内行使权利不代表在今后不可以继续行使该权利 • 不可抗力：如因双方无法控制的"不可抗力"事件阻碍或延误合同的履行，则可以免除责任（例如自然灾害、战争、洪灾等） • 法律及司法管辖权：依据哪个国家或地区的法律来执行这份合同

模板合同

2.17 模板合同（Model Form Contracts）通常由第三方（如贸易协会及专业团体等）制定并发布，用于某些特定的行业和目的，包含了该行业的一些常用标准合同条款，并对买方及销售商在合同中应负的责任与义务进行了公平的划分。它们常常用于特定行业中建立买方与卖方之间的合同条件，成为可接受的和熟悉的商业与法律基础，组织可以在此基础上开展业务。标准格式合同常常可以根据特定的情形和关系进行修改。

2.18 最常见的模板合同用于建筑和工程行业，不过其他行业，像物流和设施管理，也开始开发模板合同。下面举几个例子。

- CIPS 公布了一系列模板合同及合同条款，学会的会员有权在他们的工作中使用。

- 英国土木工程师学会（ICE）、咨询工程师协会及土木工程承包商协会发布了一系列关于土木工程的标准合同格式。ICE 也设计了一份新的模板合同，将建筑行业内使用的条款进行了标准化，即新工程合同（NEC），用于土木、工程、建造和电力或机械工程。
- 英国合同联合仲裁委员会（JCT）发布了一份标准格式的建造合同（包括框架合同及"按需分批交货"合同的标准格式）。
- 英国货运协会制定了一份公路货物运输模板合同。
- 英国皇家特许建造学会制定了一份关于基础设施管理服务委托的模板合同。

标准合同及模板合同与协商的合同或定制的合同

2.19　在采购简单的、低价值、低风险及常规物品时，例如库存及维护、维修与操作所用的物品，采购者可以采用自己的标准采购条款。不过，必须记住的是，采购者及销售商可能有各自不同的标准条款及条件条款，以保护他们在交易过程中各自不同的利益，这就会导致"条款之战"。因此，组织常常需要在可能的时候公布自己的标准条款，如采购订单表格、订单确认函、发票、收据等。

2.20　采购方和销售商会在很多标准条款上发生分歧，下面可能是主要分歧点：

- 支付条款。（因为销售商希望尽快收到付款，而采购方则希望尽可能延迟付款，以支持各自的现金流。）
- 所有权的转移。（购买的商品什么时候会成为采购方的财产，什么时候从卖方转移所有权，这些会影响到由谁来承担风险。）
- 时间的重要性。（交付日期是条件条款，以保护采购方的权益，还是保证条款，在万一不能按时交货的时候保护销售商？）

2.21 对于更加复杂的及/或更大型的、更具战略重要性的、风险更高的或不是经常采购的货物或服务，标准条款往往不能覆盖合同需要处理的那些更为详细和具体的地方。在这种情况下，就值得花时间和费用另外协商和起草特定合同条款。标准条款和条件是专门针对特定类型的复杂合同拟定的，并被当作行业标准在使用，本章稍后会介绍。

2.22 表 5-2 所总结了使用标准和模板合同的优点和缺点。

表 5-2 标准合同的优点和缺点

优　　点	缺　　点
减少制定合同的时间及成本（包括法律服务成本）	和协定的合同相比，对于势力较大的采购方来说，标准合同条款可能不是那么有利
避免重复（不过在必要的时候可以根据具体情况稍加更改）	可能没有包含符合采购方利益要求的特别条款或要求
行业模板合同被广泛接收，从而减少了谈判时间及成本	如果有大的修改变动，仍需要法律顾问
从设计上对双方都是公平的	需要花成本培训采购人员使用模板合同

第三节　明示和默示条款

3.1 合同条款既可以是一方或各方明确写入合同中的条款（明示条款），也可以是暗含的自动成为合同的一部分（默示条款），因为它们是普通法或成文法认可的。

明示条款

3.2 明示条款（Express Terms）是在合同中明确阐述的、合同各方都正式认可的条款，不管是书面还是口头的形式（或者两种形式兼而有之）。它们常常被称为合同中"小字印刷的部分"。(因为这些条款的字体通常都会用小号字标出。)

3.3 最常见的例子是各方详细规定价格、发货时间、运输和保险费用如何分担等。明示条款的另一个例子是除外与免责条款，这类条款规定一方对于某种特定的违约将不承担责任（或承担有限的责任）；或不可抗力条款，其中规定特殊情况下一方对其未能履行合同义务不承担责任。(我们将在本章稍后的内容讨论许多常见的明示条款。)

默示条款

3.4 默示条款（Implied Terms）就是任何一方都没有在合同中明确但却必须去遵守的一些条款（由于现行法律法规和惯例），因此成为合同的一部分。换句话说，在合同管理中，不能孤立地看待一份合同中打印出来的条款与条件：采购方与供应商必须记住，他们可能拥有在合同条款中没有具体指明的一些责任或权利。

3.5 形成合同默示条款的可能原因如下：

- **合同的性质**。(例如聘用合同暗示了雇主和雇员的某些义务，例如做好一天的工作，就希望得到一天公平的报酬。)

- **商业有效性的需要**（根据双方的意愿，使得合同可以执行下去）。在"Moorcock"案例（1889）中，码头业主同意船东在自己的码头卸货。这条船在退潮的时候由于船底搁浅在河床的一条硬脊上而被损坏。法院裁定在这份协议中有一条默示条款，即河床是安全的，否则双方就不会达成协议。

- **成文法**（立法或者议会法）。例如，《英国货物销售法 1979》。

- **行业的惯例**。我们有理由认为合同双方都应该已经默认了约定俗成的条款。例如，在"Foley V Classique Coaches"（1934）案例中，在一份公交公司的汽油采购合同中，没有说明价格。不过，在这份合同出现纠纷之前的很长一段时间，供应商一直是以标准价格给所有客户供应汽油的。法院裁定这种操作模式表明按照标准价格供应汽油就是这份合同的默示条款，尽管没有明说，但是双方都有意遵照这个条款来操作。

3.6　一般来说，在合同中，默示条款是第二位的，次于合同中明确表述的内容，即明示条款。在合同中，明示条款被视为最准确地表达了合同双方意愿的内容，是合同法试图维护的部分。因此，明示条款的效力通常都要高于默示条款。除非在一些特殊的情况下，明示条款具有明显的"不公平性"。我们稍后会在《不公平合同条款法》这部分加以介绍。

《货物销售法 1979》包含的默示条款

3.7　对于买方来说，默示条款最重要的例子要属根据《英国货物销售法 1979》（简称 SGA）自动加入合同中的条款组。尽管《货物销售与供应法 1994》和《货物销售法（修正案）1995》引入了一些变化，但是《货物销售法 1979》仍旧是主导的法律。

3.8　《英国货物销售法 1979》对与货物买卖合同相关的法律原则做了汇总。买卖合同就是销售商将货物的产权（所有权或权益）转移给购买者，从而换取金钱报酬（价格）的合同。它包含了"销售"（在合同签订的时候，购买者就成了货物的所有者）和"出售协议"。（合同中会约定购买者只能在未来的某个日期，或者在满足某个条件时，如支付了一定金额的首付款之后，才能真正成为货物的所有者。）

3.9 在该法的第 12~15 部分，给出了英国所有货物买卖合同都要遵循的、主要保护购买者的默示条款，如表 5-3 所示。

表 5-3 《英国货物销售法 1979》所包含的默示条款

部分	默示条款	解释
12	所有权	卖方被视为应承担： • 作为一个条件条款，他拥有销售该货物的权利。假如卖方并非货物的真正主人（例如，假如货物是偷来的，或者已经卖给其他人了），或者假如卖方没有销售货物的权力（例如，假如这么做会侵犯专利权），这一点对买方来说就特别重要了 • 作为一个保证条款，对于合同签订之前未向买方披露的费用或负担（例如未完成的法律争议），与买方要购买的货物是没有关系的
13	按描述来销售	在按照描述进行的销售中，卖方在出售的时候给出了一些关于商品的描述（如规格、数量、品牌、型号等），购买者最后根据这些描述来决定是否接受。在这种销售模式中，销售商必须保证所提供的商品与描述是完全一致的。 即使购买者已经亲眼看到了商品，如果商品与描述之间的不符合之处并非很明显，上述条款仍然适用。
14	令人满意的质量和符合用途	商业活动中，当销售商提供某种商品的时候，他必须能： • 确保商品具有令人满意的质量 　- 商品是可用的，状态是好的（只要是根据对商品的各种描述、价格及其他相关情况，可以合理地这么认为的） 　- 没有"小瑕疵"（除非这种"小瑕疵"在合同签订之前就已经引起了买方的注意，或者在合同签订前的预先检查中买方已经发现或者应该发现的） • 商品在销售的时候，或在销售后一段合理的时间内 　- 符合这类商品通常的使用目的 　- 符合某些明确的非常规用途，或某些非常规环境，如果：①这些情况已经事先告知销售商；②购买者依靠销售商来作出是否符合用途的判断（如果购买者没有告知销售商这些特殊情况，或者如果购买者不是或不可能是依靠销售方的技能或判断来确定商品是否符合特定用途的，那么购买者不受保护） 　- 在销售时以及售后一个合理的时间段内（例如，如果商品需要进行修理或处理（例如清洗），则该商品不符合用途："Grant V Australian Knitting Mills 案"，1936）

(续)

部分	默示条款	解　释
14	令人满意的质量和符合用途	购买者不能希望非常廉价的、二手的或者紧急订购的商品具有和昂贵的、全新的或者常规生产的商品具有相同的质量。但是，正常使用的商品，如果不能正常使用了，或在很短的时间内就坏了，或者是不安全的，其质量就应该被认为是不令人满意的 　　这也包括原本是好的，但在运输过程中损坏的商品（销售商尽管知道将会经历什么样的运输，却没有妥善地对商品进行包装，从而导致商品损坏）
15	按照样品来销售	按照样品来销售是指合同中明确约定销售方会先给购买者提供少量样品，使他们有机会先对将要购买的商品质量进行检查，特别是在批量采购的时候。（买卖双方必须在合同中以明示条款的形式约定按照样品来销售，而不是仅仅在谈判过程中或制定规格的时候向买方出示部分样品，否则就不是按照样品销售合同。）在这种情况下，销售商就必须承担以下责任： • 批量商品的质量必须和样品一致 • 购买者应该有适当的机会将批量商品的质量和样品质量进行比较 • 商品不应当带有使其不令人满意的缺陷，即在对样品的"合理"检查中不太明显的缺陷（这种检查不一定必须是全面的，"Godley V Perry 案"，1960） 　　如果销售既是按描述进行的，又是按样品完成的，它就必须满足各种合理的要求。在"Nichol V Godts 案"（1854）中，合同是销售"外国精炼菜籽油，保证只等同于样品"，卖方根据样品交付了油品，但却不符合"外国精炼菜籽油"的描述，因此发生了违约

3.10　对于表 5-3 覆盖的默示条款，你应该能够想出（或者在案例研究情节中认出）每种情节对应的例子。例如：

- 一家超市可能从供应商那里采购标有"可生物降解的塑料袋"的产品，但随后却发现，塑料袋并不能生物降解（第 13 部分）。

- 原材料本身具有令人满意的质量，但受到了另一种药剂的污染，不能有效发挥作用（第 14 部分）。

- 食品可能来自一个海外供应商，处于变质的（不可用或不能卖出的）

状态，虽然卖方本来应当能够预测到在正常条件下经过了正常运输后它们有可能变质（第 14 部分）。

- 办公室经理根据样品购买墙纸，不过发现交付的那批墙纸颜色稍稍有些不同，供应商本应该提示有可能发生这种情况（第 15 部分）。

3.11 《货物销售法》其他部分解决的是以下几方面的具体问题：

- 何时将所有权从卖方转移到买方（第 16~20 部分）
- 在各种情形下，卖方交付货物的义务和买方接收并付款的义务（第 27~31 部分）
- 买方对违约所做的补救办法，例如当供应商没有收到货款时（第 41~50 部分）
- 卖方对违约所做的补救办法，例如当货物没有按合同交付时（第 51~54 部分）

我们将在第六章关于不履行的部分介绍一些上述内容。

《英国货物与服务供应法 1982》包含的默示条款

3.12 在《英国货物和服务供应法 1982》中，对于商品及服务的供应有着类似的规定。这个法涉及了"商品销售合同"之外的很多概念（也就是说《英国货物销售法 1979》没有涉及）。

- 货物转移合同，包括：交换或物物交换合同（其中，货物转移对价不是货币的，而是以其他货物或服务的形式），工作与材料合同（其中，合同的对象是购买技能，而不是购买产品）
- 货物租赁或租赁采购合同（由于这种方式不涉及"销售"和所有权的转移）
- 服务供应合同，其中，供应商同意开展一项服务（这种形式没有覆盖

聘用合同）

3.13 租赁、租赁采购、交换，以及工作与材料等方面的合同在本法第一部分所覆盖。这暗示了有关所有权、按描述转移或租用、令人满意的质量和符合用途，以及按样品转移或租用等方面的条款，与《货物销售法》相同的条款一致。

3.14 服务供应合同包含在该法第二部分，它所隐含的合同条款稍有不同，如表 5-4 所示。

表 5-4 《英国货物和服务供应法 1982》中与服务相关的默示条款

部分	默示条款	解 释
13	谨慎与技能	供应商应当以合理的谨慎态度和技能提供服务。在"Greaves & Co V Baynham Meikle & Partners 案"（1975）中，法官说明："法律一般不会暗示一个担保，即专业人士能做到预期的结果，而是暗示了一个条款，即他会运用合理的谨慎态度与技能。外科医生不会担保他能治愈病人。但当牙科医生同意为病人制作一套假牙时，这其中有一个隐含的担保，假牙应适合他的牙床"
14	履行的时间	如果开展服务的时间没有在合同里面确定下来，而是留待以后来确定（经双方协商同意或者在处理过程中决定），那么服务提供商应当在一段"合理的"时间段内完成该服务
15	对价（Consideration）	如果服务的对价没有在合同中确定，而是留待未来确定（经双方协商同意或者在处理过程中决定），那么购买者应当相应支付"合理的"酬劳
16	责任的限制	违反这些默示条款任何一条的责任的免除或限制，受《不公平合同条款法》的约束（如下所述）

《不公平合同条款法 1977》

3.15 如前所述，默示条款地位一般是在合同明示规定之下的。因此，合同的明示条款可能会试图排除或限制默示条款，例如供应商可能会声明，他不承担因为货物与描述或样品不符的责任。

3.16 然而，这就很不公平地限制了买方的权利，因此要受到一定的限制。一些法律上隐含的条款被认为是如此重要，以至于他们不能被明示条款规定免除，或者只能在一定的程度上免除。

3.17 《不公平合同条款法 1977》限制了以下方面的责任免除或限制：

- **过失**：也就是违反合同中要合理关注的责任（明示或默示）或违反习惯法中需要合理关注的义务。
- **违反默示条款**：在所有的消费者合同里都不能免除因违反合同带来的责任（以保护消费者权益），而且只有在其他合同里，如果考虑到其他因素（如买方是否因环境或引诱被强迫同意条款，买方是否理解或应该理解条款的含义等），免责条款是"合理的"和公平的，才可免责。

3.18 我们将在第六章与违约有关的部分介绍责任的限制。

货物售出概不退换

3.19 在习惯法的货物售出概不退换的原则下（拉丁文 caveat emptor，意思是"买方当心"），不能就货物或服务不符合用途的缺陷提出损害赔偿金要求，除非卖方有意隐瞒这些缺陷。换句话说，买方在签订合同之前，必须对检验和明智地挑选承担责任。

3.20 现在，根据"令人满意的质量与符合用途"这两条隐含的法律条款，对买方有了更好的保护，不过买方仍旧有责任进行合理的检验和选择。

为什么要重申默示条款

3.21 起草合同条款与条件有两种基本方式。

- 你可以只规定那些你改变了《货物销售法 1979》或其他法律规定的基

本原则的环节,即明确地排除、限制或改动默示条款。

- 你可以在合同中规定所有相关义务、权利和补救办法,即使它们已经在《货物销售法1979》或其他法律中作出规定(并且因此隐含到合同之中)。这样,采购的条件会频繁地涉及这样一些问题,如与规格的符合性、令人满意的质量、拒收的权利、损害赔偿金与不交付的补救办法。

3.22 第二种选择是最常见的方法,虽然增加了工作量,原因在于它清楚地表明了合同双方的意图,避免了误解的可能性。小型组织的管理者可能不会留意到法律和习惯法赋予他们的权利和责任,因此关于他们最重要的义务的明示条款会让他们警醒。在发生争议的情况下,对于合同任一方来说,比起依靠默示条款,引用合同明示条款会使他们更容易取得成功。

第四节 关于合同履行的明示条款

4.1 为了管理买卖双方对合同的履行,我们来学习一些你可能需要解读的基本合同条款。

履行时间

4.2 如果延期会对货物的价值造成实质性的影响,那么,关于履行时间的明示条款(例如装运、转移或交付的日期)通常就被作为商业合同或其他一些合同的"条件条款",如"Bunge Corporation V Tradax 案"(1981)和"Hartley V Hymans 案"(1920)。

4.3 这样的时间规定一般被视为货物基本描述的内容,而且受到"按描述来销售"的默示条款的约束(《货物销售法1979》第13部分)。可是,比较常见的做法是在合同中明确地提出"时间是极其重要的合同要素",这样买方就可以坚持合同中规定的交付日期。在这种情况下,如果合同履约时间出现延误,受损害的采购方会把它视作合同违约,并拒不支付任何费用,且有权拒绝延迟交付的货物或服务。

4.4 对于这一明示规定,买方可以放弃,使供应商有额外的时间或时间弹性,不过买方可以在任何时候,在作出合理通告后,再次申明"时间是极其重要的合同要素"。例如在"Charles Rickards V Oppenheim 案"(1950)中,合同是七个月内交付定制的劳斯莱斯汽车,买方同意再多等三个月。后来,他提前四周通知了供应商要求按期完成,并在得到否定答复后取消了订单。法庭认为,在他通知满期时,买方还处于有权取消订单的期限内,因为买方通过通知这件事,已经声明了"时间是极其重要的合同要素"。可是,如果买方在最初交付期满后则不能取消订单,因为他已经放弃了自己这么做的权利。

4.5 如果合同中没有明确约定履约时间及相关责任,那么应该在"合理的"时间范围内完成这个合同。

价格

4.6 合同条款可以用来阻止或限制供应商在合同履行期间涨价,或者添加最初报价或标书中没有包括的"杂费"(例如消耗品)。例子如下:
- 对合同履行期间的固定价条款。
- 合同价格调整条款,详述新价格或价格变动将如何确定并获得各方一致同意。
- 争端解决条款,详述价格争端如何解决。

所有权/产权转移

4.7 财产的转移意味着商品所有权的转移。请注意，所有权的转移和"占有权"（对商品物理上的占有）的转移不是一回事。例如，在现金销售中，只有在支付了所有贷款之后，才能真正地获得占有权。而在货到付款（不付款就退还）的交易形式中，先转移给潜在买家的是商品的占有权，如果买家确实支付了货款，所有权才会真正被转移给买家。

4.8 对于一份销售合同，在很多情况下，在什么时间点把商品的产权从销售商转移给购买者是非常重要的问题。这些情形包括：

- 如果商品意外破损或毁坏了，那么风险的归属（或者说损失应由谁来承担）主要看当时是谁拥有这个商品。

- 如果商品因疏忽或第三方的过错而破损或被毁坏了，那么所有者比"占有者"拥有更高的要求赔偿的权利。

- 如果购买者没能全额支付货款或因破产而无力偿付货款，那个时候如果商品的所有权已经转移给了购买者，那么没有收到货款的销售商可以起诉购买者要求其支付全额货款。

- 只有拥有商品所有权的人才有权出售该商品（《货物销售法 1979》第 12 部分）。

4.9 通常来说，商品的产权可以在双方期望的任何时间点进行转移。如果双方没有在合同中说明，那么《货物销售法 1979》第 18 部分对产权应在什么时间转移做了多项规定。

- 在一份无条件合同中，对于处于可交付状态的特定货物的销售，产权转移发生在合同签订之时。

在"Tarling V Baxter 案"（1827）中，农场主出售还在他农场存放的干草堆，准备在春天时由买方来收集走。在买方收集之前，干草堆受到了毁坏，农场主并无过错。法庭认为，所有权已经转移到了买方，所以买方应该承担损失。

- 在销售方还需做些事情让货物处于可交付状态的特定货物的合同中，产权转移发生在卖方做完这些事情而且买方知道的时候。

在"Underwood V Burgh Castle Brick and Cement Syndicate 案（1922）"中，合同是销售嵌在水泥地板上的发动机，需要卖方将之挖掘出来，不过卖方在挖掘的时候弄坏了发动机。法庭认为，在损害发生的时点，货物仍未转移到买方，所以卖方应该承担损失。

- 在销售处于可交付状态的特定货物的合同中，如果卖方必须进行称重、测试和测量，才能确定货物价格，那么货物产权转移发生在卖方做完这些事情而且买方知道的时候。

在"Turley V Bates 案（1863）"中，合同是以每吨多少钱销售一堆泥土，要买方在装车时称重。法庭认为，在这堆泥土被称重之前，货物是买方面临的风险。

- 如果货物是以"包退换"或托售（即"无法销售可退还"）为基础交付的，那么在买方表示了对卖方同意或接受的意思，或者他在一个固定的或"合理的"时限内保留且没有拒绝货物的时候，产权发生转移。

在"Elphick V Barnes 案（1880）"中，卖方交给买方一匹马，八天内可以退换，但是马在第三天死了。法庭认为，所有权仍未转移给买方，所以卖方必须承担该项损失。

- 假如合同是销售按描述卖的"不明确的"货物（在签订合同之时货物不是特别明确）或者"远期的"（货物是在签订合同之后生产的）货物，

产权转移发生在符合那一描述并处于可交付状态的货物经卖方同意，无条件地被买方"挪用于交易"（被确认是按合同买方要买的货物，或者交付给买方的货物）的时候。

在"Carlos Federspiel V Charles Twigg 案"（1957）中，甲乙双方就自行车和三轮车销售签订了合同。买方已经支付了货款，卖方已经将货物装箱并贴上标签准备运送出去，货物还在卖方场地，但此时卖方变得资不抵债了。法庭认为，对甲乙双方来讲，都不存在"无条件挪用"货物的情况：留出货物并不足以使这些特定的货物不能撤回地属于该合同，因为卖方本来还可能改变主意，把货物发到别处。

4.10 为了避免出现这种复杂情况，在合同中可能会约定产权转移给买方的一个适当的时间点。

- 买方可能会希望规定在商品正式交付和接收，并通过验货、测试或其他程序之后，所有权再正式转移过去。

- 供应商可能会希望规定在收到商品全款后才将所有权转移过去，这样一来，如果购买者没有全额支付（或者因破产而无力偿付货款），供应商就可以继续拥有商品的所有权。

这称为**所有权保留条款**（Retention of Title Clause）或者 Romalpa 条款，来自 Vaassen 铝业公司对 Romalpa 铝业公司的诉讼案例。申请人提供铝箔给被告。被告最后进入破产清算。合同规定商品的所有权只有在被告全额支付货款后才转移给被告。被告未能支付一些商品的货款（这其中部分商品已被转售），因此申请人要求补偿未支付部分。法院裁定，根据合同中约定的条件条款，申请人拥有属于他们的商品的所有权，至少包括那些现在被购买者占有的还原封未动的那部分商品（未生产加工的）。

- 买方会通过验货及付款来确保获得商品的所有权。他有可能会要求供应商先占有部分或全部商品，以减少自己的库存压力。

- 有一种销售形式是在一个确定的时间段内"托售"（即"无法销售可退还"），即如果买方表示接收货物，或者在规定的时间内保留而没有拒收，那么所有权就转移给了购买者。

风险转移

4.11 风险一般是随着货物产权或所有权的转移而转移的，但事情并不总是这样。风险转移决定了谁将负责为货物投保，谁承担货物损失或损害的成本。

4.12 这对于国际合同尤为重要，它的货物交付可能由几个阶段组成，货物在运输过程中几易其手。在这一过程中，谁为各个环节的保险和损失负责呢？国际商业合同标准条款《国际商会国际贸易术语解释通则2010》（即Incoterms 2010）明确地规定了在从供应商到买方的运输中各阶段的风险转移。我们将在本章第五节国际法的含义这部分详细讨论这些内容。

付款

4.13 根据《货物销售法》，规定的任何付款时间都不是"本质的"（即合同的关键条款），除非合同另有规定。在缺乏明示条款的情况下，卖方因此没有资格因延迟付款而拒绝供应货物。

4.14 可是，根据《商业债务（利息）延迟支付法1998》规定，如果延期付款，买方自动支付基准利率之上8%的法定利息。另外，关于支付条款，存在许多商业对价。例如，信用期的期限就很重要：在保证现金流方面；作为一种谈判工具（提供延期的信用，以求换取其他的利益）；作为短期融资的一个来源（例如通过延迟付款）。

4.15 因此，明示的支付条款一般会规定：

- 货款何时支付（例如在收到货物当月的下个月月末，或者在收到货物发票的时候，看哪个更晚一些）。
- 在发生延迟付款的时候，买方应付多少利息（例如对于直接由延迟付款造成的损失，对卖方补偿的利率，只要它不超过法定利率即可）。
- 付款时间是否是协议的本质。（从买方的观点来看，如果不是则最为理想）。

违约赔偿金及惩罚条款

4.16 违约赔偿金条款，是用来保证买方在遭受因供应商延迟履行合同或不符合要求地履行合同所产生损失的情况下，获得相应的损害赔偿金，同时，用来激励供应商履行合同。这种条款常常用在大型合同之中（例如资本设备或建筑工程）。它们与合同的不履行特别相关（根据违约原因），所以我们将在第六章详细介绍这些内容。

不可抗力条款

4.17 不可抗力条款的目的是免除合同双方因特定情形而不履行合同的责任，这里的特定情形包括：不可预见的情形，合同双方不承担责任的情形，合同双方不可能避免或克服的情形。这些情形的例子包括"自然灾害"，洪水、地震、火灾、暴风雪和其他自然物理灾难，战争、革命、暴动或国内动乱，一般的劳资纠纷（不限于供应商或其转包商的雇员）等。这些情形不会自动地使合同落空或终止，但可能会导致延期交付或不交付，对此需要免除有关方面的责任。

4.18 它们与合同的不履行特别相关（根据使合同落空的原因），所以我们将在第六章详细介绍这些内容。

其他"特殊"条款

4.19 正如表 5-1 所示，还有其他一系列条款用以保护合同任一方或双方的利益。

- **保密条款**。在合同履行过程中，当合同一方需要给另一方提供其运营信息访问权时，用保密条款来保护合同双方的利益。保密条款应该对"机密信息"作出界定（例如，一个有理性的人看来是机密的、或者特别规定是机密的信息），并且应该规定，另一方须采取所有适当的步骤来保护这些机密信息。在某些具有严格保密要求的情况下，一方会要求另一方签署一份单独的"保密协议"，作为主合同的附件。
- **知识产权条款**：强制保护合同任一方拥有的设计、专利和著作权。
- **赔偿条款**：保护企业免受另一方事件造成的损失，包括：由于另一方人员的疏忽所造成的，对买方人员造成伤害，或者对其财产造成损失和损害。买方常常希望证实，当由于这些问题产生法律诉讼事件的时候，供应商有能力支付赔偿金；并且买方常常在合同中要求供应商购买必要的保险，例如公共责任保险、专业责任险和产品责任险。
- **争议解决条款**：规定在诉诸法律之前，使用一个规定的过程来处理合同争议。例如，合同规定任何争议必须通过调解或仲裁，这样的条款越来越常见。（我们将在第七章详细介绍这方面的内容。）

合同期限与续签

4.20 通常，在合同中都会明确规定合同期限，特别是在公共部门（为了促进竞争以获得最佳价值，欧盟采购官方指令对最长合同周期做了规定）。对于长期服务合同来说，设定一个结束时间能鼓励客户对合同进行重审、重新谈判或重新招标。如果结果表明合同任一方对合同不太满意，或者需要对合同条款进行改进，那么这样做就非常有意义。如果在起草合同的时候没有确定合同期限，那么很有可能会导致提前结束合同。

4.21 如果双方希望在最初的合同期结束后能继续原合同，他们可以在合同中加入一个延期或可续签条款，使他们有可能这样做。对于有长期服务需要的合同，这种条款很有价值，特别是当原来合同的执行情况令双方感到很满意（或者持续改进的方法已经写入了原合同中）时，因为这样做可以节省大量重新签订合同的时间和费用。如果续签不是自动性的，可续签条款也可以成为激励供应商保持好的绩效水平的一种激励措施，如果供应商表现良好，作为奖励就可以得到续签机会。

4.22 合同续订的规定可能包括：

- 合同的最初持续期。
- 可延长的期间，如果有的话。
- 符合延长资格的标准。
- 终止合同的程序。
- 授予新供应商合同的程序，如果相关的话。

第五节　国际法的含义

5.1 供应关系越来越国际化，由此带来了一些特殊的法律难题，例如合同适用哪一国的法律、到哪一国的法庭解决争议。这本身就是一个广阔的研究领域。在这里，我们仅仅做一个简单的介绍。不论在哪种情况下，我们关注的焦点仍旧是合同的解释，目的是要意识到合同绩效管理中的潜在问题。

国际合同和交易的其他内容（例如国际运输模式，进口单证和程序，国际商会国际贸易术语解释通则的使用，国际支付方法如信用单证的使用）在 CIPS 课程的其他科目中有所涵盖，例如《供应源搜寻》和《采购与供应中的谈判与合同》。

法律的一致性

5.2 在管理国际合同的时候，非常重要的是要理解合同法的某些关键问题、他国的法律要求和违约保护。与国际贸易相关的条款和条件在不同国家的法律体系中，并不总是以相同的方式来解读的，这为从海外采购的买方提出了一个重要的问题。多年来，为了将进出口交易所依赖的条款标准化，人们已经做过许多努力与尝试。

5.3 所产生的一些常见问题如下：

- 在国际贸易交易中，要约或承诺何时生效？
- 所销售货物的所有权、产权和风险何时从海外的卖方转移到本国的买方？
- 当货物不符合合同要求时，一方具有哪些权利？

5.4 基地设在维也纳的联合国国际贸易法律委员会（UNCITRAL）的主要目标之一是"增进国际贸易法律的逐渐和谐化和统一化"。在《维也纳公约》下，它制定了两个基本文件（或"统一法"），虽然这些文件尚未被所有世界贸易国家所批准。

5.5 当各方在不同国家居住或运营并且货物从一个国家被运输到另一个国家时，或当要约和承诺同时在一个国家作出而交货是在另一个国家进行时，《销售统一法》将此货物销售定义为国际货物销售。根据英国法律（《1967年关于国际销售法的统一法》），在从海外购买时不强迫英国买方采纳该公约，但如果买方采纳了该公约，则买方和卖方应接受在《销售统一法》下

- 的某些义务。

  - 卖方具有三个基本责任，即交付货物、交付相关单证和转移货物的所有权。

  - 买方具有两个责任：按销售合同所述的价格付款和按销售合同的条款提货。

5.6 补充的《合同成立统一法》试图解决英国与欧洲法律之间尤其是在合同法律基本原则上的重大分歧：要约和承诺。例如，按英国法律，一个要约在理论上在其被接受前总是可以被撤销的，而在一些欧洲国家，一个要约在作出后便具有约束力。根据《合同成立统一法》，一个要约在原则上可以被撤销，除非它规定了一个固定的承诺时间，或者它特别规定了它具有不可撤销性，或者如果撤销不是诚意或符合公平贸易原则作出的。

适用的法律和管辖范围

5.7 基本要求是知道国际购销合同适用哪些法律，如果出现纠纷哪个国家的法庭拥有管辖权。欧共体 1980 年制定了《合同职责法律适用的罗马公约》（简称《罗马公约》），用来取代习惯法法规，确定在有不同国家法律可以选择的情况下合同所适用的法律问题。该法律在英国《合同法 1990》中具体施行。

5.8 罗马公约允许合同各方约定适用哪部法律。他们可以在合同条款中加以明示，这样当然是最安全的，尽管在谈判过程中将难免一番相持。关于法律适用问题的规定一定要通过谈判来确定，并且需要双方的明示协议。

5.9 如果合同中未对适用的法律作出明示，遇有问题或者纠纷，可以根据合同的性质和背景加以推断。一般原则是法律的选用应该以与合同的关系密切程度为准，一般而言是选用合同条款执行地国家的法律。

5.10 《罗马公约》适用于各种类型的合同，包括商品买卖合同和雇佣合同，但是不适用于仲裁协议和关于法院选择已有约定的情况（此外还有其他一些免除情况）。

提单和海运公约

5.11 国际贸易中使用的单证不属于本考试大纲的范围。但是，有一个特别重要的单证值得我们做一简单介绍，即提单（Bills of Lading，或称提货单）。

5.12 提单是国际贸易的一份重要单证，其中，海运是运输的主要方式。提单通常被看作是由船东向托运人（一般是出口公司或卖方）开具的收据。该收据包括：

- 所收到货物的数量。
- 收到货物时货物的状态。
- 能够清楚识别货物的标记。

5.13 提单一般包含运输条款。但应当指出，如果提单的持有者是托运人，则提单只是运输合同的证明。只有在提单签署并发给一个第三方（即一个收货人或被背书人）之后，该提单才成为运输合同。

5.14 当货物装到船上时，则会签署提单并标明日期，一般由船长或其指定代理签字，并背书"运费已付"或"运费到付"。如果托运货物一切完好，则提单被不带背书地签署（清洁提单）。否则，也就是说托运货物出现某种问题，则提单被签署并带有适当的评述，这样该提单就成为"不清洁提单"或"附有条件的提单"。

5.15 大多数发布的提单要遵循国际公约，例如《海牙规则》（1924）、《海牙-维斯比规则》（1968）和最近的《汉堡规则》（1992）。这些公约规定了运输公司承担的最低责任,这些责任不能通过运输合同明示条款进行弱化。英国已经在其《货物海运法 1971》中执行了这些规则中的主要提案。

5.16 在英国,不在这些规则范围之内的提单受习惯法约束,习惯法隐含了船东和托运人各自应承担的许多一般义务。

- 船东应提供适航的船(即一艘适用的船)。
- 船东应尽责速遣。
- 船东应按照到议定地点的直接路线行进。
- 船东在航海和运送货物的过程持有应有的谨慎。

使用国际商会国际贸易术语解释通则

5.17 在国际贸易中,沟通困难的问题由来已久。合同条款的翻译对于买方和供应商都是至关重要的,因为双方对于合同要求的理解必须是绝对确切的,来不得半点模糊含混,这样合同才可能成功实施而不发生纷争。

5.18 有鉴于此,国际商会于 1936 年推出了《国际贸易术语解释通则》(简称 Incoterms)。他们认为,如果国际交易中的各方都采纳标准的条款,很多问题就可以得到避免,因为各方都可以清楚自己在交易的各个阶段分别有哪些方面的风险和责任,万一出现了纷争,在法律或仲裁中也不会有模糊理解。

5.19 Incoterms 是一系列可以在国际合同中采纳的合同条件或条款,其目的是在全世界实现统一的理解和解读。国际商会出版了一个手册,列出了国际贸易中很多关于买卖双方义务的术语的公认解释。这个手册随着商业操作的不断发展而定期更新,最新一版是《2010 年国际贸易术语解释通则》(简称《Incoterms 2010》,自 2011 年 1 月 1 日起生效)。

5.20 并没有哪条法律规定在起草国际商务合同的时候必须使用 Incoterms，买方和供应商完全可以使用他们认为合适的任何术语来约束彼此。但是如果他们明确了要采用 Incoterms，那么各方就是同意了要遵循《Incoterms 2010》的具体规定，在发生纷争的时候，法院会"默示"使用 Incoterms 标准。

5.21 在合同中使用 Incoterms 可以省却大量细致的谈判，因为只要合同采纳了 Incoterms，相应术语的具体规定就可以直接适用，而其中已经对风险和义务范围作出了规定。Incoterms 中详细界定了买方和卖方在交付各阶段的义务，因此可以用作检查和管理合同履行的框架。

5.22 相关各方可以谈判确定哪一种 Incoterms 协议最为合适。表 5-5 是《Incoterms 2010》所有十一条术语的概述。

表 5-5 Incoterms 的解释

EXW（工厂交货） 指定地点	这是对卖方而言最容易的一种出口方式：买方前来收货，EXW 价格就是商品本身的价格，没有运费、保险等 卖方的义务就是把合同规定的商品放在工厂的大门口或厂区附近便于买方起吊的指定位置。然后买方必须自行安排好从场地启运货物并运抵目的地的一切事宜，风险和费用自理
FOB（装运港船上交货） 指定装运港	适合于通过海路或内河水运运输的传统货物（如散杂货）运输，如果采用其他运输方式，那么 FCA 更为合适。卖方有责任将货物运输到买方指定的港口指定的船舶上，卖方的责任和风险到货物越过船舷为止
FCA（货交承运人） 指定地点	与 FOB 不同，FCA 适用于任何运输形式，只要是指定了承运人或目的地，特别适合于集装箱多式联运 责任和风险在于卖方，直至将货物做好出口准备，在指定地点交到买方指定的承运人手中。买方所指定的地点可以是内陆清关地，铁路或航空集散地，船舶泊位，或者货运代理的库房
FAS（装运港船边交货） 指定装运港	FAS 和 FCA 相类似，但是只适用于海运或内河运输。商品必须运送到买方或其代理指定的船只泊位或船旁码头，买方负责将商品从码头搬运上船，并自此承担各种费用和风险

(续)

CFR （成本加运费） 指定目的港	卖方担负将商品通过海运和内河运输的方式自其场地运送到目的港的责任和成本。所以卖方要提供所需的全部出口文件（原产地证书，出口许可证，发运前的检验证明等）。但是风险在发运港货物越过船舷之时即行转移，所以海事保险的费用由买方承担
CIF （成本、保险费加运费） 指定目的港	CIF 和 CFR 相类似，但是卖方还要负责海上保险（买方为受益人），保护货物在运往指定目的地的过程中免遭灭失或损坏。如果买方要求比供应商的标准保险（经常为最低限）更高的保险水平，应在销售合同制定之时注明
CPT （运费付至） 指定目的地	适用于集装箱化和多式联运的货物。运输的责任和费用都由卖方承担，直到货物抵达销售合同中指定的目的地为止。但是保险的责任是由买方承担的
CIP（运费/保险费付至） 指定目的地	与 CPT 相似，但卖方要负责安排运输中的保险事宜
DAT （目的地或目的港的集散站交货）指定目的港/地	卖方支付将货物运抵目的地集散地的全部运输费用，包括税和运费，但不包括进口清关的相关费用。卖方承担风险到商品在集散地卸下为止 买方需要安排清关以及随后的运输工作
DAP （目的地交货） 指定目的地	卖方支付将商品运到指定地点（如买方场地）的运输费用，但不包含与进口清关、关税、增值税等相关的费用。卖方承担风险到商品准备好由买方卸货为止 买方负责全部的海关手续，除非合同另有规定（这一点与以前的 DDU 条款相似：未完税交货）
DDP （完税后交货） 指定目的地	卖方负责将商品运抵买方国家的指定地点（如买方场所），并且支付将商品送达该目的地的全部费用，包括所有进口关税和税费。如果卖方无法获取进口许可证，则不应使用本条款 DDP 将最大化的责任归给了供应商，对于卖方的主要不利之处是，在收到付款之前占用资金的成本。而对于买方而言，好处是他们可以确切知道自己支付了多少费用，如果是使用本币结算就更是如此

国际仲裁

5.23 国际商会（ICC）致力于在国际贸易中推进最佳实践，所以在解决国际范围的合同争议时，它可以提供建议。

5.24 仲裁是国际争端中最常用的争端解决形式。ICC 指出这么做的三个理由：

- 仲裁判决的不可更改性和具有约束力的特性。根据许多国际公约，在一个国家作出的判决，一般在另外的国家也具有法律上的效力。
- 国际上广泛的接受度。100 多个国家已经在《1958 联合国外国仲裁裁决的承认与执行公约》(《纽约公约》)上签字。
- 仲裁法庭的中立与公平性。争议中的任何一方都不会由于诉讼地区、使用语言、适用程序、仲裁员国别或法律代理人等事宜受到过分有利的或不利的对待。

本 章 小 结

- 对于买方来说，拥有有效的商业法律知识，尤其是合同的性质与作用等方面的知识，是相当重要的。
- 有约束力的合同具有五个基本要素：协议、对价、建立法律关系的意图、签约能力和正确的形式。
- 误述、错误、威逼或过度影响、违法等，都可能使合同无效。
- 有关合同条款的重要分类是明示条款与默示条款，条件条款与保证条款。
- "条款之战"是当买方和供应商都想按它们各自的标准条款来签约时产生的问题。
- 模板合同是由贸易和专业团体发布的。它们节省了法律合同签订过程中的时间和成本。
- 明示条款是明确出现在合同中的条款，而其他有些条款则可能是法令或习惯所隐含的。

- 对于买方来说，最重要的默示条款是《货物销售法 1979》中规定的相应内容。
- 《不公平合同条款法 1977》限制了合同一方免除其自身违约责任的能力。
- 明示条款通常会在以下几方面作出规定：履行时间、价格、所有权转移、风险转移和付款。除此之外，也会有关于以下几方面的条款：损害赔偿金、不可抗力、保密性、知识产权、赔偿和争议解决。
- 在国际贸易领域，还存在法律方面的特殊困难。《销售统一法》、《合同成立统一法》以及国际商会国际贸易术语解释通则的使用，可以帮助我们克服这些困难。
- 仲裁是国际贸易中最常用的争端解决方法。

自测题

括号内数字为参考答案所在段落。

1. 有约束力的合同具有的五个基本要素是什么？（1.5）
2. 合同法背景下，"对价"是什么意思？（1.8）
3. 请列出可能使合同无效的缺陷。（1.13～1.17）
4. 请区分条件条款和保证条款。（2.3）
5. 标准合同是什么意思？模板合同是什么意思？（2.14～2.17）
6. 列出标准格式合同的优缺点。（表 5-2）
7. 条款是如何隐含到合同中去的？（3.5）
8. 请说明《货物销售法 1979》第 12～15 部分所隐含的合同条款。（3.9）
9. 对于一方想要减轻责任的企图，《不公平合同条款法 1977》作出了哪些限

制？（3.17）

10．为什么合同常常声明"时间是极其重要的合同要素"呢？（4.3）

11．关于风险何时从供应商转移到买方的时点，一般规则是什么？（4.11）

12．不可抗力条款是什么意思？（4.17）

13．请列出一些经常造成与国际贸易有关的合同困境的问题。（5.3）

14．什么是提单？（5.12）

15．什么是国际商会国际贸易术语解释通则？（5.19）

第六章

合同不履行的管理

对应大纲内容

2.3 解释导致未履行合同的原因

- 条件条款和非条件条款
- 界定合同的不合规/违约
- 评估损害赔偿
- 责任赔偿限额
- 合同终止程序

引言

在第五章中,我们强调了界定"合同履行"所适用的法律和法律准则,包括合同双方都必须遵守的各种明示条款与默示条款。

本章我们讨论同等重要的不符合合同条款问题,以及对此我们能做些什么。

我们首先概述合同履行的各种方式,以及不履行合同的各种方式(包括违约和不履行)。

然后,我们系统地介绍四个紧密相关的问题。第一,"关键的"合同条款与"非关键的"合同条款之间的区别,这决定了违约事件发生时可利用的补救措施。第二，买方如何来发现是否实际上发生了违约。第三，违约事件发生的时候，可利用的资源和补救措施有哪些。第四，当买方或供应商因违约受到法律诉讼的威胁时，他们努力免除或减轻自己责任的做法是有效的，还是无效的。

最后，我们简要地介绍一下关于合同终止的有关合同内容。

在本章中，我们仍侧重于探讨这些主题的法律方面。实际合规性的监督以及关系管理等紧密相关的问题将在第九章和第十章专门讨论。

第一节　合同的履行与不履行

1.1　合同终止或结束有许多方式。

- 履行（Performance）。当合同双方都完全地、确切地遵守了合同条款，不再具有合同规定的进一步的义务的时候，合同就被认为解除履行了。
- 协议（Agreement）。双方可能同意终止未履行的义务，接受合同的部分履行。
  - 合同本身可能会规定解除履行合同的条件，在这种情况下，它的运用不再需要新的对价。有一个例子是"在土地规划准许的条件下"的土地销售合同，因此如果没有获得土地规划的准许，合同就被解除（"一个先决条件"，即阻碍合同生效的一个条款，除非一个规定的事件发生了）。另一个例子是，发出聘用终止的通知（"一个后决条件"，即在规定事件发生时允许解除合同的一个条款）。
  - 否则，解除或终止合同的任何协议将是一个新的合同，要求某种对价。如果双方都还有一些义务要履行，若每一方允诺另一方免除那些义务，那么这种许诺就是对价。如果一方履行了所有它承担的义务而另一方没有，那么就可能需要进一步的对价（例如以合同确认消费的形式）。法庭会判决，对供应商部分完成的工作或交付物，在公平的"按劳计酬"（它值多少）基础上，给供应商支付一些货款。

- **违约**（Breach）。违约是指合同一方在履行他所承担的部分或全部合同义务中出现的无法辩解的错误。如果一方违约，另一方可能在有些情况下选择让合同走向终止，这样他自己的义务就会得到解除；例如，当工作还没有完成时，买方不必付款。他还可以选择起诉要求各种补救措施，包括损害赔偿金。我们将在下面单独讨论这些问题。

- **合同落空**（Frustration）。在特定情况下，合同可能会变得"不可能"履行，并且因此被认为解除。例如，发生了一些超出任一方控制的事件，使得合同履行变得不可能；环境发生了剧烈变化，造成履行完全不同于合同最初的目的。

1.2 我们将在本章第三节介绍一些方法来决定合同是否可以被视为已经"履行"或没有"履行"（关于履行、违约和合同落空）。

第二节　关键合同条款与非关键合同条款

条件条款与保证条款

2.1 通常，合同的每个条款都可以分为条件条款或保证条款。

- **条件条款**（Conditions）是合同的关键条款，如果违反这些条款，则无过错方可以将其作为不履行协议基本要素对待。（请不要和"条款和条件"这种用法中的"条件"这个词混淆。）

- **保证条款**（Warranties）是合同中的非关键条款，违背这类条款不构成实质不履约。（请不要将这里的"保证"一词当成是一类担保。）

2.2 合同可以明确声明某些条款是条件条款。一个重要的例子是,声明合同履行的时间是"本合同的要素"。(因此,延迟的交货将被视为违反条件条款,而不是违反保证条款。)

2.3 可是,仅仅用"条件"或"保证"这两个词本身并不能决定条款的性质,所以一个条款是"条件条款"还是"保证条款",要在发生争议时由法庭决定。实际上,法庭一直努力避免太严格地区分这些条款,并且已经认识到还存在无名条款或中间条款(如下所述)。

区别在哪儿

2.4 正如我们在本章第四节将要看到的,根据一条合同条款是条件条款还是保证条款,违背这一条款的**追索权**(获得救助或解决的选择权)和**补救措施**(补偿或改正的手段)是不一样的。

2.5 在**违背条件条款**的情况下,无过错方可以选择取消(或终止)合同,也可以选择对所蒙受的任何损失提出损害赔偿。换句话说,违约太严重了,可以终止协议。例如,杰姆斯可能从伯纳德那里购买了一台洗衣机,目的是要把它用在他的洗衣店里。如果洗衣机有严重的缺陷,那么:

- 杰姆斯可以选择取消(拒绝)合同,在这种情况下,即他可以拒绝接受洗衣机并要求退回购货款。实际上,这就是将双方带回到他们签订合同之前的状态。杰姆斯也可以对洗衣机得到更换之前所遭受的利润损失,提出损害赔偿。

- 杰姆斯也可能选择承认合同。他可能决定保留洗衣机(在被一名机修工拖走修好之后),或者要求法庭判决"强制履行"(即迫使伯纳德如约提供一台合格的洗衣机)。不论在哪种情况下,他还是有权就带来的不便、修理费用和利润损失提出损害赔偿。

2.6 可是，在**违反保证条款**的情况下，整个协议无需推翻，无辜方可以对违约损害提出索赔，但不能"拒不履行"合同。如果提供给杰姆斯的洗衣机可以有效工作，但是由于在运输中造成了外观损害，比方说，使之看起来比较劣质，那么他必须接受机器，但可以要求损害赔偿，也许是部分退还货款（一般根据双方的协议）。

2.7 比较下面两个案例。

- 在"Poussard V Spiers 案"（1876）中，一位女高音（泡撒德夫人）同意为主办人（斯皮尔斯）演唱一系列歌剧。当她没能出现在开演那天的晚上，斯皮尔斯拒绝了她随后几晚的服务，于是她起诉他违约。法庭认为，于开演晚上出现的义务是合同的一个条件条款。由于泡撒德夫人违反了这个条件条款，斯皮尔斯有资格终止合同，并且即使终止了剩下的合同，也不是他违约。

- 在"Bettini V Gye 案"（1876）中，一位男高音（贝蒂尼）同意为盖伊演唱一系列音乐会，并且参加演出之前的六天排练。他没能参加头四天的排练，盖伊为了排练与演出的平衡，拒绝了他的服务，于是贝蒂尼起诉盖伊违约。法庭认为，参加排练的义务仅仅是一个保证条款，所以贝蒂尼违反这一条款并没有赋予盖伊终止合同的权利。当盖伊取消合同剩下的部分时，他就因此而违约了。

中间条款或无名条款

2.8 一个条款可能既非条件条款也非保证条款（Intermediate Terms，中间条款），或者在签订合同的时点不会被认为是一个条件条款或保证条款（Innominate Terms，无名条款）。在这种情况下，法庭会考虑违反哪一条款的后果。如果违反的后果严重，那么就作为违反了一个条件条款论处并准许采取相应的补救办法。如果后果不那么严重，那么无辜的一方仅能作为违反保证条款获得补救。

2.9 在"The Hansa Nord 案"（1976）中，柑橘浆球团卖了 10 万英镑。一个写明的合同条件条款是"装运状态良好"。货物到达时，并不是所有浆球团都处于良好状态，而且它们的市场价值减少了 2 万英镑。然而，即使货物是完好的，它们的市场价值也在销售与交付之间的时间内下降了，现在仅仅是 8.6 万英镑。买方拒收货物。

法庭认为，关于装运状态良好的规定既不是条件条款，也不是保证条款，而只是"中间规定"。违反的后果并不足以有理由取消合同（拒绝货物），所以买方唯一的补救办法是获取损害赔偿金（对于完好货物与缺陷货物之间的价值差额部分的补偿）。

第三节 不履行的确认

关于履行的一般规则

3.1 一般规则是，只有当合同双方都完全地、正确地、确切地遵守了合同条款，合同才完成。在"Moore & Landauer 案"（1927）中，合同是以每个箱子装 30 听的包装交付罐头水果。供应商交付过来的罐装水果的总量是正确的，但是包装在了大小不同的箱子里，里面装了 24~30 个不等的水果罐头。最终法院判定合同没有得到履行，尽管所交付货品的市场价值一样。买方有权利拒绝所有货物，并且不支付货款。

3.2 你也许已经看到，一般规则可能导致不公平的情况。因此它也是有例外的，一些是由习惯法强制的，一些是由公平原则要求的，让该规则更加公平一些。

- 有时，人们认为，如果对于合同（"整个合同"）履行已经商定了一个单一的价格，那么除非并直到整个合同被履行，否则价格的任何一部分都不应支付，参考"Cutter V Powell 案"（1795）。但是，某些合同可能可以被拆分成不同的和单独的义务，那么在这种情况下，每个单独的合同都可以单独地取消。例如，在分期交付货物的合同中，买方同意在每期交付时付款。如果第一期交付符合合同条款，买方就不能根据第二批交付有某些方面的一些缺陷而拒绝为第一期货物付款，虽然他可以正当地拒付第二批货款。

- 由于**另一方的一些行为或疏忽**，某一方可能受到阻碍而无法按计划完全履行自己的合同义务。在这种情况下，部分履行议定条款的这一方可以依据按劳计酬，提起诉讼索赔或违约损害赔偿金，以弥补实际完成工作量的部分。"按劳计酬"是对已完成工作或已开展服务的价值的一个索赔（部分履行），而不是针对整个合同额。

在"Planché V Colburn 案"（1831）中，普朗什同意为将由科尔伯恩出版的一套丛书写一本书，但写完之后，该套丛书不再出版了。法庭认为，最初的合同由于出版商的违约而解除，但是作者可以依据"按劳计酬"为其到目前为止完成的工作得到合理的报酬。

部分履行的接受

3.3 如果一方接受了由于另一方的部分履行而授予他的利益，法庭会推断他承诺了对收到的利益付款，而由此赋予了另一方根据"按劳计酬"索取合理的货款的权利。例如，卖方同意向买方交付 40 瓶规定的葡萄酒。如果到时只交了 20 瓶，买方可能拒绝收货；但如果他接受那 20 瓶，他就必须为这 20 瓶支付合理的货款。

3.4 可是，如果一方别无选择，只能接受部分履行（Partial Performance），那么另一方就不能要求付款。在"Sumpter V Hedges 案"（1898）中，森普特签约，要在赫奇斯的土地上盖一栋大楼，但大楼建了一半就停工了。赫奇斯自己完成了工作，用到了森普特留下的材料。森普特根据应得的数额提起诉讼，要求就他停止工作之前完成的工作，弥补相应的工程款。法庭认为，由于赫奇斯不是自愿接受部分履行的，他别无选择，只能自己完成工作，要不就是聘请另外的建造商来完成，所以森普特不能获得与他所完成工作对应的工程款。可是，法庭允许森普特要回那些剩下材料的款项，因为赫奇斯可以选择在其完成工作的过程中是否使用这些材料。

实质履行（Substantial Performance）

3.5 实质上按照规定的方式履行其合同义务的一方，可以获得协定价减去根据没有恰当地执行义务所致的损害赔偿金的扣减额。这是完全履行规定的另一个例外。

在"Hoenig V Isaacs 案"（1952）中，内部装修师同意装饰和装修被告的公寓，共收取 750 英镑，根据工程进度支付，完工时支付完工程款。当工程完成时客户搬了进去，他抱怨手艺太差，不愿意付剩下的 350 英镑。法庭认为，在一个工程和人工总价合同中，合同实际上已经履行而且他也已经住进去了，客户不能根据工程在有些方面与合同不符合而不履行自己的责任。被告必须为工程付款，但减去因违反保证条款导致的损害赔偿数额。

3.6 可是，如果缺陷是如此的广泛，以至于不可能说合同已经"实质上"履行了，那么合同价格的任一部分都不能得到补偿。

合同落空

3.7 正如我们之前所看到的,一般的规则是,除非另有协商,没能履行其合同义务的一方属于违约,并对损害赔偿金负责,不管不履行的借口是什么。在"Cutter V Powell 案"(1795)中,卡特注定无法履行其(作为一个商船船员)完整的合同,因为他在到达他所签约的航行终点之前就已死去。你可能会注意到这有点过于残酷了。

3.8 合同落空(Frustration of Contract)的法律原则(或称"不履约"原则),旨在减少一般规则的残酷性,允许一些理由充足的未履约行为的存在。下面是一些例子:

- 合同标的物的毁灭。在"Taylor V Caldwell 案"(1863)中,一个音乐厅被租用,但这个音乐厅在音乐会举办之前被烧毁了。
- 合同所基于的事件没有真正发生。在"Krell V Henry 案"(1903)中,一个房间被租用下来以便人们观看爱德华七世的加冕游行,但是最后这个游行因为国王生病被取消了。
- 无法完成个人履约行为。例如,雇佣合同因雇员的死亡而无法履行。
- 外部的影响导致合同无法进一步执行或者无法按照原约定执行。(这不包括仅仅因为合同执行变得更困难或更昂贵了,或者合同中一方发现自己其实无法完成了,等等。)

3.9 在发生合同落空的情况下,合同各方的地位受《法律改良(合同落空)法1943》的约束。根据合同支付的全部额度必须偿还,而应付款项(无论是过期的还是未来应付的)不再支付。可是,如果一方已经按合同收到一些收益,他必须为之支付一个公平的数额。合同本身也可以包含一个如何处理合同落空的规定(被称为不可抗力条款)。

3.10 **不可抗力**（Force Majeure）条款是为了免除合同各方违约的责任——如果违约是由于不可预见的、他们自己无法负责的、不可避免或克服的各种情况导致的。这些情况的例子包括"自然灾害"，洪水、地震、火灾、暴风雪和其他自然物理灾难，战争、革命、暴动或国内动乱，一般的劳资纠纷（不限于供应商或其转包商的雇员），等等。

3.11 不可抗力条款应当（根据 CIPS 格式条款）：

- 说明和本产业或市场相关的不可抗力包括哪些内容。
- 说明一旦出现不可抗力影响合同履行的情况，任何一方都有义务通知另一方。
- 说明只要一方能够证明确实是因为不可抗力导致其无法完全履行合同，就不被认定为未履行其合同义务。
- 如果不可抗力导致合同耽误了 30 天以内的时间，那么合同就暂停相应的时间。
- 如果不可抗力导致合同耽误了 30 天以上的时间，在双方同意的情况下，合同可以终止。（之前已经完成的工作应获得合理的报酬。）

违约

3.12 在下列情况下会出现合同违约：

- 当一方没有履行合同规定的义务时：违反了合同的某个条件条款；不正当地拒不履行（或结束）合同；或者在合同履行过程中阻碍自己一方或另一方对合同的执行。这些都是"**实际违约**"（Actual Breach）的例子。
- 在要履行一项义务的规定时间之前，如果一方明确地或通过暗示拒不履行自己的合同义务，这就表示有不履约的意图。这称为"**预期违约**"（Anticipatory Breach）。

3.13 与合同落空不同，合同违约（Breach of Contract）是无正当理由地未能履行所有合同条款。对于合同违约，我们有各种补救办法，这取决于违约是实际违约，还是预期违约；是违反了条件条款，还是违反了保证条款。我们接下来会讨论这些内容。

3.14 同时记住，法律因素并不是确定合同不履行的唯一因素。买方（或者合同经理）还必须监测和解释一系列财务、技术和绩效数据，来确定供应商的履行是否符合（或者可能会符合）价格、时间和交付、质量和其他明示的和隐含的条款，交付的货物是否与规格一致，服务是否达到商定的服务水平等。我们将在第九章合同管理部分详细讨论合同管理和绩效管理的这些内容。

第四节 对于合同违约的救济

4.1 如果一方承认违反合同的一个基本条款（称为"条件条款"），或者对中间条款的根本性违反，或者完全放弃合同，那么违反行为并不会自动终止合同。可是，受害方可以选择下面任一种方案。

- 将合同作终止（解除）处理，并且就所遭受的损失提出损害赔偿（专门术语是拒绝履行合同）。例如，卖方违反一个条件条款（例如交付的一件物品不能使用），那么这就解除了买方支付货款的义务。受害的一方应该通知违约的另一方解除合同关系的决定；保持沉默可能会被解释为放弃了这样做的权利。

- 让合同仍旧履行下去（承认合同），但对于遭受的任何损失，提出损害赔偿。既然合同仍旧履行着，那么合同双方就必须继续遵守合同。

4.2 如果一方违反了一个不那么重要的条款（或"保证条款"），即合同主要目的的附带条款,那么合同自动保持效力,但受害的一方可以提出损害赔偿。

4.3 在"预期违约"(Anticipatory Breach)的情况下(即另一方在履行之前拒不履行合同),受害方也可以在下列行动中选择一种。

- 他可以将自己的决定通知另一方,从而接受另一方的拒不履行,立即解除合同(接受违反行为)并就违约提出诉讼,即使履行日期仍未到的时候,参见"Hochster V De La Tour 案"。
- 他可以承认合同,并且寄希望在合同将被另一方实际履行,而他一直等到履行时间来临时才提起诉讼。不履行责任的一方如果在到期日实际上履行了合同,或者如果他这样做的义务届时也被免除(例如由于合同落空或不可抗力),那么他就可以避开责任。

4.4 在适当的情况下,合同被违约的一方可以采取下列一些法律上的"补救办法"。

- 损害赔偿金(Damages):对因违约造成的损失给予财务补偿。这是一种常规的补救办法,也是最普遍的一种。
- 强制履行(Specific Performance):一种补救办法,法院要求被告人履行合同中规定的义务,如果损害赔偿金还不足够的话。(例如,如果原告想要购买某块土地。)
- 禁令(Injunction):为了避免违约,法院命令某人完成某事(强制性禁令)或者不得做某事(禁止性禁令)的一种补救办法。例如,一个制止供应商违反一份排他性合同的禁令。
- 按劳计酬或按合理价格支付(Quantum Meruit):一种补救办法,适用于合同已部分履行的情况,使得已经提供了服务或商品的一方可以获得公平的报酬。

损害赔偿金

4.5 损害赔偿金是为了确保受伤害一方能得到与合同正常执行时所能获得的相同的利益。因此,损害赔偿金是"补偿性的"而不是"惩罚性的"补救办法。例如,如果一个销售商未能按合同约定交付商品,买方将获得一笔损害赔偿金,其金额大小是双方协定的合同价格与按照现行市场价格从其他渠道购买相同商品所需支付的价格之间的差额。

4.6 作为一种积极的争议及关系管理方法,双方可能会事先协定出现合同违约时需要支付的金额。当然,也有可能,他们跟本就不会涉及这一点。

- 如果合同中没有任何与损害赔偿金相关的约定,法院仍会判定应支付损害赔偿金。这类损害赔偿金叫做**未经算定损害赔偿**(Unliquidated Damages)。
- 如果合同明确约定了违约需要赔偿的金额,这称为规定的违约赔偿金条款(Liquidated Damages)。

未经算定损害赔偿

4.7 在评估未经算定损害赔偿时,法庭会考虑两个主要的问题。

- 损害赔偿金的"遥远程度"(Remoteness),即哪些损失应该包含在索赔中。
- "损害赔偿金的测量",即应当给原告以什么水平的损害赔偿金。

4.8 **损害赔偿金的"遥远程度"** 这一概念表明,人们注意到了,有些损失因太过"遥远"(不是足够地近,或者直接归因于违约)而无法补偿。

4.9 在"Hadley V Baxendale 案"(1854)中,运输公司收到一个磨粉机轴,要

交到一个工厂制造商那里,用作制造新轴的模型。运输公司在交付上有所延迟,同时他有所不知的是,磨坊厂在那段延迟的期间停工了。法庭认为,运输公司不应为停工损失的利润承担责任:没有内幕消息,我们不可能指望运输公司意识到延迟会使磨坊厂停工。这个案例催生了一般原则,即补偿的损失应该是:

- 清楚地、合理地被认为是由违约自然地("在事情正常的进程中")产生的损失:这是"正常的损失",对此可以判定"一般的损害赔偿金"。
- 那些可以合理地认为双方在合同签订时已经能够预见到是可能的违约结果的损失:这是"不正常的损失",对此可以判定"特殊的损害赔偿金"。

4.10　**损害赔偿金的测量**(Measure of Damages)是指只要钱能解决,能使原告返回到假如合同按预期履行时他所应该到达的状态的数额。例如,如果买方花 50 英镑购买了卖方拒绝交付的货物,那么买方的损害赔偿金就等于他从其他人那里获取同样的货物所花费的成本。所以,如果他必须支付 60 英镑,他的损害赔偿金就是 10 英镑(如果他已经向那个卖家付过钱了,还要加上 50 英镑)。如果买方拒绝接受货物,卖方的损失就等于合同价与他实际将货物卖给其他买家的价格之间的差额。如果原告没有遭受实际的损失,他只能被判定"名义的"损害赔偿金。

4.11　法庭也会考虑原告在采取所有合理措施来减轻(或者缓解)违约造成的损失这方面的责任。对于任何引起的损失,如果原告本可以有合适的机会加以避免,这种情况不会判定赔偿。

4.12　在"Brace V Calder 案"(1895)中,布雷思被合营公司聘用两年。仅仅五个月过后,合营公司就解体了,改制的合营公司提供了相同的职位给他。他拒绝了,并且起诉要求偿付两年期合同剩下的薪水,但是法庭认为，他没有采取合理的措施来减轻他的损失（通过接受另一个职位），所以他只能被判定名义损害赔偿金。

4.13 合同损害赔偿金的返还常常是针对财务或经济损失（例如利润损失）的，但是其他类型的损失也是可以返还的（例如人员伤害或财产损害）。

规定的损害赔偿金

4.14 如果合同明确约定了违约需要赔偿的金额，而且如果该条款对违约前的损失估算的意图是真实的，这称为规定的损害偿金条款，该条款是具有法律效力的，双方都需要执行，不管违约结果造成的实际损害如何。

4.15 规定的损害赔偿金条款，是用来保证买方获得由于供应商延迟或不令人满意地完成合同所引起损失的损害赔偿金，用来激励供应商履行合同。这样的条款常常用于大型合同之中（例如建筑工程或资本设备）。

4.16 该条款明确了合同违约时应付的具体金额，并且这个金额（例如每延迟一天赔偿多少英镑）是根据合同未执行会导致的真实损失情况估算的，那么一旦出现违约，就可以执行这个条款，通常无需通过法院执行。如果合同双方都认同，那么如出现违约，买方只需从应该支付给供应商的金额中减去这部分损害赔偿金就可以了。

4.17 即使实际的损害赔偿金要比合同中规定的违约赔偿金多，索赔方也只能根据规定的违约偿金要求赔偿。在醋酸纤维素丝绸有限公司诉威德尼斯铸造厂（1933）的案例中，工厂建设合同包含了一个条款，规定每延迟一天完工，赔偿一个固定的总数。工程完工时超时了，原告因损失远超合同签订时设想的数额而提起诉讼，而法庭认为，原告只有资格就合同规定的损害赔偿金比率提出索赔。

惩罚条款

4.18 如果规定的违约赔偿金条款只是出于抑制或震慑的目的而被写入合同，法律上就会将其视为**惩罚条款**（不管在合同中是如何命名的）。这样的条款在法律上不具有强制力，即使出现违约也是无效的。受伤害一方必须在法庭上证明其所遭受的实际损失，未经算定损害赔偿将由法庭进行评估并执行支付。

4.19 那么，法庭在什么情况下规定的违约偿金条款会被认定为惩罚条款？一般来说，如果条款没有显示出对损失进行真实估算的意图，就会被认定为惩罚条款。例如：

- 规定的金额高得不合理。（有效的规定的违约偿金也有可能会比实际遭受的损失大，但只要对损失进行的前期估算其意图是真实的，条款仍然是有效的。）
- 出现一种或多种违约现象，都用同一笔损害赔偿金来赔偿，不管这个违约行为是微不足道的还是严重的。
- 对不付款的违约规定了一个总额，但是超过了所欠的数额。

4.20 在"邓洛普气动轮胎有限公司诉新车库"（1915）的案例中，原告向被告供应轮胎。被告同意，对于发生任何所规定的违约情况，他们都会向邓洛普公司支付每个轮胎 5 英镑的违约金。然后被告以低于标价的价格销售轮胎，这是合同中提到的一种违约情况。法庭认为，规定的数额是针对规定的损害赔偿金的。5 英镑的数额代表了原告可能遭受损失的粗略的、现成的估算。再者，尽管该数额在发生许多不同类型违约情况下是应付的，但是违约的范围非常有限，而且他们都具有类似的严重程度。

第六章 合同不履行的管理

强制履行

4.21 关于强制履行（Specific Performance），法庭遵循如下原则。

- 如果损害赔偿金是一种足够的补救措施（像在大多数货物销售案例中一样），法庭不会命令强制履行。

- 如果法庭不可能充分地规定或监督履行（像在建筑合同案例中一样），他们就不会命令强制履行。

- 法庭不会命令个人服务合同的强制履行。这是因为，假如他们不愿意这么做的话，强迫一方继续维持与另一方的个人关系是不合理的。

- 如果损害赔偿金不足，而且履行是公平的和合理的，像在独特的货物或土地销售中的情况一样，法庭会命令强制履行。

按劳计酬

4.22 值得注意，按劳计酬（Quantum Meruit）旨在对临时完成的工作进行补偿。它不是在额外的工作已经被完成的时候，用来改变协议价格的。在"Gilbert & Partners V Knight 案"（1968）中，奈特雇佣了一家测量公司来监督建造工程，价格是 30 英镑；但是测量员做得超出了要求，并且报账 30 英镑再加上 105 英镑额外的工作。法庭支持了奈特拒付额外费用的行为，因为最初的合同规定了固定的数额，这一条仍然有效。

对买方的法定救济

4.23 《货物销售法 1979》规定了许多买方的补救办法，取决于卖方违约的性质。

- 如果卖方没有交付（即买方根本没有收到货物），买方可以获得经济损失的损害赔偿金（该法第 51 部分）。损害赔偿金的数额一般是在应该交付的时点的市场价格减去合同价格的部分，即买方不得不到别处获取货物所支付的额外数额。

- 在特定货物采购合同中，货物具有独特的价值（这样，损害赔偿金不足以补偿），那么买方可以向法庭申请强制履行命令（该法第 52 部分）。

- 如果违反了保证条款（即买方已经接收了货物，但货物与合同规定不符），买方可以通过克扣价格或要求损害赔偿金等方法来抵消这种违约（该法第 52 部分）。损害赔偿金数额可能是具有合同品质的货物与实际交付的货物之间市场价值的差额，或者是买方为货物缺陷采取补救办法所花费的成本。

- 如果货物所有权已经转移给了买方，而卖方非法地保持占有，买方可以根据《侵权（侵扰货物）法 1977》起诉卖方不合法扣留货物的"民事侵权行为"。

对未收到货款的卖方的法定救济

4.24 《货物销售法 1979》规定了许多对"未收到货款的卖方"（Unpaid Seller）的补救办法，未收到货款的卖方是指没有被支付全部合同价款的卖方。在这种情况下，卖方有针对商品的补救措施（保持对商品的产权，直到收到全部付款），也有针对买方的补救措施（提起诉讼以得到付款）。

4.25 针对货物的补救办法包括：

- 卖方的**扣押权**（《英国货物销售法 1979》第 41～43 部分）：根据货价欠款方是谁，未获得付款的卖方仍然有权保留商品的所有权，直到款项付清、或者债务有了保障或得到了妥善解决。

- **中途停运权**（《英国货物销售法 1979》第 45~46 部分）：未获得付款的卖方有权要求商品承运人不要将商品交付给买方。在运输结束之前给商品承运人递送一份通知，或者采取实际措施重新占有商品即可。
- **重新出售**的权力（《英国货物销售法 1979》第 48 部分）：如果买方明确表示或其行为已经构成拒不履行合同（因此放弃了对商品的权利），卖方有权重新出售商品。

4.26 注意，这些补救办法是在商品产权或所有权已经转移给买方，而卖方还没获得全部付款的情况下适用。如果卖方还保留商品的产权时，这些补救办法并不适用，因为卖方有权借助于所有权保留或重新获得货物。（例如在扣留或 Romalpa 条款的案例中，如第五章所述。）

4.27 针对买方的补救办法包括如下内容。

- **针对价格的诉讼**（《英国货物销售法 1979》第 49 部分）：卖方可以起诉买方，要求其赔偿原定价款，如果产权已经转移给了买方，而买方没有按照合同规定的价格支付款项。他也可以起诉要求赔偿原定价款，如果在合同规定的特定到期时间买方没有按时付款——不管商品是否已经交付或者产权是否未转移给买方。
- **针对不接收的损害赔偿金的诉讼**（《英国货物销售法 1979》第 50 部分）：如果买方错误地忽视或拒绝接收商品或支付货款，并且产权还没有转移过去，那么卖方可以起诉要求买方赔偿因违约导致的损失。

第五节 责任的限定

5.1 "免责条款"（Exclusion Clause）这一术语适用于下述合同条款：
- 完全免除一方承担某种违约责任（例如所供应的商品是次品）。

- 以某种方式限制责任。
- 寻找提供某种"担保",以替代通常的违约责任。

5.2 制造商、分销商及货物承运人常常会在印刷格式的合同及条款中使用此类条款。但现代法律法规不推荐使用这类免责条款,特别是不推荐对个人及消费者使用,因为他们往往不去阅读也没有完全理解这类在他们收货之前给他们的"小字印刷物"。

5.3 一条免责条款如想真正有效,需首先在两方面通过"习惯法"的检验:

- 此类条款必须**包含在**合同中。
    - 如果某人签署了包含了免责条款的合同,通常就认为他已经正式接收了这个条款(哪怕他没有读过这个条款:"L' Estrange V Graucob 案",1934)。如果他还没有签字,就无需承担法律责任,只要能证明自己不知道合同中已包含了免责条款或证明没有事先收到合理的提醒告知他合同中包含了此类条款。
    - 除非另一方同意,否则不可以在合同生成后再加入免责条款。(根据"Olley V Marlborough Court 案",1949。)

- 条款本身必须是**清楚和精确的**。
    - 受益于这个条款的一方必须要证明该条款是恰当的,是切实依据另一方可能遭受的损失或损害情况拟定的。在"Andrew Bros V Singer & Co 案"(1934)中,一份新车销售合同中包含了一款免责条款,免除销售商所有法律法规默示条款的法律责任。有辆车不是新的,法院最后裁定销售商不能依据这一免责条款免责,因为这个免责条款只排除默示条款的责任,而其违法的是明示条款。
    - 如果条款的含义及范围不明确,条款可能反而对原本希望依赖这个排除条款来免责的一方不利。

5.4 此外，免责条款还必须遵守《不公平合同条款法1977》。第五章曾提到过，这个法限制了合同一方过失或违约责任减免的程度和范围。

5.5 关于过失（Negligence）：

- 在商务活动中，如果因为过失造成了他人死亡或人身伤害，都不可以减免责任。任何试图减免此类责任的条款都是被禁止的。
- 在商务活动中，如果因为过失造成了损失（死亡或人身伤害除外），也不可以减免责任，除非这个免责条款是"合理的"。

5.6 关于**合同违约**，任何试图以标准条款合同（即一方根据另一方的书面标准商务条款来经营业务）或消费者合同（在公司和消费者之间签署的销售普通私人用品的合同）的形式，来限制或免除责任的免责条款，除非是"合理的"，否则都无效。

5.7 证明免责条款"合理性"的责任在希望借助这个条款来减免责任的一方。条款所包含的内容相对于具体环境来说必须是公平合理的。在形成合同的时候，各方已经了解或者可以预期到环境的状况。相关的环境因素包括：

- 合同双方在谈判时的地位和势力。
- 买方是否受到了诱导才同意该条款。
- 根据贸易惯例或之前与卖方的业务往来，买方是否已经知道（或应该已经知道）免责条款的存在及覆盖范围。
- 在制定合同的时候，是不是有理由认为遵守免责条款所设定的条件对买方而言是切合实际的。（即如果买方没有遵守设定的条件，就可以减免销售商的责任。）
- 货物是否是按照客户的特殊订单进行生产、加工或调整的。

第六节 合同的终止

合同终止条款

6.1 很重要的一点是在合同中需明确写入一项条款，规定任何一方如果要求结束合同所需要的时间安排、具体环境情况，以及应采取的方法。这样可以使任何一方感到不满意时可以退出合同，从而保护各方的权益。

6.2 **期限条款**会用明确的开始和终止日期，规定合同期限。例如："合同期限始于20××年1月1日（开始日期），终于20××年12月31日（终止日期）。"

6.3 **终止条款**规定了任一方在书面通知另一方时可以立即终止合同的各种情形（例如在进入清算的情况下）。

6.4 **中断条款**（Break Provision）有时会被写入合同终止规定。这是买方加到合同中的有些严格的条款，赋予了买方不管是否发生违约，都可以取消合同的权利。由于根据《不公平合同条款法1977》，这样一个专横的条款会被解释为"不合理的"，所以它至少应当表明，买方会就终止之前全部或部分收到的货物和/或服务，以及购入的并且现在未能使用的材料和其他资源的成本，支付货款。

6.5 还可能存在**过渡条款**（Transition Clause），确保从当前的供应商，顺利地转换到任何已经拿到新合同期业务的新供应商。这样一个条款应该规定，将要退出的供应商在合同完成或提前终止后移交的过程中做好配合工作，如提供文件和其他信息、返回资产、不采取破坏移交的行动等。

关系的终止

6.6 我们将在第十章供应商关系管理部分,介绍供应商关系的终止(超出了某一特定合同的要求)和合同终止中更加侧重"关系"的内容。

本 章 小 结

- 通过履行、协议、违约或合同落空,我们可以终止一份合同。

- 违反条件条款时,受损害的一方有权利终止合同,并且提出损害赔偿诉讼;违反保证条款则只能提出损害赔偿。

- 有些条款(无名条款)被认为既不是条件条款,也不是保证条款。

- 合同的"履行"意思是完全、严密和准确的履行。

- 合同落空的法律原则允许那些因为恰当理由导致缺乏履行合同义务能力的不履约。

- 违约可能是实际违约,也有可能是预期违约。

- 违约的补救措施包括损害赔偿金、强制履行、禁令、按劳计酬。

- 如果合同规定了违约时应支付的预定数额,这被称为"规定的损害赔偿金"。如果合同没有规定,法庭会确定损害赔偿金的数额("未经算定损害赔偿金")。

- 《货物销售法 1979》为受到侵害的买方或卖方规定了具体的补救措施。

- 签约各方常常会努力减轻他们违约的责任,但《不公平合同条款法 1977》对此有限制。

- 合同常常会包括与合同期限有关的一个条款。

 **自测题**

括号内数字为参考答案所在段落。

1. 列出合同终止的不同方式。(1.1)

2. 请区分条件条款与保证条款。这种区分为什么是重要的？(2.1，2.5，2.6)

3. "无名条款"是什么意思？(2.8)

4. 部分履行是什么意思，其后果是什么？(3.3，3.4)

5. 合同落空是什么意思？(3.8)

6. 请说明不可抗力条款的常见要素。(3.11)

7. 在违约事件发生时可能采取哪些补救措施？(4.4)

8. 在确定未经算定损害赔偿金的时候，法庭会考虑哪两个问题？(4.7)

9. 在什么情况下，法庭会判定一个规定的损害赔偿金条款实际上是一个惩罚条款？(4.19)

10. 在卖方违约的情况下，买方可采取的法律补救措施有哪些？(4.23)

11. 请说明习惯法对免责条款有效性的检验。(5.3)

12. 《不公平合同条款法1977》对免责条款有哪些使用上的限制？(5.5，5.6)

13. 合同的"中断条款"是什么意思？(6.4)

第七章

争议解决

对应大纲内容

2.4 解释商业合同中冲突的主要解决方法

- 通过谈判解决
- 替代性纠纷解决机制
- 纠纷解决的其他机制，裁决、仲裁和诉讼
- 关于纠纷解决的合同规定条款

引言

如前所述，买方与卖方会以合同的形式就他们彼此的交易达成协议。作为合同的一个组成部分，他们努力预见他们交易过程中可能产生的各种可能性并且做好相应的准备，不过这并不总是可能的。当出现问题时，双方必须对要采取的行动达成某种协议。绝大多数情形下，这是由谈判来完成的：双方在一起合作，达成互相满意（或妥协）的问题解决方案。

在某种程度上，问题解决过程受到了合同条款（因为正如我们已经看到的，可能存在规定的损害赔偿金或不可抗力条款）或者司法判例与法令的限制。但是要利用这些规则，还必须将案件提交给法庭，通过诉讼过程来加以

解决（导致法律诉讼）。这会是耗费时间和成本的一个程序，因此企业常常将之视为"最后手段"。企业更喜欢其他争端解决流程，我们将在本章中介绍其中一些方法。

第一节　合同争议

为什么会产生合同争议

1.1 从开始就应当意识到，"争议"是分歧，意见不一致，它不一定意味着法律措施或者其他对抗性方法。在友好的、建设性的工作关系中，可能产生各种事宜上的分歧。

- 合同条款的解释。（例如一个不可抗力事件是否使合同落空？）
- 对要求的误解。（例如合同确切规定的是什么？）
- 延迟交付或付款，或者质量问题。
- 一方希望更改或改变合同条款（也许是因为需求或环境发生变化了），受到了另一方的拒绝。

1.2 这种分歧常常发生在合同管理过程之中，并且可能相当非正式地得到解决。例如，给供应商打一个电话，找出延迟交付的原因，并且得到了问题不再发生的保证。

1.3 可是，如果一个很小的问题没有得到满意的解决，它可能会升级成为一个较大的问题。

- 如果未能履行所有合同条款，则不能对此放任自流；否则另一方可能会滋生不满，其履行也可能变得越来越差。
- 这会给其他人树立一个坏典型，给人一种该组织在合同管理和履行方面"疲软"的印象。

- 持续不能满足合同条款，可能反映了供应商（或买方）更大的问题，他们不愿意或者不能如约履行，这种情况最终会导致严重的违约。

1.4 另外，正如我们在上两章所看到的，由于实际的或预期的违约，或者当一方的行为使另一方不可能履行其合同义务的时候，合同各方之间都存在一些很严重的"问题"。交付有缺陷的货物、不交货、不付款，这些都是产生争议的重要原因，它们可能会导致有关方面提出损害赔偿金或其他补救措施。

解决合同争议的方法

1.5 在买方-供方关系中，供应合同常常包括一些条款，规定用来解决合同双方之间争议的方法，以及必要时如何将争议"升级"（采取进一步的措施，或者提升到更高的层级）。

1.6 2001年，英国政府商务办公室（OGC）制定了争议解决指南。该指南指出：

争议解决技术可以被看作是一个连续统一体，其范围从最不正式的争议各方之间的协商，到较为正式的来自外部的直接干预，再到具有严格程序规定的完全的法庭听证。

1.7 OGC明确了一系列争议解决升级方法。

- 谈判（Negotiation）。
- 调停（Mediation）。
- 调解（Conciliation）。
- 裁决（Adjudication）。

- 仲裁（Arbitration）。
- 诉讼（Litigation）。

危险在哪里

1.8 如前所述，小问题可能会升级成为大问题，而大问题可能会在下列方面使组织付出很高代价。

- 采购与生产运营。（例如由于供应商的不履行，未能在适当的时间、以适当的数量、将适当的货物交付到适当的地点。）
- 客户服务和忠诚度。（例如由于供应商的不履行，未能供货或出现质量故障。）
- 现金流和预算控制。（例如，如果买方未能如约付款，或者如果供应商改变了价格或者增加了未预见到的收费项目。）
- 信誉。（例如，如果组织得到了不信守承诺，是爱拖延的付款人或供应商，在争议上恃强凌弱、好争好斗或好打官司的恶名。）
- 供应链关系。（例如，由于组织的行为或争议解决方法使供应链伙伴疏远。）
- 供应风险管理。（例如，组织不再能够依赖其供应商遵守合同。）
- 合同管理。（例如，在"救火式"合同争议解决过程中耗费了不必要的采购时间和资源。）

1.9 采取何种争议解决方法在很大程度上取决于上述这些因素。一方面，需要管理风险和成本，这就要求对问题应该坚决地加以处理，而且组织应该"赢得"其合同争议。另一方面，还需要维持与关键利益相关者的持久关系，这就要求应该对问题积极地、建设性地加以解决，意在尽可能达成双方可接受的解决方案。

第二节 协商解决

2.1 争议解决的两个重要方法是磋商和谈判，它们建立在争议双方之间正式和非正式沟通的基础之上，没有来自外部的干预。

磋商

2.2 磋商（Consultation）是"问题"管理的一种形式，即人们在问题发生之前（或者一旦问题发生，尽可能早地）讨论潜在的冲突原因，另一方有机会发表意见。例如在欧盟，关于可能对雇员利益产生重大影响的决策，要求与雇员代表进行正式的磋商。同样地，举例来说，如果买方需要更改合同条款，买方可能正式或非正式地与供应商进行磋商，以防它变成潜在的争议问题。

谈判

2.3 杜布勒等人在采购背景下将谈判定义为："一个被买方和卖方用来达成可接受协议或妥协的计划、复核和分析过程，它包括商业交易的所有方面，而不单是价格。"然而，谈判大师费希尔（Fisher）和尤里（Ury）等人指出："谈判是一种生活现实。每个人每天都在谈判点什么……某人与他的配偶谈判去哪里吃晚餐，与他的子女谈判何时熄灯。谈判是从别人那里取得你想要的东西的基本手段。它是在你与另一方具有一些共同利益和其他相反利益时为达成协议所进行的反复交流。"

2.4 杰纳德等人（《雇员关系》）将谈判总结为一个过程：

- **有目的的说服**：每一方试图说服另一方接受其情况、察看其观点或服从其希望。
- **建设性的妥协**：双方接受向彼此立场靠近的需要，识别出存在让步余地的有共识的领域。

2.5 在任何层次上和很广泛的情形下，谈判都是一种有用的冲突或争议解决方法。作为一种官方的机制，它常常：

- 在职业关系中，用于解决集体争议（雇员与其雇主之间）、协商集体协议（关于工资和条件）等。
- 在商业关系中，用于解决与供应商的合同争议（和其他关系问题）。

2.6 谈判的方法也有其自己的微型"升级"阶梯。这一过程一般开始于买方-供应商谈判，逐渐升级到有关组织高级管理层代表组成的联合论坛。

分配式谈判方法与整合式谈判方法

2.7 **分配式谈判**（Distributive Negotiation）涉及有限资源的分配，或者"瓜分一块固定大小的饼"。一方所得仅仅以另一方所失为代价而获得的：有时这也被称为零和博奕，或者非赢即输的结果。在合同争议中，一方可能会强加一种解决方案，"横行霸道"或者"赢得争论"，但是却损害了商誉，损害了与供应商之间的合作性的和潜在增值的未来关系。

2.8 **整合式谈判**（Integrative Negotiation）涉及协作性的问题解决，增加可供选择的方案（或者"将饼摊大"），目的是探求双方找到一个相互满意或双赢的解决方案。还可以将它称为**增值谈判**（AVN）。其目的在于增加交易的价值（向双方提供增加后的价值），而不是靠竞争单纯从另一方抽取价值或向另一方出让价值。

2.9 两种方法的区别体现在非常不同的谈判技巧上，如表 7-1 所示。

表 7-1 谈判技巧

分配式（竞争性）技巧	整合式（合作性）技巧
提出夸大的最初立场或要求，以便为将来留出移动和妥协的余地	坦率说出你自己的需要，并且试图理解另一方的需要，把所有牌放在桌面上
将冲突观点极端化，以便说服对手其立场不切实际	合作地产生备选方案，试图找到具有真正相互利益或平衡利益的那些方案
隐瞒那些有可能突出共同点或妥协领域的信息	聚焦共同点和相互利益领域，以保持一个积极的、合作的氛围
使用可用的一切工具，威逼、压迫或操纵对方作出让步	通过强调共同解决问题、提供附加信息或帮助跟进等，支持另一方接受你的建议
即使他们供应价格相对低，也不做任何让步来回应这种低价（除非被迫这么做）	提出和邀请合理的反要约和妥协，从而保持和践行灵活性

2.10 现在广为认同的是，整合式或合作性谈判是最具建设性的和可持续性的方法，其中的关键目标是在解决争议之后，各方之间保持持续的积极的工作关系。可是，仍有一些场合需要"硬谈判"，这时"获胜"（问题或结果）比关系更加重要。当某一环节是不可协商的，当一方具有凌驾于另一方之上的谈判势力，或者当获得合同的符合性（或者违约救济）比发展可能的关系更加重要时，我们就可能要采用对抗性的风格。

道德的或原则性的谈判

2.11 在经典著作《谈判力》中，费希尔和尤里指出谈判在传统上依靠**立场式议价**（Positional Bargaining）：每一方在一个问题上都采取一个"立场"，进行有利于自己的争论并试图获得一个与该初始立场尽可能接近的结果。人们可以进行硬议价（采取一个攻击性或极端的立场并坚持该立场，常常会引起同样强硬的逆反应）或软议价（为了达成协议乐意作出让步，但常常以初始立场作出妥协的消极结果而告终）。不论哪种方式，聚焦立场都促成一种非赢即输或双输的结果，并且是一个导致耗费时间和损害关系的对抗性过程。

2.12 相比之下，**原则性谈判**（Principled Negotiation）将各方视为合作攻克一个共同问题或使一个共享机会最大化。费希尔和尤里主张一种又硬（对涉及的问题：决定问题的客观价值，支持你的合法权利和权益）又软（对涉及的人：寻求互利和坚持在辨论和结果上的公平）的方式。

2.13 原则性谈判方法包括：

- **将人与问题相隔离**，以尊重人和保持积极关系的方式应对实质性问题，理解并关注所涉及的相关感情、价值观和观点。
- **聚焦于协调各种利益**（每一方的需求、关注和忧虑）而不是立场。"对于每种利益，通常存在满足它的几个可能的立场，即使在相反立场后面也存在共享的、相容的利益以及相冲突的利益。"
- **提出各种想法和选择**，而不是推动预定的答案，可以在划分"馅饼"前扩大"馅饼"。
- **坚持协议要反映某些客观上公平的标准**。任何一方都不需要将赢让给另一方，双方可以遵从一个由市场价值、法律和惯例、互惠互利原则、职业道德准则、共享标准（例如道德或效率标准）等决定的公平解决方案。

谈判之外

2.14 OGC 指出，谈判式解决办法（与更加正式的、升级路线相比）具有下列优点：快速，节约成本，保密（没有外部参与），维持关系，有许多可能的解决方案，可以控制过程和结局。

2.15 可惜，谈判并非总能达成一致。另一方可能不会站在同样的角度看待争议中的问题，或者拒绝让步以保护其自己的利益，或者出于各种原因不能遵守合同，或者不能答应你要求的赔偿。如果谈判破裂，或者不能达成相互可接受的结论，双方可能就需要引入更为正式的争议解决手段，引入第三方来协调进一步的谈判，或者作出有关问题的决定。

2.16 在下列情况下，谈判可能不是合适的冲突解决方法。

- 涉及复杂的法律问题，要求法律专家或法庭的介入来作出判决（例如合同条款的解释问题）。
- 一方具有很强的势力，因而需要第三方"裁判员"来确保事情的进展与解决相对公平。
- 争议涉及国际合同。若存在法律体系和管辖权的差异（还有语言差异），可能需要第三方的介入，以促成感知公平和跨管辖权的认可。

第三节　诉　　讼

3.1 诉讼是指将商业争议或合同争议提交法庭解决的法律行为。在英国，商业案例常常是由郡法院审理的（如果争议价值低于 5 万英镑），或者在高级法院（这是一个更长的和更为正式的程序），必要时可以选择提交到上诉法院审理。

3.2 英国诉讼体系基本上是具有对抗性质的。这意味着有两方，即原告和被告，他们代表着案件，并且他们大体上控制着诉讼的进程。传统上，法官和法庭的角色和欧洲审判体系相比显得相对被动一些，在欧洲审判体系中，是法官控制着诉讼和提供信息的各方。可是，英国的《民事诉讼程序规则》已经生效，允许法官采取更加积极的控制，这样案件就可以得到更加迅速和公平地处理（而不会太耗时或受到更有势力一方的操纵）。

3.3 诉讼的主要优点如下：
- 诉讼程序旨在判定案件的是非曲直，因此其判决（理论上）是公平和公正的。
- 判决具有法律上的约束力，所以获胜一方具有完全的法律效力将该判决强加给另一方。
- 诉讼有许多缺点（如下所述），因此仅仅以诉讼相威胁或作为选项，就可能足以让另一方履行其合同义务（由于害怕发生诉讼），或者返回到谈判桌上用其他一些建设性的方式解决争议。

诉讼的缺点

3.4 诉讼方法有很多缺点。
- 法律费用高昂（尽管获胜的一方可能在某种情况下，由法庭弥补其成本）。
- 由于该体系的特点，事件可能在很长时间才能得到受理，因此不可能迅速加以解决。这意味着，不仅仅很久之后才能有解决方案（这可能是关键的，例如，当你需要另一方的行动、货物或付款的时候），而且正常业务活动也可能同时被中断。
- 冲突细节会公之于众，可能会暴露机密的或损害信誉的信息。
- 在国际合同的案件中尤其复杂，因为有关各方可能处于不同的法律管辖之下，具有不同的法律体系。
- 对抗式的争议解决方法几乎可以肯定会伤害双方之间的商誉，因此对双方之间持续的工作关系而言会是一个障碍。

3.5 由于上述原因，诉讼是最后的选择，尤其是与重要供应商打交道的时候；即使买方赢得了案件，也可能会"失去"一个有价值的供应源。

第四节 仲裁和裁决

4.1 仲裁涉及在正式的、封闭的程序中,任命一位双方可接受的独立人士(或者小组),由其考虑双方的论据并且作出法律上对双方有法定约束力的决定或判决。

仲裁的合同规定

4.2 由于诉讼存在的一些缺点,所以现在越来越常见的做法是,买方和供应商将法庭诉讼视为最后选择,并且在合同中规定争议首先提交仲裁,这就是**仲裁条款**(Arbitration Clause)。通常还会在仲裁协议中包含时间期限,如果发生争议,仲裁必须在这一期限内开始。

4.3 这样一个约定的一个重要内容是,双方同意遵守仲裁员的决定,这种决定应该像法庭判决一样得到执行。当然,选择适合的人选来担当仲裁员,就变得很重要。在有些情况下,这是指具有法律经验的人士,不过,具有合同所涉事项的专门知识常常更加关键。可以在合同中指明一位仲裁员,也可以在争议发生时任命一位。

4.4 仲裁员有义务给出他最终宣布的判决的原因,除非双方同意相反的做法。负责作出有约束力的、影响他人权利的决定的人士,通常应该有责任对其决定作出解释,这被视为一个基本的公正规则。

仲裁方面的法律框架

4.5 关于仲裁协议,已经有一个法律框架和大量的案例法,但相关原则现在大部分被纳入《仲裁法 1996》。

4.6 该法只适用于书面规定的仲裁协议（像在商业买方和卖方之间的大多数交易一样）。它坚定地建立在当事人自治原则的基础上，即争议双方被给予了最大的自治权来决定仲裁应该如何开展。他们可以根据自己的需要对仲裁进行调整，例如，决定审理其案件的仲裁员应该是多少，应该采用什么程序，仲裁员应该具有哪些权力，关于法律的一些要点是否可以上诉到法庭。

4.7 一般不允许法庭干预仲裁过程，除非明显有必要寻求法庭的帮助以推动仲裁，或者存在明显的不公平。

4.8 然而，法庭确实有权力来支持仲裁程序，例如通过：

- 必要时，强迫证人出庭并提供证据。
- 对初步的法律要点给出裁决，如果这关系到对一方或更多方权利造成实质影响的事宜。
- 强迫服从仲裁员作出的判决。如果判决受到了争议一方或他方的质疑（例如以仲裁程序不规则或判决不公正为由），法庭可能会将判决返回重申（将它返回给仲裁员重新考虑），或者在特殊情况下搁置一旁。

仲裁的优点

4.9 仲裁与司法诉讼相比，具有重要的优点。

- 仲裁程序是私下进行的，避免了负面的宣传和敏感信息的公开。
- 比起诉讼来，仲裁过程不那么具有强烈的对抗性，这对于想要维持积极长久交易关系的双方来说，可能是很重要的。
- 它被视为一个单独的过程（避免了可能引发诉讼的上诉）。
- 比起诉讼，仲裁通常更快、代价更低。

- 仲裁员的选择，不仅要看专业知识，还要看法律专长。

4.10 可是，并非在任何情况下都适合采用仲裁。如果争议双方选择诉讼，至少一旦诉讼程序结束，就有了最终结果；但是仲裁还可能会受到法庭的干预，尽管这种事情只是在特殊情况下才会发生。仲裁员的权力比起法官来，并没有那么大，这也意味着仲裁程序中更有可能发生拖延。

国际合同争议的仲裁

4.11 仲裁是国际合同争议中最常用的争议解决形式。由于争议各方处于不同的法律体制和管辖权下，所以这种仲裁就更加复杂。

- 关于任何国家、任何语言、任何国籍仲裁员的仲裁规定，都是高度灵活的。这就提高了达到真正中立的可能性，没有哪一方会由于仲裁所处地理位置、所用语言、所采用的程序等而受到不公平的不利对待。
- 它在国际上是被广为接受的。超过100个国家现在已经承认《1958年联合国国外仲裁判决的认可与执行公约》（《纽约公约》）。这就使得一项海外作出的判决也可以在英国生效，反之亦然。

4.12 仲裁体系有着成熟的国际争议仲裁框架，使用：

- 国际商会（ICC）仲裁庭。
- 联合国国际贸易法委员会（UNCITRAL）仲裁程序。
- 伦敦国际仲裁院。
- 美国仲裁协会（AAA）。

4.13 对于任何仲裁程序，判决的强制执行至关重要。很清楚，如果你不能够使仲裁判决强制实施，那么判决的价值就是无意义的。在国际贸易中，在这方面，人们经常提出一个问题：海外作出的判决在我国是否生效，或者类似地，我国作出的判决是否在海外也有效？

裁决

4.14 裁决是指一个权威第三方，受争议双方之间协议的委任，审理论据并作出决定。事实上，与仲裁相比，裁决：

- 不那么正式（并因此可能节省成本与时间）。
- 关注争议的事实，而不是法律要点。
- 不是那么明确地有约束力（除非合同中规定了第三方的决定是最终的和有约束力的），不受法庭干预。
- 可以比作"有一个裁判员在场的谈判"。

4.15 从正式的法律意义上讲，"裁决"这一术语几乎专门用于《房屋转让、施工和重建法》（HGCRA）。建造合同必须包括一个裁决规定，裁决员在接受裁决申请28天内给出决定。在根据协议、仲裁或诉讼达成最终决定之前，裁决员的决定一直具有约束力；或者双方接受裁决员的决定为最终决定。

第五节　替代性争议解决方法

5.1 诉讼、仲裁和裁决基本上都是对抗性的，并且倾向于产生"非赢即输"的解决方案，这有可能会损害持久的关系；所有这些方法都代价高昂并且耗费时间；三者最终都将决策权交给了当事方之外的人士或团体。因此，人们越来越感兴趣于所谓的"替代性争议解决方法"（ADR）或"有效争议解决方法"（EDR），这两种方法试图形成对抗性更小、授权更大的解决方案。

5.2 ADR或EDR有两种基本的形式，调解和调停。

调解

5.3 调解（Conciliation）是指在一位公正的调解员的协调下，在讨论中表达冲突或不满的过程，调解员的作用是管理该过程并给出建设性的建议（并不是要为一方或另一方作出判决）。

- 利用谈判，以达成一个互相可接受的立场，并且如果可能，产生一个"双赢"的局面。
- 调解员并非"裁判"，而是"争议解决教练"。
- 形成的决定不具有法律约束力（除非在合同中明确表达）。

调停

5.4 调停（Mediation）是在调解之后，没有达成自愿性的解决方案时，所进行的工作。它涉及任命一位独立的人士（或小组），由其来考虑双方的情况并提出正式的建议或提议（对任一方都不具有约束力），作为解决争议的基础。它可能会分为：

- 辅助式调停（Facilitative Mediation），其中调停员帮助双方，让他们自己形成一个解决办法。
- 评价式调停（Evaluative Mediation），其中调停员通过引入第三方关于案件是非曲直或关于双方之间特定争议的观点，额外地对双方提供帮助。

5.5 这是商业争议中一种最常见的 ADR 形式。在公共部门，OGC 建议，如果传统的谈判已经无法提供一个解决方案，那么应当将调停视为优先的争议解决途径。OGC 的调查结果表明，超过 75%的商业调停可以在调停时期内或者在调停后一个较短的时间内使争议得以解决。

5.6 有效争议解决中心（CEDR）的"样板调停程序"提供了清晰的调停行为指南，并要求各方根据"样板调停协议"达成一份协议。这份协议应当涵盖以下一些要点：争议的性质、调停员的身份、何时以及在哪里开展调停工作。

5.7 调停员的角色是协调争议双方的谈判。OGC 关于调停员的作用提出了如下建议：

- 调停员不应当对任何一方的立场发表看法，尽管为了确保各方对于他们自己和另一方/几方的法律和商业立场上的优缺点尽可能保持客观性，调停员可能会询问各方的立场。

- 调停员应当努力让争议各方着眼于未来和他们的商业需要，而不是专注于分析过去的事件并试图维护他们的法律权利。

- 调停员应当经过调停培训，这是非常必要的；但调停员不一定必须具有争议事项方面的经验或者知识。

5.8 调停过程的形式比较灵活，不过一般都会经历如下阶段：

- 召开联合会议，会上每一方简要地说明其立场。

- 调停员与参与调停过程的各个团队之间召开一系列私下的和保密的后续会议。

- 在适当的情况下，每个团队的一些或所有成员之间召开联合会议。

- 签署书面的解决条款（如果达成的话）。

5.9 调停团队应尽可能的小，但必须包括每一方的首席谈判员。可能的话，任命的首席谈判员应该具有必要的权力，在不需要转而请示其他未参与调停的人的情况下，在调停当天能得以解决，这是很重要的。

调停的合同规定

5.10 合同中的调停条款可能规定，在发生争议的情况下：

- 争议各方在任一方提出书面请求后的一个规定期限内（例如 10 天），会面并以诚信努力一起解决争议。
- 如果在那次会议上没有解决争议，那么有关各方则根据 CEDR 样板调停程序，通过调停来加以解决。
- 任一方都不可以擅自开始任何法庭诉讼或仲裁程序，直到它已经努力通过调停来解决争议并且要么调停已经结束，要么另一方没有参加调停。

ADR 的优点

5.11 ADR/EDR 试图克服对抗性的、正式的争议解决机制的缺点。ADR/EDR 所基于的理念是，在商业争议中没有"赢家"和"输家"。它是非对抗性的、快速的、保密的和成本低廉的，并且常常避免了可能破坏未来商业关系的不良感觉。

5.12 不论在调解中，还是在调停中，解决办法都是争议各方达成的，而不是由第三方强加的。想象一种情况，买方声称某些产品有缺陷而供应商拒绝承认。法庭、裁决员或仲裁员可能会作出有利于供应商的判决，让买方无从选择，只能付款而没有任何补偿。调停员或者带调解员的争议各方，更有可能提出一种解决方案，例如答应买方在未来的供应中给予一个更优惠的价格，作为部分的补偿。这对双方都是一种可接受的妥协，有助于维护双方的关系。

5.13 邀请中立第三方参与的重要优点在于，它将情绪和个人因素从该过程中撒去，将谈判重新聚焦到与争议有关的商业问题上。

5.14 可是，ADR 也存在一些缺点。

- 标准合同中的 ADR 条款可能并不总是有强制性的。
- 不像诉讼和仲裁，ADR 过程的结果不具有约束力。如果争议各方没有解决的动力，他们是不会这么做的，除非他们觉得对他们自己有利。
- ADR 程序可能仍会最终导致仲裁或诉讼，浪费了时间与金钱。

本 章 小 结

- 如果产生了合同争议，可能的话，应当首先寻求在不诉诸法律或对抗的情况下进行解决。
- 谈判是效果良好的一种争议解决手段。比起分配式谈判，现代思想更喜欢整合式谈判。
- 诉讼有一些优点（尤其是它的结果是定局），但往往缺点更多（成本、公开、关系损害等）。
- 人们越来越认同，在开始法律诉讼之前应先进行仲裁。
- 在国际贸易协议中仲裁尤其普遍。
- 替代性争议解决方法的两种主要形式是调解和调停。

自测题

括号内数字为参考答案所在段落。

1. 即使是较小的合同争议也要解决，为什么这一点很重要？（1.3）
2. 列出合同争议的可能不利后果。（1.8）

第七章 争议解决

3. 请区分分配式谈判和整合式谈判。(2.7，2.8)

4. 请列举分配式谈判和整合式谈判中涉及的战术。(表 7-1)

5. 列出诉讼的缺点。(3.4)

6. 法庭会如何支持仲裁程序？(4.8)

7. 解释裁决过程。(4.15)

8. "调解"的意思是什么？(5.3)

9. 替代性争议解决方法的可能缺点有哪些？(5.14)

第八章

合同风险评估

对应大纲内容

3.1 评价主要合同风险类型

- 影响合同的风险，如内部、市场、经济、法律、道德、履行等方面的风险
- 信息保障的作用
- 合同风险的评估

引言

在本章中，我们从与合同履行有关的法律内容，转到更加实际的合同管理的运营和组织方面。我们将在第九章详细论述合同管理过程包含的各种任务和活动，以及如何将它们作为责任进行分配。

而在本章，我们开始从根本上考虑合同管理的必要性。如第五章所述，合同的作用是规定交易或商业关系中双方的角色、权利与义务。你可能因此会认为，合同一旦签署，买方就可以简单地说："供应商现在会履行了。"

事实上，事情当然不会总是如此简单。如第三章所述，在供应环境中有许许多多复杂的因素（内部的、外部的以及关系的），它们都有可能使合同

履行延迟、中断或脱离正常进程。合同管理（监控进展和符合性，以确保双方有效率地和有效力地完成其合同义务）就是专门用以管理广泛的"合同风险"（即一份特定合同所产生的风险因素，或可能阻碍合同成功履行的各种风险）。

我们将讨论内部的、外部的和关系的供应环境中一系列主要的风险类型，这些风险会影响合同的履行以及供应商关系。然后，我们简要介绍评估合同风险概率及影响的一些技术和工具，你在合同管理中以及在考试的案例分析中会用到这些技术和工具。

第一节　影响关系的各种风险

1.1　现在，越来越要求经理人不再畏惧风险和不确定性。风险和不确定性是现代环境的特点，它们刺激创新、创造和学习，没有这些则组织很难适应和生存。但是，为了降低风险对组织及其利益相关者产生的令人不能接受的影响，必须对风险进行控制。

1.2　本质上，合同管理是一种风险管理。它旨在最小化合同不履行所造成的对组织及其所有人或投资人的损失或损害风险，并最小化组织由于供应失败或中断、资源缺乏或供应关系破裂等因素而不得不削减或终止其活动的风险。

1.3　风险和脆弱性具有高度的流动性、动态性和复杂性，对采购专业来说这是一个持续的挑战：新的风险在不断涌现，而且随着环境的变化，风险自身的严重程度和优先级也在不断变化。全球化的、多层级的供应链也产生了特定的脆弱环节和风险监督与控制方面的挑战。

1.4　在第二章，我们强调了风险和脆弱性（产生风险的薄弱环节）识别与评估对于供应商关系管理中战略领域排序的重要性，即识别高风险的供应品项、供应链或供应商。现在，我们更详细地介绍该过程，在操作层面对合同管理关注领域进行排序。

合同风险

1.5 合同风险可以定义为：

- **合同或商业关系"之中"的风险**，即由合同或关系本身产生的因素。某些一般性风险通常是由一些固有高风险的供应源搜寻方法带来的，例如外包、单供应源搜寻、长期伙伴关系协议和国际供应源搜寻。特定的风险因素也可能是由特定的合同引起的，例如，一个IT系统开发合同了采用一个刚开业的小供应商新设计的软件，这个合同可能会产生与如下因素有关的风险：供应商缺乏跟踪记录、供应商财务稳定情况和生产能力、技术的初期问题、用户学习曲线、资本投资和项目失败的可能性。

- **"对于"合同或商业关系的风险**，即对合同或关系造成影响的因素，这些因素会危害合同履行的效果或效率。这类因素不一定与合同本身直接相关，但有可能产生于合同履行所处的内、外部环境或关系环境。

1.6 不论哪种类型的风险，都可以进行各种分类，例如根据风险类型影响的领域或活动来分类（例如供应风险或信誉风险），或者根据风险产生的领域或活动来分类（例如经济风险、技术风险、政治风险或环境风险）。一些经常用到的风险分类（与合同管理有关的）如表 8-1 所示。从中你也许能够看出，每个风险类型可能会由于一个附加风险因素而恶化，如供应商关系、合同、项目和风险管理不善等。

表 8-1 风险分类示例

风险	解释
供应风险	产生于：供应商破产（例如有可能是财务不稳定、过度"精益"的供应链或者被买方不付款所恶化的现金流问题造成的结果）、供应失败（例如由于罢工、天气、运输问题或运输中供应品的损害而造成的结果）、供应链和物流的长度和复杂性（较长的前置期、运输风险）等
合规风险	组织或其供应链作出的违法或不合规活动的曝光，导致信誉的、运营的和财务的处罚
信誉风险	组织或其供应链所作出的不道德的、没有社会责任感的或破坏环境的活动的暴露，可能损害组织在其客户、投资者、员工和供应市场等中的形象、品牌和可信性
经济或财务风险	经济损失风险，产生于不良投资或财务管理不善、销售额下降（例如由于供应失败引起的）、成本削减（例如由于合同后价格或成本偏差）或宏观经济因素（例如汇率波动或财务成本上升）
市场风险	由外部供应市场因素或变化引起的经济或供应风险，例如商品涨价、资源稀缺性、技术变革、强大的或增长的供应商势力（例如供应商稀少，或者供应市场合并）。由于需求下降、产品老化或竞争者获得主动权（导致丧失竞争优势），也可能引发产品市场风险
环境风险	由于外部环境 STEEPLE 因素变化引起的中断或延迟供应、供应成本上升的风险
运营风险	运营故障、质量缺陷、健康和安全风险、运输问题或设备崩溃的风险（例如，产生于未能保证供应或未能推行健康与安全政策或维护进度计划）
技术风险	由于技术活力和技术陈旧、系统或设备故障、数据损坏或偷窃、新技术的初期困难、系统不兼容（例如，当买方—供应商系统需要集成的时候）等引起的运营问题风险和产生的经济损失

1.7 下面我们将简要介绍一些考试大纲涵盖的关键风险类型，突出介绍它们对合同履行和供应商关系的潜在影响，以及它们与合同管理的相关性和优先级。

1.8 请大家谨记，试题会从理论的角度要求你识别、讨论或解释这些风险，但它也同样需要你：

- 从案例研究情节中提供的数据识别这类风险。
- 根据所提供的数据，分析或评价这些风险对案例中组织或特定合同的重要性（可能性与影响）。

1.9 因此,记住基本的风险类型和示例对你是有帮助的,可以把它当作案例研究问题中风险评估的检查表。

第二节　内部风险和外部风险

内部风险

2.1 内部风险是指在组织(或供应链内部环境)及其流程中产生的风险。内部风险的例子包括:技术、设备或系统崩溃(例如由于缺乏维护、不当使用和缺乏应急规划);人的差错和不成熟(例如缺乏培训或监督);恶意的活动(例如欺诈、破坏、偷窃、数据剽窃或不道德行为);安全风险(例如设备、资产或数据未经保护或未经授权);缺乏内部控制(例如财务控制、安全系统和风险管理);工作场所危险(事故和疾病健康风险);雇员关系欠佳(例如罢工);管理不善导致的商业或财务风险(成本不受控制;战略规划、供应链关系管理不善);关键人才和知识的流失。

2.2 由于许多与合同及供应商关系管理有关的因素的影响,合同履行(和组织目标)也可能处于风险之中。

- 缺乏与合同和供应链关系相关的风险评估与管理。
- 所制定的要求规格、KPI、改进协议或服务水平协议不合理(不清晰、太粗略或太详细、没有进行价值分析、过度规定)。
- 供应商评估、资格预审和选拔等工作开展得比较随意或不充分。
- 过度依赖于单一的供应商。
- 合同履行(和/或合同管理)的责任和角色不清晰,缺乏治理结构。
- 在有关合同履行的问题上,内部利益相关者关系和沟通不善(例如在规格与绩效管理方面与用户展开的协作）。

- 供应商关系管理不善，导致与供应商有关的风险、冲突风险、信誉风险以及可能由供应商对买方的不利感受带来的供应风险。
- 缺乏有效的、集成的和安全的信息系统来监督和管理供应商绩效和合同。

2.3 关于内部风险的一个关键点是，它们应该可以由组织、其管理流程（例如风险评估、监测和监督）和内部控制（政策、规定、检查和风险管理措施）进行控制。

外部环境风险

2.4 外部风险是外部宏观环境（STEEPLE 因素）或微观环境（行业、市场和竞争环境）或组织或供应链等之中的因素产生的风险。STEEPLE 因素在以下诸方面，可能给供应商或买方合同履行带来广泛的风险，例如：

- 对明确的规格、谈判、签约和合同管理等造成障碍（例如在国际合同情况下，存在语言和文化上的差异）。
- 供应中断或延迟（例如由于供应商破产、罢工、进出口限制、材料短缺或天气造成的运输延误）。
- 市场价格上涨（例如由于供应短缺或汇率波动）或者引发额外的成本（例如由于需要投保或者采用其他运输方式）。
- 货物在产地（例如在发生作物疾病或损害的情况下）或者在运输时（例如由于天气因素或额外的搬运）造成损害或者变质。
- 造成支付困难（例如在国际合同中，由于货币或信任问题）。

我们在第三章介绍了许多上述的可能性。（在试题中讨论外部风险时，STEEPLE 是一个对你很有帮助的结构。）合同管理的作用是对这类风险进行评估和应对，以便尽可能地保证合同履行的效率与效果。

2.5 另外,外部宏观环境因素可能直接影响供应商关系,也许作为关系发展的一个约束,如表 8-2 所示。你可能会联想到与自己工作所在单位或行业相关的其他例子,或者你所熟悉的一个例子。(这也是为了考试所做的一个有用的准备工作,考试中会让你根据案例研究中描述的组织,或者你自己选择的组织,进行论述回答。)

表 8-2 影响关系的 STEEPLE 因素

因素	示例
社会文化的	• 各方的文化差异(特别是在国际关系之中)引起误解或冲突 • 一方适应社会价值观的变化(例如公平权利,环境),而另一方却不适应,造成不兼容
技术的	• 一方开发出新技术,带来兼容性问题 • 一方向另一方施压,要求采用 EDI 或其他系统 • 由于技术变化导致(关系赖以建立的)产品或流程变得陈旧
经济的	• 经济衰退或不景气引起价格或利润压力 • 汇率和工资成本使得英国供应商缺乏竞争力
环境的	• 天气和资源可利用性影响供应商绩效 • 采用"环保"做法的压力(例如可再生材料、回收利用),对此一方可能缺乏相应能力
政治的	• 进出口政策改变了供应可获得性和市场动态
法律的	• 公共部门中强制性的竞争招投标使长期关系发展更为困难 • 倾向于使用损害关系的诉讼来解决争议
道德的	• 一方受到另一方不道德地对待(例如,剥削性地强迫价格下降或上涨,欺诈,违反保密规定) • 由于供应伙伴的不道德行为(例如欺诈、剥削工人)遭到曝光,买方的信誉受到损害 • 买方要求提高道德标准,这对供应商来说可能代价高昂(例如更高的工资,在健康与安全方面更大的投资)

供应市场风险

2.6 《解读供应链风险》练习册(克兰菲尔德管理学院/运输系)提出了一系列一般性问题,应该在审视基于市场的供应风险时加以考虑。

- 如果供应失败可能导致组织的输出中断，那么供应链是否依赖于主导的或专业的供应商？
- 供应商，尤其是关键的供应商，是否处于有可能使输出中断的财务困难中？
- 供应商是否延长了前置期，从而可能影响到库存或客户服务？
- 供应商是否有质量低劣的记录，并由此带来风险？
- 供应商是否具有不良的进度记录，如果有，他们是否是我们要依赖的供应商？
- 供应市场的状态如何？我们公司的采购是否占了较大的供应比例？供应市场上是否存在任何可能使输出中断的紧张点？
- 供应商是否制定了绩效测量指标，从而提供风险管理和绩效改进计划的平台？
- 市场上的供应商是否具有规划并满足需求的生产能力和生产率？他们是采用系统性的优秀做法还是穷于应付？

财务或经济风险

2.7 财务风险可能是内部的，来自组织自己的财务结构和交易。下面举几个例子。

- 在确定或谈判合同价格的时候缺少价格或成本的分析。
- 缺乏合同生命周期内的预算或成本控制与管理，导致成本超支和利润的丧失。
- 财务控制和采购程序（或支付程序）的设计缺陷或者执行不力，导致财务欺诈的风险。
- 由于签约中的漏洞或者合同不履行招致的财务罚款（例如对供应商延

迟付款需付的利息）。

- 对合同或项目的投资资金巨大，投资评估却不充分，缺乏全生命期成本计算，或者贷款的资金成本过高。

2.8 财务风险也可能是外部的，产生于以下一些因素：

- 宏观经济因素，例如商业周期（例如经济衰退，引起需求降低、不良的信用可利用性和供应商的不稳定性），波动的商品价格，资金的可利用性和成本（利率），波动的汇率（在国际交易的时候）。
- 供应商的财务实力、稳定性和总体的"健康状况"。

2.9 供应商存在财务困难的风险，尤其是关键物品供应商或者战略供应伙伴，是合同和供应商管理的重点。我们有许多可利用的工具，对未来供应商和现有供应商的财务稳定性和实力进行监督与评估（为了将他们突然破产并中断供应的风险降至最低）。用于这种分析的信息，大部分可以从公开出版的公营、私营或非盈利组织的财务报表中获得。

2.10 采购或合同经理可能会寻求找到如下一些迹象：

- 供应商没有利润，正在经历利润率下滑，或者正在亏损，这表示供应商运作缺乏效率（收入太低或成本太高），并且可能耗尽业务持续或发展所需的资金。
- 供应商没有管理其现金流（现金流入和流出的平衡与时间安排），或者企业正在经历现金大量流出，使供应商难以偿还短期债务和支出费用。
- 供应商的借贷资本（从贷款方借来的）高于股本（所有者投资的），引起较高的财务成本（利息支付）和贷款偿还义务，这是"信用紧缩"时期的一种特定风险。

2.11 《供应管理（2006年2月6日）》中的一篇文章介绍了其他一些供应商财

务困难的标志（除了财务比率不佳或宣布的亏损之外），合同经理或供应商经理应予以了解。

- 在交付和质量性能方面的快速下滑。
- 短期内多名高级经理离开企业。
- 公司的审计员和财务经理发生变动。
- 不利的新闻报道。
- 对信息要求作出的反应很迟缓。
- 供应链问题（和/或承包商的变更）。
- 在应付日期之前提前要求付款。

第三节 法律和履约的风险

法律风险和合规风险

3.1 我们已经在第五章到第七章学习过供应商合同的法律内容。法律的、合同的以及有关的合规风险可能产生于如下一些因素：

- **合规性管理不善**，引起法律和法规方面（例如劳工权利、环境保护或者健康与安全方面的法律与法规）不合规（和有关惩罚、制裁和信誉损害）的风险和相关的惩罚、制裁和信誉损害。

- **合同制定得不合理以及签约流程不完善**：条款模糊，缺乏对合同风险足够的保护（确保有可利用的纠正措施）；不可执行的条款（例如非法的或不合理的责任限制；用无效的惩罚性条款取代有效的违约赔偿金条款）；缺乏说明绩效预期的支持文件（例如规格、KPI 或服务水平协议）；缺乏对供应商提高承诺绩效的激励；缺乏争议解决、合同终止、转移等方面的规定。

- **"条款之战"没有得到很好控制**，这样大家就不清楚，哪套标准条款（是供应商的，还是买方的）适用于合同，或者所采用的一套标准条款对另一方很不公平。

- **合同管理和变更控制不到位**，例如，合同变更未经授权或未得到控制，缺乏版本控制，合同变更缺乏与相关利益相关者之间的沟通。

- **缺乏足够的知识产权保护**，在合同履行过程中专门准备的或开发的、或者在合同履行过程中使用的文档、图样、计算机软件和著作等所有权（以及使用许可）的分配与保护。除法律规定之外（例如设计、专利、商标和著作权的登记注册），保护可以在合同之内实现（利用 IP 条款）。

- 对于诸如人身伤害、经济损失、财产损害或供应商人员疏忽等问题的**责任分配**，特别是当供应商在买方（或者下游的客户）的建筑物中提供服务的时候。买方常常希望证实，当由于违约产生赔偿或法律损害赔偿金的时候，供应商有能力支付赔偿金。买方常常在合同中要求供应商购买必要的保险来为此担保，例如雇主责任险（由于其职业造成雇员的伤害、疾病或无行为能力）；公共责任险（第三方因人身伤害或财产损失提出索赔）；专业责任险（供应商过失给买方带来的经济损失）；产品责任险（使用供应商所提供、修理或测试的货物而造成的人身伤害或财产损害）。

- 合同履行过程中产生的**健康与安全风险**。常见的做法是，买方利用合同条款来提醒供应商：《职业健康与安全法1974》规定的对双方的要求；供应商在合规性方面的责任；供应商确保在买方（或者买方的客户）建筑物中工作的员工遵守这些建筑物健康与安全要求的义务。如果供应商未能遵守这些法规，买方也可能要求供应商对买方遭受的任何债务、成本、损失和费用等进行赔偿。

- 与供应商的**商业或合同争端引起的成本和关系损失**。一项研究的结果表明（《供应管理》，2007 年 10 月 18 日），只有 12%的风险管理政策提到了如何解决争议，将近 2/3 的组织缺乏争议避免方面的培训课程。而商业争端每年要给企业增加 330 亿英镑的成本。争议的最常见原因是合同起草得不完善，所以建立明确的签约程序是降低风险的一个好的起点。关于如何处理争议，我们也应该制订相应的计划，以避免诉讼成本（例如通过替代性争议解决方法或仲裁，见第七章）。

履约风险

3.2 履约风险（Performance-based Risks）基本上属于供应风险，产生于供应商的可靠性和履行情况，产生于买方的合同、项目和供应商管理政策与实践。它们是指在合同（或项目）履行（执行）过程中产生的风险：

- 会危及合同的成功履行（例如引起成本超支、进度拖延和违约）。
- 给组织及供应链带来其他的风险（例如成本管理不善或买方拒绝付款，导致供应商破产；或者供应商道德行为不良给买方带来信誉危害）。

3.3 考试中的案例研究很可能强调一些实践、计划或进展的指标，如果对出现的偏差没有纠正而导致其持续存在或恶化，就会产生合同不履约风险。你应该当心那些看起来不匹配的（偏差或不一致）数据，可能反映出供应商的预定计划、测得的当前进展与规定的或协商的目标或指标之间存在差异，例如：

- 商定的里程碑与进展测量（进度计划、关键路径图、项目阶段评审）。
- 关键绩效指标、标准和目标。
- 产品或服务规格（包括协商的公差和允许的偏差）。

- 商定的服务水平或改进目标。
- 商定的成本预算或目标。

3.4 履约风险包括以下一些因素：

- 潜在供应商的生产能力和生产率。
- 已签约供应商的生产能力和生产率。
- 当前合同和其他客户所占用的供应商生产能力的百分比（生产能力不堪负荷所引起的脆弱性）。
- 突发需求的可能性（生产能力不堪负荷）。
- 供应商交付前置期以及是否存在进度"时差"或弹性。
- 影响供应链或个别供应商的供应风险，以及风险管理和应急计划的有效性。
- 规格、合同条款和买方预期的准确性和清晰性。
- 供应链质量保证的脆弱性（特别是当公差很小的时候）。
- 进度安排与预测的准确性。
- 合同双方与利益相关者之间所共享的信息的质量、可靠性和透明度（支持以风险控制为基础的决策）。
- 成本管理；影响成本的内、外部因素；双方议定的价格安排是怎样的（例如成本加成或固定价格合同）。
- 项目和合同管理（用以监督和管理所有上述要素）的有效性。

国际供应源搜寻中的风险

3.5 国际供应源搜寻和交易也给企业带来了独特的风险。根据特定环境的不同，可能包括如下几点：

- 社会文化差异（包括商业习惯、消费者行为、沟通和谈判风格、管理风格和社会价值观）：给沟通带来潜在的障碍；在尝试将市场营销、供应源搜寻和管理战略转移到不同文化中会遇到很多困难。

- 语言障碍：有可能发生误解（与一般沟通一样，从法律意义上来说，会影响合同的有效性）。
- 法律问题，例如在决定合同争端时该适用哪个国家的法律。
- 物流和供应风险，源自长距离供应线路、较长的供应前置期；运输过程中货物损失、损坏或变质的风险；在这种环境中转移所有权和风险可能不明确，而且保险责任也不明确。
- 由于合同期间外国货币价值可能波动（要求采取远期汇率合同之类的措施），从而带来汇率风险。
- 支付风险，源自合同双方有限的直接接触、不同的法律体系和货币限制的可能性。
- 难于监督和保证海外供应商运营的质量、环境和道德标准（尤其是在缺乏当地标准、法规和法律的区域），引起质量、合规性和信誉风险。
- 海外环境中一般的 PESTLE 因素风险：政治不稳定；政治体制决定的企业国有化；经济不稳定；通货膨胀产生的影响；保护主义政策（关税、配额等）；不完善的技术基础设施；不完善的教育基础设施和技能训练；等等。

第四节　信誉与关系风险

供应源搜寻道德风险与信誉风险

4.1 "道德"（Ethics）是关于什么是"正确的"或"错误的"行为的一套伦理准则或价值观。

4.2 在公司道德（或者公司社会责任）层面，道德的、可持续的或者负责任的供应源搜寻政策可能覆盖一系列问题，这取决于组织活动和市场所产生的道德风险和问题。下面举几个例子。

- 在供应源搜寻中促进公平、公开、透明的竞争（同时，避免不公平、欺骗的、操纵或胁迫的采购做法）。

- 利用供应源搜寻政策来促进积极的社会与经济目标，例如供应链中的公平机会和多样化；对本地和小型供应商的支持；运输里程的最小化（以减少对环境的影响和碳排放）。

- 符合道德要求生产的输入品的规格与采购（例如获得"没有在动物身上做测试"的认证；从可持续性受控的或可再生的来源获取；在安全的工作条件下制造）。

- 在供应链的所有层次上，以促进合乎道德的贸易、环境责任和劳动标准的方式，选择、管理和发展供应商（例如对供应商进行资格预审，审核其CSR政策、道德准则、环境管理体系、逆向物流和回收能力、供应链管理；对供应商道德绩效进行激励、监督和发展）。

- 承诺促进供应链中工作条件的改善（劳动标准），尤其是法规体制较松的低人工成本国家。

- 承诺支持供应商可持续的利润获取（例如不压榨供应商的利润率），确保公平的价格沿着供应链返回到供应商那里，尤其是在买方占据主导地位的时候（例如在发展中和低成本供应市场中）。

- 坚持有关机构的道德框架和行为准则，例如国际劳工组织（ILO）、公平贸易协会或道德贸易联盟，国际标准化组织关于公司社会责任的指导方针（ISO 26000：2010），或者有关专业团体（例如CIPS）的道德准则。

- 承诺遵守关于消费者、供应商和工人保护的所有相关法律、法规。

4.3 另外,日常合同管理和供应商关系管理可能会产生一系列道德问题。在采购与合同管理职业道德行为准则中一般涵盖的一些关键道德问题包括:

- 关于公平的、真实的和准确的(不是假的或误导性的)信息的规定。例如,为了获得优惠的价格而故意吹嘘订单大小,而如果如实说出使用量规模就不可能得到这一价格,这样的行为是不符合职业道德的。

- 在适当情况下保护信息的机密性。对在业务过程中获得的机密信息,在没有适当的特定授权情况下,不得泄露;除非有披露这些信息的法律义务,比如存在洗钱或恐怖活动的嫌疑。

- 与供应链伙伴公平交易。例如,下列这些情况都会诱使你进行不公平的交易:供应商或潜在供应商在报价单或发票中犯了笔误,让买方有机可乘;有潜在的机会可以推迟或减少支付应付的款项;在没有真实购买意向的情况下邀请报价或投标;在招标中给某些经销商以特别优待。这些情形中的欺诈和不公平被视为不道德的,并会对持续的交易关系造成潜在的危害。

- 招待与礼物。采购道德的一个重要原则是:不要给予或接受可能影响(或可能被认为将会影响)接受方的供应源搜寻决策的礼物或利益引诱。另一条与之相关的原则是不应基于个人利益而作出供应源搜寻决策(或泄露保密信息)。采购部门应当对收受商业礼物和款待制定具体的指导方针。

4.4 出于许多原因,道德的供应源搜寻、交易和供应商管理对于合规风险、信誉风险和履约风险,都具有非常重要的意义。

- 不道德行为会导致与受到不善对待的利益相关者的关系恶化,进而导

- 致与供应商不良的客户关系状况、较差的供应商动力和表现，并且增加了冲突和争端的风险。剥削、滥用和失望不可避免地会导致关系破裂，或者被供应商反过来"投机取巧"。

- 由不道德行为引起的利益相关者关系不和，也会丧失在绩效、创新、合作和协同效应等方面的机会、价值和利润。缺乏抓住这种机会的能力，是长期商业和竞争风险的来源。

- 对职工和供应商的不平等待遇会使组织难于吸引、挽留并激励他们去提供优质服务和承诺，尤其是在和其他雇主和买方展开竞争的时候。

- 不道德行为会招致更加严格的法规、媒体和压力集团的监督，这加大了信誉风险和合规风险。

- 不道德行为的曝光会危害到信誉，危害到组织的产品或公司品牌，失去好感（来自客户的、雇员的和供应链伙伴的），损失销售额，甚至受到消费者联合抵制。

- 违法行为会引起额外的合规和法律风险，包括违法的惩罚与制裁（财务惩罚，矫正订单，诉讼成本和损害赔偿金，被曝光后引起信誉上的损失等）。

4.5 道德的供应源搜寻和供应商管理中包含成本和挑战。例如，像耐克、沃达丰和马莎百货等一些大公司承担了教育、监督和管理其海外供应商的责任，以确保他们公平地对待其员工并且遵守环境标准。事实上，不能承担社会责任现在被视为一种重要的商业风险，会产生重大的潜在成本。一个广泛报道的例子是，社会慈善机构牛津饥荒救济委员会的"让贫穷成为历史"袖标的海外供应商本身就在剥削自己的工人，当这件事曝光后使该机构的信誉遭到重大损害。

关系风险

4.6 商业和供应风险的另一个关键类别是与供应商关系的性质、结构和管理。

4.7 不同种类的关系、供应源搜寻方法和供应链配置决策,具有不同的风险。例如,下面所举情形就会产生一些特定的风险。

- **独家供应源搜寻**(Sole Sourcing)**安排**(市场上仅有一个供应商)和**单供应源搜寻**(Single Sourcing)**安排**(针对特定要求,组织选择仅使用一个供应商)。在这种情况下,买方对一个供应商依赖的程度很大,面对供应商(和可能由此引发的供应链)的破产、自满或过分要求等风险有较大的脆弱性。这些内容第一章介绍过。

- **外包安排**:因为组织是在用外部的承包商来有效地替代其自己的资产、资源、知识和能力,通过承包商代表它向客户提供服务,因此使自己易于遭受信誉、绩效和市场的风险。可能还有失去控制、知识产权和机密数据的风险。这些内容第一章介绍过。

- **长期伙伴关系**:因为组织实际上被"锁死"在与伙伴形成的长期合作关系中,而其伙伴可能会变得表现欠佳、不愿配合、战略上有所分歧和/或不求进取(在缺乏竞争或没有持续改进协议的情况下)。伙伴关系的潜在价值可能得不到实现,或者由于内部、外部变化使伙伴关系失去了价值。合作本身会给机密数据和/或知识产权带来风险。在第一章做过讨论,我们还将在第十章详细讨论关系管理。

- **供应商分级**(供应链的一种组织方法,买方组织借此方法,与少数几个供应商或"一级"供应商建立伙伴关系,他们负责管理供应链的较低层级或下面几层):由于"距离"较远,就绩效和 CSR 的监督与管理而言,这会引起买方与较低层次之间的距离。供应链可能没有足够的透明度，造成买方不能够"深入"到较低层级的供应商，而且可能无法依靠供应链管理和主要供应商的质量保证或 CSR 保证。

供应商转换的风险

4.8 与供应商关系战略相关的一个供应源搜寻政策问题是：采购方在多大程度上打算进行供应商转换，也就是"踢掉"一个现有供应商，或者决定不再续签一份供应合同，转而与另外一家或新的一家供应商合作。这在合同管理中是有重要意义的，因为需要审核合同来决定是续订合同还是终止合同。

4.9 改变或转换供应商的理由形形色色，比如：现有供应商的绩效或可靠性有问题；当前合同即将到期将要续约的时候，一个新的供应商提出了更具竞争力的要约（例如一个更好的解决方案，或者更优的价值）；风险度低、供应充裕、标准化程度高、与供应商关系不太密切、纯粹交易性的采购项目，这些让买方可以很容易地利用供应商之间的价格竞争见机转换。

4.10 但是合同经理需要注意供应商转换所造成的动荡和成本（称之为"转换成本"），特别是当双方的关系已经很稳固、并且基于这层关系作了很多计划和投资的情况下。下面是转换所造成的一些成本和风险，如表 8-3 所示。

表 8-3 供应商转换的成本与风险

供应商转换的风险	供应商转换的成本
新供应商可能表现不佳（如为了争取合同而夸大其词）	识别新的供应商并进行资格审核
流程不兼容（如与老供应商整合了系统并且根据与对方的具体交易情况作了调整）	发起与管理招标程序、其他询价及合同授予过程
文化以及人际方面的不兼容（如在原有合作中形成的理解事物的方式和行为模式）	老供应商尚未交付的货品如何处置；未结清款项如何处理；"分手费"怎么算（如提前取消合同的违约金）

(续)

供应商转换的风险	供应商转换的成本
知识的损失（例如与老供应商的协作流程未形成文档）	为配合新供应商而改变内部系统和流程
学习曲线：新供应商需要一定时间才能达到巅峰绩效，需要磨合	需要培训和帮助新供应商熟悉各种系统、程序以及要求
可能遭遇新的、原先不了解的供应风险（政局不稳、劳工问题、企业社会责任问题、汇率风险、运输风险）	合同的拟定和管理（在合作关系的早期阶段可能需要密切的监控和联络）
知识产权和保密数据可能外流（在互信尚未建立之际）	风险减缓措施（如保险）以及纠正措施（如重新磨合）
新老供应商交接可能出现问题：拿不到设计、文档、资产、在制品等	

4.11 如果发生供应商转换，合同经理需要考虑如下几个关键问题。

- 对于将要续签的合同要提前打招呼，以便买方可以和关键利益相关者（包括使用者，他们可能就供应商的绩效和风险影响提出一些反馈意见）商讨续签和转换的方案。

- 事先要做好转换计划和风险管理工作，包括合同条款和供应商的关键绩效指标，以及给新供应商的移交材料。

供应链关系中的势力与依赖性问题

4.12 势力是指个人或团队对他人施加影响的能力。它是任何关系的一个内容，不仅仅是明显的关系，例如领导-下级关系或买方—供应商关系。它也适用于组织间的关系，以及人际关系。

4.13 在买方—供应商关系中，势力可能采取多种多样的形式。

- 势力可以是直接的、明显的权力，如通过利用竞争、硬谈判、强势领导、逻辑说服或提供激励等战术。

- 势力可能是构建在形势、背景或关系中的势力（"结构性权力"），正如组织要承担的法律义务、买方需要依靠供应商（或反之）、雇主控制其员工报酬等情形一样。

- 它可能产生于不同的势力来源：组织的或法律的权威（例如高级管理岗位授权的或议定的合同条款规定的势力）；受到尊重的专长（例如专业顾问的势力）；对资源的掌控。（例如买方拒绝给予供应商宝贵业务的势力，或者供应商控制关键供应品的势力。）

4.14 在供应商和客户的关系中（如同在人际关系中一样），出于以下几个原因，一般不鼓励强制地、专横地、不公平地或滥用地运用权力。

- 首先，这可能是不合法的（例如，根据欧盟公共采购指令，在公共部门招投标中，对供应商的不公平对待是非法的）或者不道德的（例如，根据 CIPS 道德准则，不允许采购人员滥用其职位影响力谋求个人利益）。

- 其次，它一般是没有成效的。这种权力形式可能会带来短期的合规性，但是一般会引起不满、抵触，并且丧失建立更具建设性的长期关系的可能性。

4.15 这就是为什么以公然竞争影响力为基础的对抗性关系不适合所有供应情形的原因。它们很少有可能实现长期最优的资金价值，或者实现互相满意的伙伴关系的可能性。

4.16 考克斯等人将供应链中势力和依赖性之间的关系描绘在一个简单的矩阵中，如图 8-1 所示。

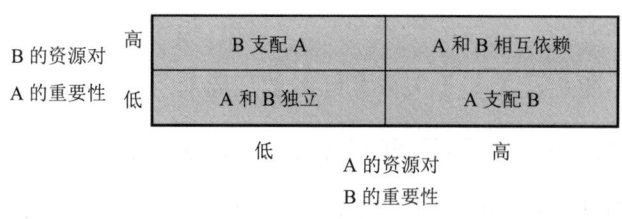

图 8-1 势力/依赖性矩阵

4.17 大体上说，每一方都希望避免另一方占优势的局面，原因在于优势和依赖的地位可能很容易被利用。一个占优势的供应商可能会威胁说，如果买方不接受涨价或者改变规格，就会中断供应。一个占优势的买方可能会过分地榨干供应商的利润率（例如，就像主要的超市定期被指控对杂货店供应商这么做一样）。独立（任一方都不需要关系）和互相依赖（双方都需要关系）一起创造了势力和风险更平稳的均衡状态。

4.18 很明显，过度依赖的危险是足够大的。（如果我们的伙伴在别处找到了一桩更好的生意，我们该怎么办？我们除了满足其日益增加的代价高的需求，还有什么选择？）但是，具有过度优势的地位也存在危险。许多买方不愿意从一家供应商购买太多的输出，或者坚持针对关系的调整——即使供应商可能热心于得到更多的业务：首先，是出于避免利用某一局面的道德要求（并且如果日后收回业务，也许要对供应商的垮台负责）；其次，因为不那么依赖的供应商会为多样化客户库做更多的调整，并且因此能够提供更多的东西。

4.19 互相依赖常常借助于一些伙伴关系的约定形式，创造了获取长期合作和承诺的需要。

退出战略

4.20 作为合同风险评估的一个环节，重要的是要弄清在哪个环节需要尽早退出或终止合同，并且如何管理这一过程。这个问题与道德的合同管理相关，也与更广泛的基于关系和绩效的风险有关，买方组织无法负担陷入与低绩效或不兼容供应商建立的合同或长期关系中的后果。

4.21 应当清楚地了解合同在哪种情况下可以终止（除了那些合同法强制的情况，例如合同违约或合同落空，如第六章所述），随后应当遵循哪些流程，应该发出哪些通知。在理想情况下，对于合同"失败"的检查、反馈和反思，应当有相应的规定，在可能的情况下为未来关系敞开大门（例如对于所要求的变更和改进，具有清楚的参数）。

4.22 对于合同终止给依赖的供应商、他们的工人和社区产生的社会与经济影响，应该给予特别的关注。公司社会责任的政策应当涵盖如下领域，例如不鼓励供应商的依赖性，分阶段撤出业务，绩效管理程序和在终止前探索其他备选方案（例如供应商开发）。

第五节 信息风险

5.1 信息风险与合同和供应商管理的关系表现在如下两个主要方面：

- 数据安全、知识管理和信息技术系统风险代表了商业风险的一个主要类别，必须对其进行管理。
- 有效的合同与供应商关系管理取决于合适的、结构化的、可靠的（风险可控的）数据和信息的收集、利用和共享。

5.2 数据安全、知识管理和IT风险包括：

- 硬件或软件的偷窃。
- 对机密的或商业敏感的数据的非授权访问（例如通过"黑客"行为）。
- 工业间谍、数据欺诈、数据偷窃。
- 数据毁损（归因于错误、损毁、计算机病毒或蓄意破坏）。
- 硬件崩溃、损毁或陈旧。
- 系统故障与相关的数据丢失（因此所有数据都有必要备份到外部硬盘或服务器上，从而使借助于外部服务器的"云"计算的使用越来越普遍）。

- 在处理市场、供应商、合同或项目管理数据过程中出现的录入或抄写错误。
- 缺乏系统集成和兼容性（例如在买方和供方系统与协议之间）。
- 缺乏可控的数据管理（例如对合同变更的控制或对共享数据库中保存数据的更改的控制）。
- 在法律和合同规定等方面的合规风险，例如在数据保护（安全存储和公司对个人数据的有关使用）、知识产权（保护设计、专利和著作权等所有人的权利）和机密性（避免商业的或私人的敏感数据的非授权披露）等方面。
- 与供应链合作伙伴共享专利流程和设计所导致的组织知识产权风险（缺乏足够的知识产权保护，例如专利、注册设计权和商标、著作权保护，并且合同中缺乏对滥用的处罚规定）。
- 由于与供应链伙伴共享组织的敏感商业数据，使组织遭受到的保密风险（缺乏足够的控制与合同规定，例如保密协议）。
- 关键人员的流动和/或组织活动外包，以及在可能增值的知识和信息上造成损失。

信息保证的作用

5.3 信息保证（IA）是指与信息或数据的使用、处理、存储和传送有关的，和为此目的采用的与系统和流程有关的风险管理实践。它与"信息安全"领域有关（计算机科学的一个分支，旨在保护信息系统及其内容，主要通过安全控制和防御，抵御恶意攻击）。事实上，信息保证包含了广泛的问题，包括：

- 公司治理：与数据保护、IT 系统和欺诈预防等有关的法规标准遵守、内部控制和审计。

- 与关键系统风险（数据丢失、安全破坏、系统崩溃）有关的应急、业务持续性和灾难恢复计划。

- 战略性IT系统的开发与管理，通过系统集成、兼容性、灵活性和安全性等领域的措施将风险最小化，同时满足组织（及供应链）当前的和未来的需求。

5.4 一个典型的IA项目包含以下几个步骤：

- **系统风险评估**：识别要保护的信息资产；识别信息资产和系统中的脆弱性；识别可能利用或损害信息资产的各种威胁；已识别风险的概率和影响分析。

- **制订风险管理计划**：提出应对措施来应对已识别风险，包括威胁的预防、监控和应对。这可能包括：一些技术工具；员工数据安全意识培训；专门IT安全部门或事件响应团队的建立。提出的计划要进行可行性测试，并就成本和收益进行分析。

- 风险管理计划的**协议**、**实施**、**测试和评估**，常常借助于系统审计来完成。要连续地收集和检查绩效数据，这样可以根据绩效缺口或新出现的风险，按需要持续地修订风险管理计划。

与信息相关的风险

5.5 信息和知识变得越来越系统化和透明，也因此变得越来越脆弱。知识和信息系统可能带来许多风险，包括：供应商数据库中信息的收集；在与供应商合作的过程中知识产权和机密数据的共享；通过公司外网对关系的管理。

5.6 下面列举的是合同与供应商关系管理中可能产生的与信息有关的风险，或者是通过合同和供应商关系管理可以控制的风险。

- 来自知识产权（例如专利、设计或原型）的非授权访问和敏感经济数据（例如关于竞争计划或风险评估）的知识资产风险，可能是由于工业间谍、黑客、网络钓鱼或数据偷窃等原因造成的。

- 与组织共享资源的其他各方滥用数据（例如某个供应商违反保密规定，或者与竞争者共享数据）导致的知识资产和经济优势等方面的风险，以及当买方组织违反保密原则或者滥用供应商知识产权时承担责任的风险。

- 数据完整性和安全方面的风险，影响因素包括：软件错误；计算机病毒；输入或转录错误；蓄意欺诈等。内部控制不善会加重这种"症状"。

- 由于缺乏变更控制规程（导致几个互相冲突的版本），使数据的完整性和价值面临着风险。

- 管理信息系统、外部网、合同数据库和其他有关系统的设计和实施存在风险和没有效率：例如无效的存储和检索协议；缺乏与供应商系统的集成和兼容；初期问题；系统崩溃。

- 关键人员的流动，以及由此造成的关于组织采购需求、合同历史和供应商关系等方面知识产权和/或知识的流失。

- 通过某些职能外包给外部供应商导致的组织知识、信息和能力的丧失。

5.7 随着在供应链关系管理中越来越多地使用互联网、外部网和内部网，对公司的信息资产、知识和知识产权施加控制就变得更加重要。

5.8 因此，组织需要在下述领域采取一系列风险减轻措施。

- 保证所有买方的和供应商的信息系统都经受了强大的访问控制（例如密码、用户 ID 和防火墙），"由人介入"的信息交流（例如谈判）需要有适当的机密性保证。

- 有效和安全使用信息系统的规定和规程。（例如使用防火墙和杀毒软件，并对员工进行正确使用系统和安全意识方面的培训。)

- 存储数据的备份规程，防止由于系统故障或数据损坏造成的损失。(例如使用"云"计算、定期备份到外部服务器或硬盘上等。)

- 系统维护、应急计划和备份系统，将系统崩溃、硬件失窃或电源故障等事件造成的损失降至最低。组织还应针对灾难性的故障，制订业务持续性和灾难恢复计划。

- 数据库管理，确保有用的信息和知识得到确认和维护，过时的信息及时删除或存档。

- 对合同变更、变化、版本和更新等的规程与控制（被授权的个人才有权进行修订和版本管理）。

- 内部控制、检查和平衡，防止数据或资金的滥用与欺诈；例子包括授权和签署；合同、交付收据和发票等的一致；职责的划分（例如同一个人不能同时对订单处理和支付进行审批）。

- 使用设计权利、专利和著作权的注册，保护知识产权；制定适当的合同条款，控制对知识产权的访问（例如通过排他性的或非排他性的许可）并保护所有人的权利。（例如，在合同执行过程中谁将拥有产生的IP呢？）

- 在合同执行过程中交流的商业敏感数据的机密性。（例如在合同中使用机密性和不披露条款，对员工进行保密培训；发布并宣贯道德准则。）

- 根据有关法律的要求对员工进行培训（包括知识产权法、数据保护和信息自由）。

- 对最佳实践、供应商关系沿革、从合同中得到的经验教训以及其他增值的知识和信息等进行归档，以促进组织的学习，并且避免数据由于人员的离开或外包而丢失。

信息的可靠性

5.9 还应当注意术语"信息保证"更一般的意义,即需要"保证"合同和关系管理信息的质量、有效性和可靠性,手段是借助于健全的流程对供应商、供应市场和绩效数据进行收集、检查、校验、分析和解释。

5.10 一个明显的例子是,对于供应商自己在自评估调查问卷中所提供的供应商能力和绩效数据(例如为了资格预审或供应商等级评定),需要进行验证。

第六节 合同风险的评估

6.1 风险管理可以定义为:"组织借以有条理地处理其活动所附带的各种风险的过程,旨在取得各个活动中的和所有活动组合的持续效益。"(英国风险管理学会)

6.2 在此,我们的重点是评估合同风险,旨在通过合同管理过程对这些风险进行监控和管理,因此有必要对风险管理过程做一个概括性了解。风险管理过程通常可以描绘为一个周期,如图8-2所示。

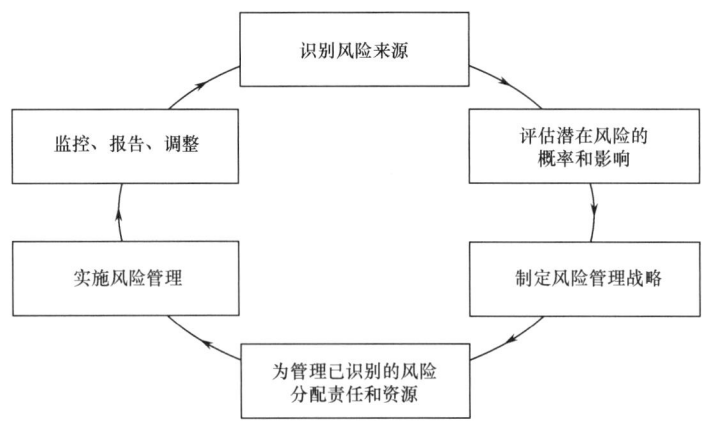

图 8-2 风险管理周期

风险识别

6.3 风险识别是尝试识别潜在问题或不确定性领域的过程,换句话说,提出"哪些环节容易出错"这样的问题。

6.4 在合同风险这一层次上,风险识别可能包含下述流程:

- 环境扫描、STEEPLE 因素分析和合同或供应商 SWOT 分析(见第三章)。
- 开展正式的风险分析工作(针对处于多变、脆弱的环境中的高价值合同)。
- 对影响目前合同和项目的风险事件进行监测。
- 关键事件调查(调查重大或意外的偏差或合同问题的原因)。
- 过程审计(检查合同方面质量和绩效管理流程的有效性)。
- 征求关键利益相关者(包括用户和供应商)和行业专家的意见。
- 聘用第三方风险管理顾问。

6.5 当然,对于考试中的案例研究,你主要是从可利用的数据中发现潜在的合同风险(例如本章中讨论的这些类别)。

6.6 由于组织中的合同风险会持续地发生变化,会有新的风险产生,小的风险有可能转化为危机(例如,如果它们吸引了媒体或法律监督),所以风险识别应该是一个持续的过程。对于重要的合同,应当在风险登记簿中收集全面的已识别风险清单(如下所述)。

风险评估或评价

6.7 风险评估是对已识别潜在风险事件概率和重要性的评估,换句话说,即提出"它的可能性有多大,影响可能有多坏"这样的问题。正如第二章所述,常常用下列基本公式来量化风险：风险=可能性（概率）×影响（不利的后果）。

- **风险可能性**（Risk Likelihood）是指在假定风险性质和当前风险管理做法的情况下发生的概率。它可以用 0（没有机会）～1（确定）之间的一个数字来表示，或者用百分比（100%表示确定）、分值（1～10）或等级（低、中、高）等来表示。风险事件发生的可能性越高，风险的总水平越高，风险管理的优先级就越高。
- **风险影响**（Risk Impact）是给组织造成的可能损失或成本，或者对组织完成其目标的能力可能的影响水平。对影响的严重性可以进行量化（例如，用估算的成本或损失）、计分（1～10）或评级（低、中、高）。

6.8 在第二章，我们已经看到如何用表格形式来量化这一分析。

供应链（或价值流）图析

6.9 风险和脆弱性识别的一个有用工具是供应链图析（Supply Chain Mapping）或价值流图析（Value Stream Mapping）。来自克兰菲尔德大学的研究（《建立适应性强的供应链》）表明，在价值朝向客户流动中的某个点，或者该链条中的某个"节点"，有必要利用系统的方法，识别供应链内部故障引发的商业、供应和合同风险。

6.10 供应链图析是在货物、材料、信息和其他增值资源沿着供应链移动的过程中，对所涉及的过程提供一种基于时间的展示的技术。该图（例如网络图或流程图）显示了链条内连接点之间和移动点上所花费的时间。这可以让组织决定：

- 供应商的交互连接"管道"，增值要素必须通过这条管道才能到达终端用户那里。

- 运输路线，增值要素通过该路线从一个节点转移到链上的另一个节点。
- 管道中每个阶段半成品和库存的贮备数量。
- 在供应中断的情况下，从管道中的不同点补充库存所花费的时间。

6.11 克兰菲尔德的研究人员认为，这样一种分析得到的信息可以帮助我们识别合同和供应的风险领域，并计划下列行动。

- 征求供应链伙伴的意见并与其合作，控制已发现的脆弱性领域。
- 对于易受攻击的连接点或供应商关系，加强关系保护与合同保护。
- 对供应链中第一级供应商对更低级别供应商的管理状况进行监督与控制，降低更低层级供应商的脆弱性。
- 确定替代的供应源。
- 增加缓冲库存或安全库存（"以防万一"的库存）。
- 在易于中断供应的领域，为备选的运输安排制订应急计划。

进展监督工具

6.12 在合同与项目管理中，有许多进展监督工具，用以对照双方共同议定的计划和里程碑来进行绩效"跟踪"，以识别：

- **脆弱点。**（例如时差为零的交付或生产进度的截止期限，或者对确保质量必不可少的零缺陷流程。）
- **过程、项目或合同的偏差：**价格、进度计划或输出偏差超出计划的、规定的或商定的界限或偏差，这表明过程控制失败，具有的风险包括不可接受的偏差、升级或失败。

6.13 我们将在第九章讨论进展、项目和绩效的监督技术和工具，例如预算和成本控制、甘特图、网络图和关键路径分析（CPA），届时我们将讨论如何利用与合同绩效有关的数据。

风险登记簿

6.14 **风险登记簿**（Risk Register）是一份简洁的、结构化的文档，列出企业、项目或合同中包含的所有风险，以及如下数据栏目：

- 风险类型和性质的描述。
- 风险事件发生的概率（用适当的等级表示，或者简单地加以描述）。
- 风险事件发生所造成的影响、成本或后果（用适当的等级表示，或者简单地加以描述）。
- 识别出的可能的应对（减轻或合同管理）措施。
- 风险责任人，即对风险管理负有领导责任的指定个人或职位。
- 定期更新每一风险当前的状态信息（到位的应对措施以及它们是否有效），以及最近一次更新的日期。

6.15 风险登记簿向项目发起人和合同经理提供了一个文档化的框架，可以根据这一框架生成风险状态报告。它也提供了一个与关键内、外部利益相关者（包括供应商）沟通风险问题的工具。你可以在考试中利用简单的风险登记簿格式组织合同风险方面的数据，以此为基础制定合同管理战略。

风险管理战略

6.16 脆弱性的识别与量化，可以使组织能够对计划和资源进行优先等级排序，以应对最严重的风险，并且设定明确的风险阈值，在这个阈值上触发关于某问题的管理行动。

6.17 人们常常把风险管理战略（"我们能做些什么"）总结为"四个T"：

- **容忍**（或接受）**风险**（Tolerate）：如果评估后风险的可能性或影响可以忽略不计（或者没有可行的方法来降低风险），那么就可以对其容忍或接受。

- **转移**（或者分散）风险（Transfer）：例如通过购买保险，或者不要把所有鸡蛋放在同一个篮子里（换句话说，就是选择双或多供应源搜寻）；或者利用合同条款，确保风险事件成本由供应链伙伴承担或分担（例如通过明确合同各阶段风险的责任、利用违约金条款、坚持供应商保险，或者将分担风险监督的责任作为合同管理过程的一个组成部分）。

- **终结**（或者避免）风险（Terminate）：如果与某一具体项目或决策有关的风险太大，并且不可能减轻的话，组织可以考虑不签订合同（如果可以这样选择的话）或者重新进行合同谈判来避免风险。例如，如果供应商的行业关系不佳或没有改进质量保证，那么就不应当与该供应商续签合同。

- **处理**（减轻、最小化或控制）风险（Treat）：采取积极的步骤对风险进行控制，将风险可能性或潜在影响减少或最小化，或者同时将二者减少或最小化。关于供应风险，包括如下一些措施：供应商监控和绩效管理；行为准则；供应商认证或资格预审；关键事件和/或偏差的报告和分析；应急和恢复计划（例如替代的供应源）；等等。

6.18 不论在什么情况下，组织都需要针对高影响的风险制订应急计划：备选的行动路线、备选供应源、权变措施和退却位置。（"如果……，我们做什么？"）

监督、报告与审查

6.19 监控、报告和审查（"发生了什么，并且我们能学习到什么"）是风险管理的一个重要组成部分，其目的在于：

- 弄清组织的风险状况或暴露状态是否正在发生变化，并且识别最近出现的或升级的合同风险或涉及关系的风险。
- 通过有效避免或减轻风险，确保组织的风险管理流程是有效的。
- 指出合同风险管理流程哪个环节需要改进，或者从紧急事件和合同问题中能吸取哪些教训。

本 章 小 结

- 合同中的风险是指合同自身产生的因素；对合同的风险是对合同有影响的因素。
- 有种风险分类法对风险作出如下区分：供应风险、合规风险、信誉风险、经济或财务风险、市场风险、环境风险、运营风险、技术风险。
- 内部风险产生于组织及其流程之中。外部风险产生于宏观环境中的因素。
- 法律风险和合规风险包括：合规管理不善、合同签订流程不合理、条款之战未得到很好管理、合同管理和变更控制欠佳、知识产权保护不够等。
- 履约风险是国际贸易中特别关注的一个因素。
- 现代思想强调道德贸易的重要性，没有达到这一要求会带来信誉风险。
- 特定类型的合同安排（例如单供应源搜寻、外包等）会产生特定类型的风险。
- 在供应关系中管理好势力和依赖性等问题，对于采购人员而言是很重要的。
- 信息风险与数据安全、知识管理等紧密相关。信息保证是控制与信息有关风险的过程。

- 标准的风险管理模型有六个阶段：识别风险来源、评估概率与后果、制定风险管理战略、分配责任、实施战略，监督、报告与调整。
- 风险登记簿是用一种结构化的方式，记录所有可能的风险。

 **自测题**
括号内数字为参考答案所在段落。

1. 合同管理的目的是什么？（1.2）
2. 请列举供应风险和市场风险的可能例子。（表 8-1）
3. 列举可能给合同履行带来风险的内部因素。（2.2）
4. 请举例说明 STEEPLE 因素如何影响供应商关系。（表 8-2）
5. 请描述可能产生法律风险和合规风险的因素。（3.1）
6. 描述可能产生履约风险的因素。（3.4）
7. 列出国际供应源搜寻中的特定风险。（3.5）
8. 请给出道德的和可持续的供应源搜寻政策的例子。（4.2）
9. 未能采用道德供应源搜寻政策的不利后果是什么？（4.4）
10. 列出供应商转换的成本与风险。（表 8.3）
11. 列出数据安全、知识管理和 IT 中的风险类型。（5.2）
12. 列出作为信息保证计划组成部分可以采用的一些措施。（5.8）
13. 风险管理周期中包括哪些阶段？（图 8-2）
14. "供应链图析"是什么意思？（6.9，6.10）
15. 列出风险登记簿的典型内容。（6.14）

第九章

合 同 管 理

对应大纲内容

3.2 解释有关合同履行的财务、技术和绩效数据
- 有关合同履行的数据资料
- 解析有关合同履行的数据资料
- 合同的行政管理

3.3 评价合同管理的责任
- 合同管理的责任：采购职责和非采购职责
- 合同执行计划与持续需求管理
- 合同管理的计划与监管
- 合同管理所需的资源

3.4 解释合同经理的主要职责
- 绩效管理与确保符合约定的标准
- 付款责任
- 风险评估与管理
- 制定合同
- 关系管理

引言

在第五章中，我们介绍了合同管理概念，即管理买方活动和供应商活动以确保合同双方履行他们签订的商业合同条款。

在本章中，我们将更详细地重点介绍合同管理的操作流程。我们已经在第五章至第七章介绍过合同履行和不履行的一些法律内容，在第八章介绍了一系列可能危害成功合同履行的风险因素。这里我们探讨合同管理中包含的各种活动，如何分配合同管理责任、合同经理（或合同管理团队）的责任，以及如何利用一系列数据来管理合同绩效（或者在考试的案例中如何解读这些数据，从而得出合同履行情况的结论及所需要的问题解决和调整）。

第一节 合同管理过程

1.1 正如第五章所述，合同的作用是对交易或商业关系中双方的角色、权利和义务进行规定。我们也在第五章至第八章介绍过，在很多情况下，由于误解或争议、履行问题、干扰的风险因素或不可抗力事件，使得任一方很难或无法履行其合同义务。

1.2 因此，一旦签订合同，就不是简单地说句"供应商现在会去做了"就行了。

- 不论哪一方，之后都还有跟进的义务和行动。（例如，为分阶段完成的工作分期付款，或者共担风险和质量管理活动的责任。）
- 如果产生了风险事件或意外，可能在合同中（或者可能没有）制定下一步的行动。
- 如果供应商表现出难于满足合同要求的或商定的标准（比方说，落后于进度计划,或者交付的品项比同意的缺陷率高,或者寻求价格变动),那么可能不得不采取补救或纠正措施,如加速或"赶工",或者更密切地监督和控制进程。

- 如果履行没能满足商定的条款和标准,关于继续解决争议、合同条款强制执行或获得补救(例如减少付款,或者就损害赔偿金提出诉讼),还存在许多选择方案。

- 在合同生命周期内,环境和要求可能会发生变化,因此不得不对合同条款重新协商、约定和修订。

处理所有这些问题是贯穿合同生命周期的一个持续的过程,即掌握整个合同的履行与合规性,这就是合同管理过程。

1.3 合同管理是一个确保合同双方履行其义务,确保交付想要的合同结果的一个过程。它还涉及买方与供应商在整个合同生命期建立和保持一个持续的良好工作关系。

1.4 合同管理对买方和供应商来说,都代表着相当大的投入。大多数采购文献的重点一般放在采购过程上,一直到合同的签订。当然,这是整个采购周期的一个重要组成部分,但它只代表了合同生命期内所发生的成本和收益的一部分。商业关系的许多增值结果(例如系统集成、协作成本降低和持续质量改进)都是在合同签订之后,在整个合同生命期内甚至更长的时期内,由买方和供应商合作实现的(我们将在第十章讨论)。

打好基础

1.5 合同管理过程应该尽可能早地开始。从评价潜在供应商的第一个阶段开始,就应当强调避免误解、对期望进行管理、保证过程能力、将问题风险最小化。在这种背景下,起草完善的采购规格和建设性的谈判同等重要。

在有些情况下，这一方法在供应商早期参与（ESI）的体系中被正式化，我们在第四章有过介绍。

1.6 与供应商的早期讨论和协商不应局限于采购合同或伙伴关系协议的条款与条件上。它有助于我们发现隐藏在议定条款背后的东西，这样每一方都知道另一方为了满足需求是如何开展运营的。这可能涉及对任何或全部下述事宜的讨论与澄清。

- 运营中各阶段的时间表。
- 人员计划：人员级别，估算的工时数，监督安排等。
- 与现场条件、运营和安全问题有关的规章和程序。
- 开具发票和付款程序。
- 买方提供设计、工具、设施等的责任。
- 供应商汇报进展的责任。
- 进展检查的程序和时间表等。

1.7 一旦签订了合同，买方就接受了如下持续的责任。

- **与供应商保持定期联络**，以检查进展，并且确保任何事宜与问题都得到讨论。我们在本章第二节讨论各种联络结构。

- **根据议定的条款和标准，监督供应商绩效**，确保满足了条款与标准。确保根据议定标准履行合同协议是供应商的责任，但是正如我们已经了解的，这并不意味着买方仅仅坐视不管就希望出现好的结果。合同经理（或管理团队）必须对合同履行保持积极主动的"兴趣"，如本章第三节所述。

- **激励供应商**。当供应商想到如果履行不好就会失去未来的业务，这会使他受到激励；但是买方可以对一贯高绩效的供应商提供更积极的激励和奖励。供应商激励常常是在更广泛的供应商关系背景下开展的，而不仅限于个别合同。因此，我们将会在第十章中，在这种更广泛的背景下讨论这一问题。

- **与供应商合作解决任何履行和关系问题**。我们在第七章讨论了合同争议的性质和解决，但也有些时候供应商陷入困境，需要得到帮助来解决问题或寻找解决方案。买方应当认识到自己公司的成功取决于供应商履行的能力。这一重要问题通常也是在更广泛的供应商绩效管理背景下考虑的，即不仅限于个别合同。因此，我们将会在第十一章中的"供应商开发"部分讨论这一问题。

1.8 合同管理涉及的关键流程和活动总结于表9-1。

表9-1 合同管理的关键要素

要素	说明
合同制定	具有法律约束力的协议的形成，规定了详细的商业条款、条件以及需求规格
合同沟通	合同文件和交付计划（和任何变更通知）的复印件应该发给那些日常管理合同的人员
合同行政管理	买方和供应商对程序的执行，确保合同义务得到了履行。这包括如下方面的程序： • 合同维护、更新和变更控制：确保合同变更得到双方的同意、批准、准确地用文件记录和实施，并确保所有版本和有关文件（例如预算和服务水平协议）相一致 • 成本和费用的预算和监控 • 采购支付流程 • 管理报告
合同绩效管理	• 风险管理：与用户和供应商合作，发现合同履行面临的潜在风险或障碍，以便对其进行管理或减轻 • 绩效监督与测量。服务水平协议（SLA）和 KPI 可以用来表示合同的预期产出。这些文件构成了操作工具（常常比合同本身更灵活），利用这一工具，买方和供应商的合同经理就可以日常测量绩效 • 持续改进计划。买方和供应商在合同生命周期内合作确定定期改进目标，解决绩效问题，发现新出现的机会等。可能需要对合同进行修订，以反映新的目标和协议，或者制订一个总的改进计划

（续）

要 素	说 明
合同绩效管理	• 供应商激励：对履行提供奖励与激励，对不履行进行惩罚与制裁 • 绩效管理：在进度或绩效存在问题的情况下采取问题解决和纠正措施；诉诸争议解决程序（按照合同规定）；采取补救措施减轻违约或不履行造成的损失或损害。 我们既可以在合同的基础上（通过合同的行政管理），也可以在"集合的"基础上（与该供应商签订的所有合同），对供应商绩效进行管理。我们将在第十一章中在更广泛的背景下讨论绩效管理
关系管理	通过定期联络、沟通和信息共享；建立并运用供应商激励；管理并解决冲突；建立协作与互相支持的方法等，发展买方与供应商之间的工作关系 既可以在合同的基础上（为了某一特定合同履行而对关系进行优化），也可以在"集合的"基础上（为了未来的合同与业务发展而对关系进行优化）开展关系管理活动。我们将在第十章中在更广泛的背景下讨论关系管理
合同续订或终止	到合同期结束时，买方的合同经理不仅应该检查合同和关系的成败，而且也要检查供应需求的状态 如果需求持续存在，合同已经被当前的供应商令人满意地履行了，转换供应商（例如利用一个更创新的供应解决方案）或者再次引入竞争（例如利用竞争定价）并不会带来直接的价值，那么就可以续订合同 如果需求已经满足，或者已经改变，或者当前供应商绩效不那么令人满意，则可以终止合同（见第六章）

有效合同管理的好处

1.9　合同与供应商管理获得的很多成本节约和改进，都要依靠合同授予之后采购方和供应商的共同合作来实现。如果采购组织对合同管理不善，可能会发生下列不利结果：

- 供应商可能被迫接管合同履行和问题解决，导致不平衡的、不能服务于买方利益的决策。
- 不能在合适的时间（或在根本不合适的时间）进行决策，来保护或优化绩效。

- 买方与供应商缺乏理解，不能履行他们的义务和责任，从而导致合同履行状况欠佳。
- 可能存在误解，导致过多的争议，损害双方关系。
- 进度缓慢（因为没有订单跟催），或者不能向前推进。
- 无法实现合同预期的收益与价值。
- 错失提高绩效、增值和获得竞争优势（这些是合同管理的整体目标，如第三章和第四章所述）的机会。

1.10 另一方面，积极的、主动的合同管理具有如下好处：

- 改进合同制定与管理中的风险管理（尤其是在动态的供应环境中，要求持有最低水平的库存，这给可靠的、风险受控的供应商绩效带来了压力）。
- 提高供应商的合格性和承诺。
- 促进和推动日常关系发展与绩效改进。
- 增加价值（来自有效的合同管理和履行）。

1.11 事实上，组织为什么没有做到成功地管理合同，其中有很多原因，包括：

- 没有很好理解或者低估了合同管理的作用与价值，例如在那些持有较高水平缓冲库存的传统行业。（理论上，可以将供应商中断供应的风险降至最低，但是以一种非常低效的方式。）
- 合同可能起草得太不完善，没有发现可预见的风险和问题，留下了漏洞和误解的地方，或者没有将关键利益相关者（例如用户、执行者和预算持有者）的需求考虑在内。
- 分配到合同管理的资源不足（人员、信息系统、时间、技能发展）。
- 可能将不当的人员分配到合同管理中，导致买方和供应商团队之间缺乏和睦，产生人际冲突。

- 买方可能未能建立有效的绩效测量指标，或者未能监督并检查绩效。
- 重点可能只放到了当前的安排上，而没有关注于可能的改进和关系发展上。
- 合同管理程序不合理（例如关于供应商发票的支付，关于需求的变更，关于实施版本控制等）。
- 跨职能合同管理责任之间缺乏协调，导致问题的产生（例如不能支付或对检验的责任有争议）。
- 双方在签订合同的时候，未能评估可能的风险、意外和变化：合同可能无法管理或减轻风险，或者在面对条件变化的时候不够灵活和不合理。

第二节　合同管理的计划与治理

合同管理的治理

2.1 "公司治理"（Corporate Governance）这个术语泛指一套规则、政策、过程与组织结构，组织以此进行运作、控制与监管，以确保遵守可接受的道德标准、优良实践、法律与法规。

2.2 治理机制，例如确定的责任与责任制、正式的沟通和汇报渠道、政策和程序等，对任何商业活动都是必不可少的。事实上，治理在合同管理中尤其重要，这是因为负责签订和管理商业合同的个人：

- 是在跨职能和跨组织岗位上开展工作，这要求有健全的协调、沟通与控制机制。
- 是在"保管工作"岗位上开展工作，负责保管股东（或者企业的其他

第九章 合同管理

资金提供者和所有者）拥有的资金与资产。

- 可能控制着非常大规模的组织资金。
- 在供应源搜寻和合同管理过程中，有很多机会进行金融欺诈或者为了个人利益滥用系统或信息（例如确认交付数量，这可能涉及偷窃、对库存过高的或过低的估价，或者虚开发票；或者批准支付货款，这可能涉及资金挪用）。
- 对组织在其与供应链伙伴交易中的形象、可信度和信誉负责。

2.3 我们将介绍一些合同管理治理方案，侧重于考试大纲中提到的问题，即需要明确合同管理的责任。考试大纲中的专门名词可能会在这儿让你混淆。在考试中，确保你能区别有关如下的问题：

- **合同管理责任**（Responsibilities for Contract Management），即谁对管理某一指定合同承担首要责任。
- **合同经理的责任**（Responsibilities of a Contract Manager），即合同经理做什么工作，或者合同经理岗位的工作范围是什么。

考试大纲 3.4 "解释合同经理的主要职责"实际上是指后一个问题，而非前者。

合同与沟通结构

2.4 出于合同管理的目的，对采购组织及其供应商之间的联络进行分配和安排的方式多种多样。首先问及的一个问题是：在采购组织和供应组织之间，应该有多少联络点或"接触点"。

- 当一个买家想与供应商联络的时候，他是否有一个与之打交道的对口联络人（例如一位客户经理），或者一个服务于不同目的的不同联络人的通讯录。

- 在有关的接触点上，采购组织中是否还有其他人（例如用户部门、财务部门、进货部门）也在与供应商联络，或者是否所有联络都是经由采购员、采购经理或合同经理（买方与客户经理相当的角色）完成的。
- 合同管理主要是一个采购岗位，还是一个非采购岗位。

2.5 一般情况下，协调或集中所有联络是有益的。**单点联络方法**（SPOC）是指供应商任命一个指派的供应商一方的合同经理或客户经理作为与客户的唯一沟通接口，同时，有一个对应的、买方任命的采购员、合同经理或供应商经理作为"看门人"，控制与供应商组织的所有交易。这有某些优点，尤其是对于相对小型、集中的运营模式来说更是如此。

- 人们清楚他们的联络人是谁。
- 在"一站式购物"服务水平中（而不是从一个部门转移到另一个部门）可以增加价值。
- 降低了由不同联络人发布的需求或信息出现不一致或彼此冲突的可能性。
- 提高了合同和关系管理的责任感和责任制。
- 与同一个人的重复联络，可以使我们随着时间推移建立起友好融洽和信任的关系，以此作为深化关系的基础。

2.6 实际上，在更广泛的供应商关系管理背景下，"联络人"可能执行了一系列不同的角色：产品和服务开发中的供应商早期参与；合同谈判；绩效监督与管理；特殊交付或付款催交；问题解决和争议解决；获取反馈并给出反馈；商业人脉；关系发展和伙伴关系；等等。这些联络中有些涉及不同的职能、商业单元或运营场所，仅通过一个唯一的联络点来发送所有信息、服务于所有目的，可能是效率低下的。随着市场、组织、供应链和产品与服务的复杂度日益加大，SPOC方法变得越来越困难。

2.7 有一种替代的方式,即经由**多点联络**的分散式联络,这种方式有下列优点:

- 供应商关系有着多种多样的输入,各有其不同的目的、不同的专门知识层次(这样,供应商可以根据产生的问题,与不同的人士对话,例如商品专家、设计师或工程师、质量经理、物流或库存经理、法律或合同专家或财务人员)。

- 当单联络点超负荷的时候,避免了沟通"瓶颈"。

- 在关系、知识和服务方面有更好的连续性,不会因为一个联络点离开或不可用而受影响。

2.8 坎农(《采购政策、战略和程序》,2005)提出,不同职能在合同管理活动中都有责任。

- 法律和财务专业人员提供合同签订与合规性方面的技术性建议。

- 财务或核算职能分析成本、管理预算,处理发票和付款。

- 内部客户或用户职能与供应商联系处理运营问题,例如交付进度计划和质量管理。

- 采购部门涉及商务决策、谈判和签约、合同解释、合同绩效与供应商关系管理。

2.9 产生合同管理"联络点"的其他业务过程包括:

- **业务评审**。关键供应商受邀参加业务评审会议,既为了提高沟通的质量,也为了帮助供应商制订未来计划。

- **指导委员会**。关键供应商受邀参与公司供应链发展指导委员会。这里的目标是利用供应商的技术专长,通过引入外部输入达到平衡,并且促进供应商对变更管理和持续改进倡议的支持。

- **绩效测量指标**设计。通过请供应商参与,在其形成过程中对"供应商的声音"给予应有的关注。买方努力实现双向的绩效哲学以获得供应商的支持。

- **多职能协作**。供应商参与，既可以通过正式团队成员身份，也可以通过不那么正式的支持与参与，借助团队与关键供应商之间更高质量的信息交换，有可能实现更高的团队有效性。
- **新产品开发**。供应商早期参与（ESI）是一种客户-供应商接口技术，其中，供应商的知识与技术被结合到公司的新产品设计中。ESI 的目标是第一次做正确，缩短产品面世时间，降低项目的成本。

2.10 为了最好地利用这两种方法，并且使每种方法的缺点最小化，最优的做法可能是经协调的分散式。换而言之，你可以建立多个联络点和沟通渠道，但要确保通过建立有效的跨职能信息共享和关系管理体系，跨多个联络点和沟通渠道发送的信息是一致的和连贯的，例如通过跨职能采购团队、跨组织新产品开发团队和项目指导委员会，以及数据库信息管理系统。

采购角色还是非采购角色

2.11 采购职能应当参与供应合同的制定，在适当的情况下应当与有关运营或用户部门及其他专业利益相关者（例如工程、法律和财务部门）进行协作。

2.12 可是，不一定要由采购职能承担持续的日常合同管理的责任。

- 治理与沟通效率要求，合同管理的首要责任应该落在那些需要与供应商有最多合作、协调和信息交换的职能上（以便避免通过"第三方"看门人发送信息所造成的延迟与误解）。
- 要管理技术上专业的、复杂的合同，可能需要专业知识和专长。比起采购专业人员，运营部门的用户或者专业的支持职能部门可能对供应风险、质量、服务和成本问题和技术术语有着更好的理解。

2.13 所以,举例来说,采购可能会将 IT 系统开发与安装合同签订后的管理工作移交给 IT 经理,或者移交给系统安装和运行所在的部门或商业单元的经理(或者在一个合同管理团队中兼而有之)。类似的逻辑也适用于如下供应合同:专业零件和组件(由运营职能管理);HR 服务,例如招聘与选拔,培训与发展(由 HR 职能管理);安全、餐饮或清洁服务(由设施经理管理);等等。

2.14 另外,在项目计划部门或项目管理团队中可能带有合同经理团队(例如,尤其是对于复杂的项目)。

合同经理

2.15 任命专门的"合同经理"是构建和协调买方与供应商之间联络的一个常见方法,以实现特定供应合同管理的目的。合同经理的角色大体上是确保合同双方在合同期限内履行他们协议的条款。我们将在下面的章节介绍这一角色及其典型的职责。

客户经理

2.16 在更长期的关系中(超出了特定供应合同的范围和期限),构建联络的另一种方式是利用"客户经理"(Account Managers):或者是买方的人员,或者是供应商方面的人员,或者二者兼有,他们负责代表自己的组织管理和协调全部的关系。

2.17 客户管理植根于客户关系之中,营销组织会指派人员来管理与关键客户的关系。举例来说,你可能比较熟悉的有银行和广告公司。现在,这一概念已经应用于供应商关系之中（对于"关键的"供应商，例如由细分和排序工具识别出的那些供应商，见第二章）。

2.18 客户经理的角色（在买方，可能被称为"供应商经理"）一般会包括如下任务。

- 管理供应商与买方之间、供应商与买方的内部客户之间的方方面面的关系，充当他们之间的联络人。
- 管理项目和关系过程（联络结构，跨职能团队协作，沟通渠道，协作进行计划、决策和冲突解决机制等）。
- 充当关系中所有内、外部利益相关者的联络与信息点。
- 充当与高级管理层关系的支持者（例如，为项目推荐供应商，向高级管理层汇报关系或者获得高层对伙伴关系的支持）。
- 保证根据议定条款和标准交付货物与服务（也许要与合同经理联络）。
- 通过维护友好关系、建立信任并积极主动地管理紧张和冲突，对关系的发展进行管理。
- 鼓励供应商坚持议定的标准或 KPI，并且寻求关系持续期间绩效的持续改进（例如推动并获得供应商对成本缩减、持续改进或创新计划的支持）。
- 从关系中监测、检查并吸取教训。

2.19 因此，客户经理需要具备许多技能和品质，例如，所采购的产品或服务方面的知识，客户或供应商及其交易历史的知识，对合同的理解，项目管理技能，良好的人际和人脉技能。

2.20 客户或供应商客户管理的优点包括：

- 对合同履行、计划与规格的变更进行更好的控制。
- 在供应关系持续期间维持沟通，有可能的话，随着时间的推移，建立商誉、信任并深化合作。

- 更高的响应性与更快的问题解决速度，组织具有唯一的、熟悉客户及其潜在问题的联络中心。
- 通过有计划的改进和管理完善的关系与工作流，实现增值。
- 有能力及早预测绩效和关系问题，并在它们变严重之前就加以解决。

2.21 客户管理需要额外的投入，因此并不是对所有供应链关系都是必要的或可行的。它一般仅适用于关键客户（高价值、高频率、高地位），战略性的或关键的供应品（像卡拉杰克矩阵识别出的那样），战略性的或关键的供应商（像帕累托分析或关系能力分析所揭示的那样）或需要改进或发展的关系（像供应商排序矩阵明确的那样）。

执行发起人

2.22 为了进一步强化与关键供应商的接口，一些组织引入了"执行发起人"（Executive Sponsors）的角色。一般情况下（但不是唯一的），执行发起人是买方组织内的一名高级主管，对组织与指定关键供应商之间关系的发展负有全面的管理责任。

2.23 执行发起人一般来自采购职能外部，他对跨职能活动以及采购职能管理的特定关键供应商开发项目进行监督。从供应商的角度看，执行发起人提供了买方组织内的高级别联络点，显示了买方组织的承诺以及对该供应商关系价值的重视。

2.24 理想情况下，在各自的组织之间应该建立一个强大的执行官级别的同盟，以支持战略性关系和项目。买方与供应商的执行发起人至少每季度开一次会，检查关键供应商开发倡议进展及其在实现议定的关系目标上的成败。

2.25 执行发起人角色的主要职责如下：

- 协调与关键供应商的内、外部互动，承担全面供应商绩效和关系发展的责任。

- 保证跨所有联络点组织战略目标与供应商开发目标之间的一致。在与关键供应商打交道时，应该引进业务连贯性，由此提高信任，并且增强供应商对关系投资的意愿。

- 积极推动买方组织内部和供应商组织内部的关系同盟概念。

- 评审双方共同启动一些关键行动所取得的成果，这些行动应当给关系带来增值并确保达到了预定的期望。

- 化解关系障碍，在这种关系中不可避免地会不时地产生互相冲突的需求。当各自的核心团队不能解决这些冲突的时候，执行发起人应该帮助寻找一个可接受的解决方案。

- 提出未来关系发展的意见与建议。

第三节　合同经理的职责

合同管理的资源

3.1 对于较小的合同，一个人足以完成所有的合同管理职责。对于更大的合同，可能需要一个合同管理团队。评估针对要管理的每个合同所提议的管理结构，并确保具有足够可利用的人力资源来完成工作，这是很有必要的。

3.2 合同管理团队的规模可能在合同生命周期内的不同阶段会有所不同，合同早期阶段常常需要投入更多的管理时间。

合同经理的职责

3.3 买方的合同经理（或合同管理团队）的主要职责如下：

- 充当所有合同商务和法律沟通的唯一联络点。
- 维护合同绩效测量的规格（例如 SLA 或 KPI）。
- 监督合同绩效和报告综合服务水平。
- 将买方的利益告诉供应商。
- 监督合同履行与管理。
- 对于产生的任何问题，根据与供应商的协议，确定并采取纠正措施。
- 在发生违反合同条款的情况下，与供应商协商补救办法。
- 必要时，将合同争议升级到更高的层级。
- 对合同规格修订与更新进行维护。
- 给其他职能的运营经理提出建议并提供支持，对他们有所影响的合同日常管理和监督工作可能会被移交给他们（如前所述）。

3.4 供应商的合同经理的主要职责如下：

- 监督合同履行。
- 发现并管理例外情况。
- 将供应商的利益传达给买方。
- 对客户的需求变化作出响应。
- 对于产生的任何问题，根据与买方的协议，确定并采取纠正措施。
- 在发生违反合同条款的情况下，与买方协商补救办法。
- 必要时，将合同争议升级到更高的层级。
- 根据规格，履行并管理合同。

3.5 如同客户经理，有效的合同经理需要具备一系列项目管理、行政、决策、问题解决和人际技能（沟通、谈判和冲突管理）。他或她也需要在合同签订、性能规格及测量、预算编制、采购以及针对这些任务中每一项任务的特定组织政策、程序、体系和文件等方面，具备深入的、广泛的知识。

3.6 我们已经解释了合同管理涉及的核心流程（如表 9-1 所示），但是总结一下考试大纲提到的特定责任要点，还是很值得的。

合同制定

3.7 合同制定（Contract Development）包括合同条款及有关文件的谈判、起草和同意，例如：

- 产品或服务规格，或者其他商业需求说明书（例如投标邀请函或报价邀请函）。
- 服务水平协议和其他协议（例如在持续改进目标方面的）。
- 定价和交付进度计划。
- 归档需要（例如健康与安全记录、供应商人员详情、分包商的使用、质量和其他标准证书）。
- 供应商激励和绩效测量指标，用于绩效管理。

3.8 正如第五章至第七章所介绍过的，合同条款应该包括：确切的产品或服务规格，议定的服务水平，定价机制，交付时间表，供应商激励和绩效测量，沟通渠道和争议解决程序，合同变更控制程序，议定的终止和移交战略，以及所有其他要求。

3.9 合同谈判应该通过清楚地指明互相的权利、义务以及工作方法，来支持持续的合同管理工作。

- 合同文件复印件应该发送给那些涉及合同日常管理的人员。
- 每发放一份复印件都应该进行登记，而且这些应该接受版本控制，以确保修正版和更新正确地包含到所有复印件中。

合同行政管理

3.10 合同行政管理（Contract Administration）关心的是：买方与供应商之间的运营关系；明确他们之间工作方法和实践的程序的执行；支持合同履行的日常管理和文书职能的顺利开展。

3.11 不应低估买卖双方合同行政管理的程序对合同成功、以及对他们之间关系的重要性。明确的管理程序可以确保所有合同各方都理解谁来做什么、何时做、如何做。

3.12 合同行政管理也需要适当的资源与治理。如果责任是在合同管理团队中间共担的，那么所有团队成员迅速地处理合同行政管理任务，尤其是在执行新合同安排的早期阶段，就显得特别重要。

3.13 我们将在本章第四节介绍一些关键的合同管理问题。

风险评估与管理

3.14 正如在第八章中所看到的，作为合同管理过程的一个环节，有些风险需要进行评估和控制。

- 合同或关系自身产生的风险因素。例如，一般情况下，诸如外包、唯一供应源搜寻安排、长期伙伴关系协议和国际供应源搜寻等供应源搜寻方法，会产生某些一般的风险。特定的合同或合同伙伴也可能会产生特定的风险因素。

- 影响合同或关系的风险因素,可能会危害到合同的有效履行。这类因素可能产生于合同履行所处的内、外部或关系环境之中。

3.15 在此我们不再重复第八章的内容,必要时我们会在这里做一个概括。关键的是,合同经理负有下列责任:

- 识别并评估合同风险,必要时与专业的风险经理和其他利益相关者合作(包括供应商和用户)。
- 建立并维护与某一给定合同的风险登记簿。
- 为了对已识别的和新出现的风险及早"预警",监测合同生命期内合同履行和环境风险因素。
- 利用合同制定程序,尽可能地将脆弱性最小化。(例如通过明确地界定需求和条款,建立保险、担保和保障的合同要求,责任分配,违约补救办法如规定的损害赔偿金、不可抗力条款等。)
- 利用合同管理程序(例如绩效和进展检查、信息和反馈共享、"问题管理"讨论和积极主动的冲突管理)来控制风险,并且将风险事件确实发生时它们的影响最小化(例如避免问题升级和争议)。

合同绩效管理

3.16 来自买方和供应商组织的合同经理应该定期召开会议,检查绩效、合规性是否达到了协商的质量标准和服务水平,检查合同规定的输出和结果的交付情况。

3.17 会议日程中有些主题是不变的(例如客户反馈、投诉日志、对照进度计划的进展情况),同时也有一些突出的项目。其他议程项目可能与检查期内的特定问题有关。所有会议都应该进行记录,并将明确的行动要点分配到供应商和买方组织中指定的个人头上。行动要点应该附上完成日期，并且随后对这些要点进行检查，并指出在下一次检查会议上强调的问题。

3.18 绩效监督与测量（在这种背景下，主要定义为与合同条款、规格、服务水平协议和其他经济协议要素等的合规性）是非常重要的，因为它有助于确保合同输出和结果的交付、确保威胁和问题在产生时（和/或在任何未来的合同中或改进协议中）就得到解决。

3.19 测量和管理供应商绩效的任务开始于合同谈判与合同制定。合同双方应共同确定明确的、准确的绩效测量方法与标准（例如 KPI）。像许多商业流程一样，供应商绩效评估构成了一个重复的周期，使得买方能够为绩效调整、改进目标设置和合同续订决策等提供定期的反馈。

3.20 在成熟的买方-供应商关系中，供应商希望参与定期的绩效检查和有关未来目标改进领域的经常性讨论会。我们将在第十一章详细讨论供应链关系内更广泛的绩效管理过程（超出了特定合同绩效的范围）。

关系管理

3.21 供应商关系管理涉及各种不同的责任和活动，对于较大的合同，这些责任和活动可以分配给合同管理结构中指定的个人或团队。即使管理关系的责任是分配给与管理合同相同的个人或团队身上，也应当确保具体的关系管理任务也得到完成，这是很重要的。

3.22 根据合同类型的不同，关系管理方法也各不相同。没有哪一种风格是适合所有合同或所有供应商的。对于一些非战略性的合同而言，更加战术性的甚至正常交易型的方法可能是适合的。对于长期战略性合同而言，则更加强调建立关系。我们已经在第一章和第二章详细讨论过这些要点。

3.23 在一段时间内，组织可能把合同给予一个供应商或少数几个供应商。转换供应商涉及的成本可能很高，而且不论在任何情况下，既然已经签订了合同，就不会轻易考虑转换。在合同期限内（并且常常超出期限之外）保持关系的正常运转，是符合组织利益的。（我们在第十章介绍供应商关系管理的长期性，它超出了任何特定供应合同的范围和期限。）

3.24 在管理合同绩效的过程中，来自买方组织和供应商组织的合同经理需要尽早合作。这种关系由于合同和服务水平协议而得到加强，但很大程度上取决于合同经理的能力，彼此互相沟通，像一个团队一样工作，交付合同规定的输出。

3.25 不论买方与供应商之间的关系多么和谐，问题总会产生的。所以，双方应该协商处理这些问题的程序；明确的汇报和升级程序有助于使关系不出问题。目标在于形成买方与供应商合作的一种关系，以确保发现问题，并迅速、有效地解决问题。

3.26 合同必须规定采取纠正措施的程序，例如，当目标绩效水平不能实现的时候。买方对不履行的应对措施，应该与这种合同违约的严重性相称。对于某些类型的违约，正如我们在第六章中所看到的，合同可能规定运用"规定的损害赔偿金"；这就要求建立程序来计算损害赔偿金，并加以贯彻。问题可能出现在许多领域，原因也可能多种多样，例如个性冲突、提交发票缓慢或不正确、支付缓慢、与合同行政管理程序有关的问题等。

3.27 如果争议不能在其产生的层级得到解决的话，则有必要求助于更高层级的经理。升级程序应该根据问题的性质和较低层级采取措施的结果，允许后续层级作出应对。升级的层级应该适合于买方与供应商之间建立的、在最低实际层级解决问题的那些接口。对于更加严重的问题，合同应该规定组织有权终止合同的情形。一旦出现这种可能性，合同经理就须征求高级管理层和采购（或合同）顾问的意见。

3.28 一般情况下，大多数问题在其演变为严重问题之前就应该得到解决；两方面的合同经理应定期召开会议，在问题发生的当下就提出来。在不能达成协议的时候，买方和供应商在诉诸法律行动之前应该寻求调停者的帮助。合同应该规定启动正式争议解决流程的程序，见第七章。

第四节　合同的行政管理

4.1 通常构成合同行政管理（Contract Administration）的基本程序包括：

- 合同维护、文件管理和变更控制（下面会进一步讨论）。
- 订购程序（例如在基本框架、体系或"按需分批发货"合同下）。
- 支付程序（下面会进一步讨论）。
- 预算控制程序（对照预算的估算值，记录实际开支、成本和费用，以便计算预算偏差）。
- 资源管理和规划。
- 管理报告。（例如关于进展情况，或者例外报告，即关于与计划、进度计划或合同之间的偏差。）

4.2 组织应该设计这些程序（必要时还有其他程序），以反映合同和所涉及两个组织的特定环境。

订单跟催

4.3 "订单跟催"（Expediting）仅仅是指"促进事情的进展"。如果买方对交付有所顾虑的话（因为供应商不那么可靠，或者因为按时交付很关键），合同订单就可能需要跟催。

4.4 "进展跟踪"（Progress Chasing）这一术语有时候可以取代"订单跟催"。它常常是指一次查询，例如进展到什么地步了，或者（更加常见）当订单延迟的时候看它到达什么地步了。事实上，这是一种被动的或"救火式"的方法，强调的是问题的解决，而不是问题的避免。在理想情况下，订单跟催应该发挥积极主动的作用，是合同管理中一个持续的组成部分，即应当采取有计划的步骤，确保供应商能够并且按进度计划交付供应合同规定的货物或服务。

4.5 并非所有订单都值得我们付出精力与成本去进行订单跟催，所以第一个要求就是先对交付进行排序，明确具有下面特点的那些订单：

- 交付问题上具有较高风险。（由于买方不熟悉该供应商，或者交付跟踪记录不良或者易变。）

- 交付问题的潜在后果较严重。（由于所购材料对生产流程或进度计划具有关键作用；或者组织的安全库存较低；或者由于没有替代的供应源或替代的供应品。）

4.6 其次，订单跟催任务由以下几部分组成：

- 确保交付截止期限和规格有清晰的规定，如果有任何变更，要沟通清楚并达成一致。

- 坚持项目和生产进度计划以及各时间段的材料需求（例如在材料需求计划系统中）。项目跟催员可能会维护关键路径网络图和/或甘特图，反映项目各阶段所需供应品的最优时间和最晚时间（对此，我们在本章下一节会介绍）。对于日常供应，一个简单的日志系统就足可以"标识"在某一指定天或周中，哪些订单需要订单跟催了。

- 监督或询问在关键阶段供应商的进展（避免"管理过细"），或者开发一个"例外报告"系统。（供应商利用该系统，通知订单跟催员错过的阶段截止期限或可能的已识别问题。)

- 与供应商协作解决任何已识别的问题。订单跟催员可能须说服供应商优先满足订单或本买方组织；提供帮助以解决生产困难；对于可能阻碍供应商的任何材料或信息，帮助进行供应源搜寻；等等。
- 要求得到发货通知，利用跟踪和追溯设施（如果可利用的话）来监督运输进程。
- 必要时，对不尽责的供应商施加压力。例如，提醒他们延迟交付是有惩罚的（例如规定的损害赔偿金条款），或者请高级经理参与问题解决或贯彻的讨论会。
- 必要时，利用应急计划来寻找备选的供应商、现成的库存或替代的货物，来满足延迟交付造成的临时性短缺。

文件管理和变更控制

4.7 合同关系会随着商业环境的变化而演化，合同关系也必须对变化进行应对。为了应对需求的变化，在通过正式变更控制程序并经双方同意的情况下，合同文件本身必须是可以拓展的。在变化发生的时候，应当首先系统地更新文件，而不是依赖于非正式的或口头的协议。

4.8 保持合同文件更新是一项重要的工作，但它不应该成为一个负担。如果能确保合同足够灵活，可以在不用变更合同文件的情况下改变需求和定价机制（在协定的范围内），那么就可以减少需要投入到合同文件工作中的精力。

4.9 应该制定相应的程序来保持合同文件更新，并且确保与合同有关的所有文件（和文件版本）都是一致的，或是经合同双方互相同意的。对于较大的或复杂的合同，或者涉及许多服务水平协议的场合，正式的文件管理程序至关重要。

4.10 应用文件管理（Document Management）的原则包括：

- 明确与合同有关的所有文件（包括合同文件、规格、KPI、进度计划、SLA、程序手册、道德准则、CSR 政策等）。
- 实施变更控制程序，并且确保未经适当的审批不得变更。
- 记录所有文件的状态（当前的或历史的、过程的或最终的、审批过的或待审批的等）。
- 保证文件和文件版本的一致性。

4.11 尤其重要的是，合同签定后的需求变动或需求增加应该得到谨慎的控制。例如，在许多情况下，产品或服务订单仅仅是通过合同经理提交的。在其他情况下，特别是在预算和采购转移到各部门的情况下，业务经理可能有权在规定的预算和技术约束范围内提交订单。我们需要正式的审批程序来确保只有那些经过商业论证的新需求被添加到合同中。

4.12 需求、程序或合同的变更可能会影响供应商绩效并增加成本。变更控制的规范和管理是合同行政管理的一个重要领域。变更控制程序应该包含在合同之中。对于变更控制过程中，合同双方各自的角色和职责，以及提出、评价、核算和审批变更要求的程序，必须有明确的界定。

4.13 尽管在特定的情形下（例如授权的预算容忍水平，在此范围内，合同经理不用寻求高级管理层的审批），存在某种可利用的、授权的或缩短的程序，但是应该有一个唯一的变更控制程序来处理所有变更。这种程序应具有处理意外变动的灵活性（例如额外的、紧急的需求，或者为了给处于现金流困难的供应商提供支持而达成的分期付款协议）。

管理报告

4.14 绩效报告和管理信息要求应当在合同谈判之前与谈判期间就已经明确,并且在合同执行期间进行确认。在合同生命周期内,信息要求是有可能发生变化的,合同应该足够的灵活,能够反映这种变化。

4.15 可能的话,应该利用供应商自己的管理信息和绩效测量系统。我们需要的可能包括所有绩效测量方面的信息,也可能仅仅是例外情况,即绩效与预期发生差异的情形。"例外报告"(Exception Reporting)可以将买方评估绩效所需的时间减至最少,并确保将重点放到最需要关注的领域。

4.16 我们将在本章最后一节介绍与合同绩效有关的数据的利用。

支付责任

4.17 作为提供货物或服务的回报,供应商按照规定条款获得货款是买方组织的一项基本的合同义务。如第六章所述,在不付款或延迟付款的情况下,供应商对于买方的违约可以采取法律补救办法。

4.18 因此,合同经理的一项关键职责就是,确保相关的预算持有人按照规定的条款和进度计划审批并进行支付。

4.19 在简单的供应合同中,采购部门负责合同的行政管理,供应商会送来发票或付款申请。采购人员应当检查:它是否与订单或合同一致(关于协定的价格、分期付款进度和支付条款方面),是否与有关的所收货物的文件或服务日志一致(确认货物或服务是否如约交付);然后,要么向供应商询问出现的不一致情况,要么同意支付发票货款并将发票交给会计部门处理。

4.20 对于更复杂的合同，合同经理可能不得不分析一系列数据，例如成本、定价约定、货运交付、有关的分期付款等。他的角色是要核实付款理由，以便建议有关预算持有人可以审批支付，而不是自己操作支付过程。

4.21 发票应该在议定的交易条款规定的期限内报销，一般是 30、60 或 90 天。信用期既给买方，也给供应商带来了现金流问题。买方为了获得现金（或者赚取存款利息），希望尽可能晚地支付货款；而供应商也想获得这些收益，尤其是它已经发生了提供产品或服务的成本，因此供应商希望尽可能早地获得货款。

4.22 按约如期为供应商报销发票，是道德贸易的一个组成部分。它也影响着买方是否能成为供应商眼中富有吸引力（或者没有吸引力）的客户，影响着与供应商的长期关系。没有理由地不付款，会导致供应的中断，直到事情得到解决，或者受到供应商采取法律措施的威胁。屡次拖延付款或者发生付款争议，可能会严重地损害买方的可信性、供应商的忠诚度和承诺（并因此损害未来的可靠性和质量）。在最坏的情况下，会使买方很难找到愿意与之做生意的供应商。

4.23 银行系统安全、便捷。商业上的付款常常是通过银行系统的电子信用转账来完成的。（但是有一个缺点，支付一般是按照支付周期，在每个月固定的日期转账的，这就有可能造成给供应商的延迟支付，或者阻碍了买方获得及早付款折扣。）

4.24 另一种付款方法是利用公司信用卡或采购卡完成付款，这就使得我们可以将日常采购授权给用户部门员工，从而在低值采购的支付和交易成本方面更有效率（例如按需分批发货订单或按目录采购）。但这也可能造成非采购专业人员"特立独行的"花费，除非有某种保障措施，例如信用卡使用方面的开支限额、批准的供方名单等。

合同续订或终止

4.25 到合同期末的时候,买方组织的合同经理应当参与企业召开的全面的项目结束或合同结束评审会。如果企业的需求仍然存在,那么合同管理团队处于一个有利地位,通过它在当前运营要求方面的实践知识,对要求规格的更新或更改提出建议。在大多数情况下,不论是与现有的供应商,还是与新的供应商合作,都不建议在下一个合同(续订)期纯粹再次利用相同的要求规格。

合同后的教训管理

4.26 合同管理团队(或者跨职能评审团队)应该有意识地回顾合同的历史与结果,从一系列合同利益相关者那里收集反馈信息,例如在合同履行和管理中哪些做对了,哪些做错了,怎样才能把事情做得更有效率、更有效果,从合同中可以得到哪些新的知识或教训,并且可以用到未来的合同和签约过程中。

第五节 合同绩效数据

5.1 我们将在第十一章研究"供应商绩效管理"的广泛内容(即超越单个具体合同的要求,对持续的供应商关系中的绩效进行监督与评估)。

5.2 这里我们只是强调一些与特定合同绩效可能有关的具体数据。很明显,在很大程度上,这取决于每个合同的性质和特点。考试大纲在这部分的要求,不是能识别、讨论或解决数据类型,而是解释与合同绩效有关的财务、技术和绩效数据。换句话说,可能会给你提供与案例情节有关的此类数据,

要求你解释并分析所给的数据,以便识别出:

- 与协定的绩效水平、标准、成本或进度计划之间存在的**当前偏差**,这需要与供应商共同解决问题并确定要采取的纠正措施,其他绩效管理技术(例如应用激励和惩罚来提高供应商的绩效),或者通过这些手段不能获得满意的话,寻求针对合同不履行的补救办法(见第六章)。
- 过程不一致(例如质量保证过程失败)或趋势(例如延迟交付升级),反映了如果不采取预防或纠正措施,与协商的绩效水平、标准、成本或进度计划之间会产生**未来偏差**(或者当前偏差的升级)的风险。
- **进一步的信息**,是为了从可利用的数据中得出结论所需的信息,服务于问题解决和绩效管理的目的。这也可以用作采取合同管理措施的基础,例如用于过程审计或评审,或用于跟供应商方合同经理的讨论。

与合同绩效有关的数据

5.3 根据合同及有关合同文件的性质和特点,将可用以监督和评估合同绩效的一些数据总结如表 9-2。

表 9-2　与合同绩效有关的数据

财务数据	• 供应商报价,招投标文件,价格、服务费和费用明细,支付条款和其他可获得的说明,如"价格"包括(或者没有包括)哪些项目?它是怎么计算出来的(例如根据市场价格)?它是多少(假设固定的、商定的或报价的)?它怎么支付?何时支付?(例如信用条款和条件,以及分期付款的依据)。这些数据对监督价格偏差或变动以及审核数额和明细(审批付款)至关重要 • 供应商成本分解(如果可以获得的话),建议的成本增加——这可能会(或者可能不会)影响到给买方支付的货款和费用,要看定价协议的性质而定 • 反映供应商财务状态和稳定性的数据(例如流动比率、正现金流的证据)。这应该是合同签订之前对供应商资格预审的工作内容,但可能也是合同管理风险监督过程的一个环节(见第八章) • 预算控制数据,反映了对照预算估值,实际的合同成本和开支

（续）

财务数据	• 由于延迟、缺陷或其他不符合造成损失的记录或估算，以便对从价格中扣减损失、评估损害等提供支持
技术数据	产品或服务规格以及实际提供的产品或服务详情可能（取决于类型和细节）包括： • 要在规定的环境和条件下以规定的水平实现的功能（性能规格）或者要交付的输出（输出规格） • 设计与工程合规性（技术或设计规格，例如工程图样、设计或蓝图） • 化学或物理属性，或者所包括的材料（成分规格），或者不包含在内的材料（例如受到控制或禁止的材料，例如石棉或含铅颜料） • 品牌名称和/或所提供的模型 • 要复制的特性（例如在按样品的规格中） • 公差（可容忍的与规格之间偏差的"余地"）：工程公差可能非常小，而服务公差可能较大一些（例如"五次振铃"回答呼叫） • 所提供货物的市场等级（例如对于大宗商品） • 适应于该物品的国家标准或国际标准（例如尺寸、安全性、测试方法和其他质量参数），或对该物品或者对供应商及其流程的要求，如要求经过相关标准的认证或审核（例如 ISO9001 质量管理标准或 ISO14001 环境管理标准） • 维护性和可靠性要求（考虑资产安装与使用所处的条件规格） • 包装规格（包括必要时对运输保护的特殊安排） • 供应商向用户提供的信息，例如说明书，或者安装、操作和维护方面的建议
绩效数据	• 交付截止期限和进度或协议（例如对于分阶段项目里程碑，或者寄售货物的交付） • 交付截止期限所依据的估算前置期和项目（或生产）计划和进度计划。对这些进行监测可能会让我们发现，如果中间里程碑错过了，或者存在进度"拖延"，那么会存在错过交付截止期限的风险 • 项目资源计划（例如甘特图）反映了可能的瓶颈，或者供应商没有足够的资源或生产能力来维持所需生产速度的薄弱环节 • 来自供应商报告的以及买方实际监测的关于实际进展（与协商的计划和进度计划相比）和实际绩效（与协商的目标、标准和关键绩效指标相比）的广泛数据

对供应商报告的要求

5.4 杜布勒等人在《采购与物料管理》一书中提出，作为合同签订之前讨论的一部分，双方应作出约定，由供应商及时提供绩效信息，包括（与特定情形和特定合同有关的）：

- 项目或合同的组织结构图，清楚地表明合同管理责任和联络人。
- 项目计划，明确各时间段的重大里程碑（包括供应商主要分包商的那些里程碑）。
- 资金投入计划（对于激励合同和成本补偿合同），反映按月与按累积两种情况下估算的资金投入。
- 人力资源投入计划（例如反映资源分配的甘特图）。

5.5 对于复杂的或长期的合同项目来说，应该要求提供定期的进展报告，包括：

- 报告期完成工作的简要总结（技术进展更新、下一报告期计划完成工作的摘要、碰到的或预料到的问题、已经采取或计划采取的纠正措施、买方—供应商讨论总结）。
- 买方下一个期间所要求的所有行动项（如果有的话）的清单。
- 里程碑计划更新，反映实际进展与计划进展的对比（例如以甘特图的形式）。
- 资金投入计划更新，对照计划的资金，反映了实际的资金投入（例如以预算控制电子表格的形式）。
- 一份反映在可能影响绩效或增加风险的因素上有重大变化的报告（例如人事或机器维护计划变更）。
- 错过的里程碑通知单（或者进度拖延、成本超支）和恢复计划。

5.6 正如对待所有合同和供应商关系管理的方方面面一样，这种数据汇编起来代价不小，所以只有在已识别风险的重要性、通过利用所需的数据水平避免拖延的可能性和净节省额（经损益分析得出）等方面经过论证合理的情况下，才应当在这些数据方面进行投入。

解释与合同绩效有关的数据

5.7 这是一项应用技能，特别与案例研究中提供的财务、技术或绩效数据有关：

- 合同条款、规格、价格和交付进度计划、项目计划、里程碑、任何其他议定的要求指标、与双方特定的商业协议有关的条款和期望。

 - "实际的"所交付货物特性、引起的成本和费用、支付的价格、进展里程碑、达到的交付时间等，可能反映出商定的与"实际"发生的之间的偏差或不符合之处，或者形成的并需要管理的偏差或不一致风险。

5.8 考试大纲中并没有特别指明包含的数据类型，或者所要求的分析范围或深度。（例如它是否包括项目控制技术，例如关键路径分析或甘特图。）

5.9 对考试的一个建议是：特别注意那些反映绩效不一致、不符合或出现不符合风险的、能直接进行比较的各种数据（例如进度"拖延"或成本超支）。

本 章 小 结

- 签订合同并不是买方责任的结束。买方还必须对合同履行进行管理，以确保成功地完成合同。
- 合同管理的关键要素包括：合同沟通、合同行政管理、绩效管理、关系管理、合同续订或终止。
- 买方和供应商必须要考虑"单点联络"和"多点联络"的相对优缺点。
- 合同管理的所有细节并不一定总由采购人员负责，可能存在一系列不同的结构。

- 对于更大型的合同，更有可能是由团队而非单独的个人来处理合同管理事宜。
- 绩效的监督与测量要参考合同条款、规格、服务水平协议等来进行。
- 关系管理也很重要，并且超越了单个合同的绩效管理。
- 合同行政管理包含一系列任务，例如订单跟催、文件管理、变更控制等。
- 与合同绩效有关的数据包括财务数据、技术数据和绩效数据（例如截止期限、资源计划等）。

 **自测题**

括号内数字为参考答案所在段落。

1. 一旦合同签订，买方接受的持续责任是什么？（1.7）
2. 有效合同管理的好处有哪些？（1.9）
3. 列出合同管理的关键要素。（表9-1）
4. "单点联络"是什么意思？（2.5）
5. 采购组织中的哪些职能在合同管理中有责任？（2.8）
6. 供应商客户管理的好处有哪些？（2.20）
7. 列出买方合同经理的运营责任。（3.3）
8. "合同行政管理"的意思是什么？（3.10）
9. 在合同管理背景下，升级程序是什么？（3.27）
10. 列出合同行政管理中包含的基本程序。（4.1）
11. 对于买方来说，为什么保证给供应商及时付款很重要？（4.22）
12. 请举出合同绩效有关的财务数据、技术数据和绩效数据的例子。（表9-2）

第十章

供应商关系管理

对应大纲内容

4.1 对比合同管理与供应商关系管理

- 合同管理与供应商关系管理的定义
- 单个合同管理与供应商关系管理的比较

4.2 解释供应商关系管理的主要方法

- 供应商选择
- 供应商开发团队的选择与职责
- 供应商绩效测量

4.4 解释关系改善的方法

- 关系评价方法

引言

在本章中,我们将探讨供应商关系管理中包含的流程。

本章首先讲述供应商管理和供应商关系管理与合同管理的区别。供应商管理和供应商关系管理解决的是供应商和供应链关系的管理问题,而合同管理(见第九章)解决的是个别采购合同的管理问题。

然后，我们讨论关系生命周期（在第一章曾经介绍过），探讨管理下列各项的问题、方法和技术：新供应商的选择与采用、供应商激励与绩效管理、关系进展和满意度评估、关系"成长"的管理（发展与深化）、关系问题、衰退与结束的管理。请再次注意，比起签约、合同履行和风险、合同争端的管理（第五章至第九章的内容），这些是更广泛的概念，换言之，长期的供应商关系超越了某一特定供应合同或采购项目的执行。

本章集中介绍供应商关系的管理与发展。第十一章将讨论供应商绩效的管理与发展。

第一节 供应商关系管理

供应商关系管理与合同管理

1.1 本书第五章至第九章已经覆盖了考试大纲合同绩效和管理的部分。尽管在管理供应商和供应商关系的时候，需要用到许多相同的结构、技术和方法，但是重要的是要清楚地区分"合同管理"和"供应商关系管理"。

1.2 大体上说，合同管理关心的是个别供应合同的管理，而供应商关系管理关心的是对供应商关系的管理。这看起来显而易见，但是含义颇深。

- 供应合同与供应商关系不一定是一一对应的。买方组织可能会签订少数几份供应合同，但却可能有一个非常广泛的供应商基础，其中有些是正处于合同关系中，有些则不是。另一方面，组织可能有一小拨常规供应商，与他们中的每一个都签订了一定数量的供应合同，可能是同时签订的，也可能是在一段时期内分别签订的。

- 单个供应合同可能期限较短，并且一般都有固定的期限（需要续订）。

但是，与供应商的关系却是持续的、没有终点的和长期的，换而言之，关系是持续性的，着眼点在于随着时间推移，与供应商签订一系列供应合同。合同管理与一般的交易型供应源搜寻方法有关，而供应商关系管理则是长期的、合作型单供应源搜寻和伙伴关系方法的一个特征。

- 合同管理的焦点是保证双方遵守合同议定条款，涉及之前章节中讲到的"合同履行"（或不履行）。供应商关系管理的焦点是更宽泛地评价、评估、发展、完善、利用供应商的能力和绩效，为买方组织当前的和未来的战略目标作出贡献，例如利润率、客户价值、竞争优势（或市场份额）、创新、可持续性和业务发展。合同管理焦点是"合规性"，而供应商关系管理的焦点是"贡献"。

- 合同管理中关系管理的内容同样也是以合同履行为中心的，所以很大程度上局限于如下方面，如促进履行与合规性的沟通和数据共享，维护合作和治理的机制，解决合同履行过程中出现的关系问题和冲突，管理合同争议等。供应商关系管理的范围可能要广泛得多，包括决定哪种关系是想要的或有益的，深化关系与信任，协商关系的价值，发展一体化和兼容性，发展长期伙伴关系，管理关系的变化、衰退和终止。

- 供应合同的条款在理想情况下应是详细的和清楚的，可以作为管理决策与行动、例外报告、订单跟催和问题解决等的指导。供应商关系的条款与价值则不是那么明确的，即使建立在关系宪章或伙伴关系协议的基础上也是如此，需要随着时间推移对此进行协商（正式的或非正式的）。

- 合同管理虽然很重要，但它基本上是一种操作性的活动，而供应商关系管理则是一种战术性的或（作为供应链管理的基础的）战略性的活动。

供应商管理

1.3 "供应商关系管理"常常可与"供应商管理"这一术语互换使用。我们从下述供应商管理的定义中可以看出，这两个术语之间具有高度的一致性：

- "是采购的一方面工作，涉及供应商基础合理化、供应商的选择、协调、绩效评估、潜力开发，以及在合适的情况下建立长期协作关系。"（莱森斯和法灵顿）
- "为了获得关系带来的额外价值与收益而对供应商进行的管理。"（CIPS）

1.4 关注企业的供应商和供应商关系，需要将供应商和供应商关系管理与一些有关的概念区别开来，例如：

- 合同管理，强调对供应商在合同期内履行某一特定供应合同的管理。
- 供应管理，强调对供应过程和采购周期中操作层面的管理，即保证供应品有效地流入与流出组织，并且满足"采购的五个适当"。
- 供应链管理，强调整个供应链内流程与关系在战略上的整合（见第四章）。

1.5 在本章中，我们介绍一系列在成熟的供应商关系中的操作问题，以及如何获得供应商的合作，也就是日常供应商关系管理的方法与技术。

第二节　选择和管理新的供应商

供应商资格预审

2.1 供应商评估和资格预审的目的在于确保潜在供应商有能力履行合同并且达到相应的标准。这一过程可以避免成本、时间和精力的浪费，从而带来增值。如果我们按照最低价格的原则把招标合同授予某个供应商，但结果他的产能或者技术能力满足不了要求，或者其体制、价值观与买方格格不入，又或者财务状况堪忧、现金流出现问题甚至破产倒闭无法完成工作，那局面将非常尴尬。

2.2 宽泛地说，资格预审（Pre-qualification）就是划定一个评判标准，对供应商做一个初步筛选，只让那些满足特定的最低能力、产能以及兼容性标准的供应商来参加投标或者参与某个供应源搜寻过程。具体方法可以是设定一些要求，比如预备一份经批准的供应商名单，也可以采取一事一议的做法，只向一些经过筛选的供应商发出投标和报价邀请。

2.3 设定供应商资格预审名单可以减轻招标采购中的前期调查工作，因为买方已经知道批准名单上的任何一位供应商都已通过了评审，能够满足相关要求。在那些将日常性采购事务移交给用户部门的单位中，这一做法更有帮助，因为那些用户可能不具备评估、筛选新供应商所需的专业知识，有了这张名单，他们只需在经过专业采购人员评估预审的供应商中进行挑选就可以了。

2.4 资格预审也是将定性的选择标准（例如社会与环境指标、企业文化兼容度、创新意识等）融入供应商筛选过程的一个重要机会。而如果将这些放在最后的筛选决策中，就会影响过程的清晰性、公平性、竞争性以及经济性原则（这基本上都是基于量化指标，如最低价或者最佳价值）。

供应商评估

2.5 不论我们是否把它作为一个单独的步骤，不论我们称其为资格预审、初步筛选、还是短名单，对于供应商的评估或评审总是必需的，目的就在于在开始谈判或者其他供应商选择与合同授予过程之前评判其能力水平以及适合性。

2.6 在以下几种情况中我们会进行供应商评估（Supplier Appraisal）：某位供应商可能申请加入批准的供应商名单；也可能某位采购者要询购一些以前没有买过或者现有供应商无法提供的东西。无论属于哪种情况，买方的目的都是确保潜在供应商能够履行合同，满足相应的标准。

2.7 全面的供应商评估费时费钱，所以并非对所有新供应商都得这么做（例如对那些一次性、标准化或者低价值的采购可以不必如此）。但是莱森斯认为对于战略性或者非标准的物品、重大的高价值采购（如资本性设备）、有可能建立长期伙伴关系、国际供应源搜寻和外包（因其风险较大）、事关供应商开发以及质量管理（评定需要改善的方面）的项目，这种评估尤为重要。

2.8 在供应商评估的计划阶段，采购人员必须考虑如下问题。

- 评估的目的（取决于供求态势、采购的重要性、该过程可以占用的时间和预算等）。
- 需要评估的供应商数量。
- 所要使用的过程的范围、严格程度、正式程度（取决于当前已经获取的信息多少、采购的重要性等）。
- 该过程可以占用的时间（取决于供应商的位置、能否现场访问、采购的迫切程度等因素）。
- 该过程所需的资源（包括人力资源，例如多专业评估小组、信息采集和档案管理所需的人手）。
- 供应商对该评估过程可能的看法和反应。
- 成本效益分析：是否值得进行这一过程？

评估内容

2.9 供应商评估包括的因素可能广泛而复杂，只要是买方认为很重要或者很希望了解的因素，都可能包括进来。评估标准应当依据采购方的具体情况以及采购类型而定。在采购类书籍中有一个广为引用的"10C"模型（原框架为雷·卡特尔提出），我们修订引用如下：

- 供应商履行合同的能力（Competence）：它是否能够生产所需类型的物品或提供所需类型服务；它具有什么管理、创新、设计或其他相关能力。

- 供应商满足采购组织目前和未来需求的产能（Capacity）：例如，供应商能够处理的数量是多大（它的生产能力）；它管理自己供应链的有效性如何。

- 供应商对关键价值要素（如质量、服务或成本管理）和与采购组织保持长期关系的承诺（Commitment）。

- 有现成的控制系统（Control Systems）用以监控和管理资源与风险。例如，遵守采购方所要求的程序、规章或体系的意愿；质量或环境管理系统；财务控制；风险管理系统；等等。

- 现金资源（Cash Resources）：确保供应商的财务状况和稳定性，如供应商的盈利性、现金流状况（是否有运营资金支付其账单、购买材料并支付工人工资）、拥有的资产、负债、其成本的结构构成与分配，以及它的总体财务"健康"状况。这些因素反映供应商履行合同的能力。如果供应商的业务亏损并资不抵债，则可能会带来交付或质量问题，甚至导致严重的供应中断（及复杂的法律问题）。这些因素也会影响供应商能够索要的价格。

- 在交付和改进质量与服务水平的过程中的一致性（Consistency）：例如可靠性的"跟踪记录"或"过程能力"（可靠的过程、质量保证与控制）。
- 成本（Cost）：供应商所提供的价格、全生命成本和资金价值。
- 供应商与采购组织的兼容性（Compatibility）：在文化（价值观、职业道德、工作方法、管理风格等）和技术（流程、组织与IT系统）方面是否兼容。
- 合规性（Compliance）：符合环境、企业社会责任或可持续性的标准和法规。
- 有效沟通（Communication Efficiency）及相应的支持技术：以支持供应链中的协作与协调。

2.10 我们可以通过各种途径获取供应商评估和资格预审用到的信息：运用由供应商填写的评估调查问卷；精读供应商的财务报表和报告；检查供应商的证书、资质、质量奖、政策说明等；设法从现有客户那里征求意见；检查产品样品或工作情况。

2.11 当根据这些方法确定了潜在合适的供应商时，买方可能会进行供应商审计、现场访问或能力调查，来检验和深化数据。现场访问是指派一个跨职能评估小组（可以由采购、质检以及工程等方面的专家构成）到供应商的厂里去考察。整个团队根据他们的所见所闻共同作出批准或拒绝的决定。供应商访问可以用于以下目的：

- 核实供应商在评估问卷中所提供的信息。
- 更加详细地考察和讨论供应商的设施、人员、设备、过程（特别是质量管理）和产出。

公共部门的供应商选择

2.12 《欧盟公共采购指令》(在英国法律中落实于《公共合同条例2006》)规定了超过一定财政阈值的公共机构采购中选择供应商的方式。

2.13 除特殊情况例外,公共机构一般必须使用竞争性招投标程序,对欧盟成员国广为发布投标邀请函,向所有潜在投标人提供关于合同、选择标准、所采用任何非价格标准的权重(例如环境或社会可持续性)等方面的公平的信息。有详细的合同签订程序来确保合同是通过公开竞争授予的。一般情况下,买方须选择最低价或"经济最有利标"。有时允许采用其他程序,如对投标人的资格预审(限制性程序),或与潜在供应商的对话以形成更为复杂的解决方案(竞争性对话程序)。

2.14 更详细的内容超出了本考试大纲的范围,有关内容可以参考《供应源搜寻》。

供应商评估对关系的意义

2.15 有时候,之所以进行评估,是因为供应商要求被加到合格供方名录中去,或者表达了对选择性招标的兴趣。在这种情况下,最好调动供应商积极参与资格预审评估过程(例如自评估调查问卷、现场访问和生产能力调查)。

2.16 可是,如果资格预审最初是由买方提出的,则潜在供应商的反应不一定很积极。出于种种原因,供应商可能不太愿意进行评估,如表10-1所示。

表 10-1 供应商为什么可能不欢迎评估

供应商不愿意评估的原因	买方可以采取的步骤
某一特定供应商可能发现买方的业务没有吸引力	评估该业务对潜在供应商的可能吸引力，可以借助于一些工具，如供应商偏好模型
供应商可能之前与这家或其他买方有过糟糕的评估经历	强调评估过程公平、透明，以免供应商是在单纯地浪费他们的时间
供应商对该选择过程不太确信，可能怀疑其他一些供应商有"内线"或者买方并不认真的	关于选择过程是如何运作的，给供应商提供这方面的全面信息，并且告知供应商各阶段的进展情况
所提议评估的时间安排可能不方便	保证供应商具有足够的时间来准备评估，避免安排在明显的供应商业务高峰期。如果供应商提出了不同的时间表，应当加以考虑
供应商可能认为评估过程昂贵、费时（认为它可能不会最终带来可盈利的业务）	确保尽量简化评估工作，与获得所需的信息相一致。作为评估的一部分，可以考虑试验订购
供应商可能在评估中对保密信息的共享小心翼翼	准备签署保密协议

评估后提供反馈

2.17 依照供应商评估和选择过程的最佳实践，买方在详尽的资格预审或评估之后应当向所有的相关供应商提供反馈。对于成功通过了资格预审和评估的供应商这是理所当然的，但是那些落榜的供应商也有资格要求知道买方是如何评估他们的，他们又是为什么未能通过审查或赢取合同。

2.18 建设性的反馈流程将会：

- 向供应商提供有助于提升绩效和竞争力、有利于未来业务发展的信息。
- 给供应商一些收益，让他们为评估过程的投入能有所回报。
- 让供应商对买方的评估和选择过程留下一个正面的印象，让他们对未来的供应源搜寻或者招投标抱有信任和信心（也就是不让潜在供应商对未来的业务招标避而远之）。

第十章 供应商关系管理

- 有助于在买方和未来的潜在供应商之间维持良好的关系。
- 有助于维持买方在供应市场中公平、积极、合乎商业道德、供应源搜寻过程透明度高的声誉。

批准供应商与新供应商管理

2.19 批准供应商（Supplier Approval）是指："经过评估过程之后，对某一特定供应商能够满足买方特定标准和要求的认可。审核可能针对一次性的交易，或者可能意味着供应商被列入批准的供应商名录中。"（莱森斯和法灵顿）

2.20 一般情况下，批准一个全新的供应商应该仅针对一年期限，然后进行审核。没有达到绩效标准的供应商应该从合格供应商数据库中删除，而那些一贯符合标准的供应商则可能逐渐从"批准的"升级为"首选的"，甚至有可能成为"唯一供应商"或"供应伙伴"。

2.21 对新的供应商，必须支持他们通过关系的早期阶段。双方之间应建立双向的沟通机制，双方面都要建立信任，并且确保共享所有必要的信息以便促进最初的绩效。（双方都可能有很多东西要从对方身上学习，并且有一些假定和期望需要加以管理。）在最初阶段，对绩效要严密监督，以确保符合当前的供应合同和规格，促进问题解决并在需要时进行调整；双方组织可能都会任命一位专门的合同经理或联络官来协调这一过程。

2.22 为了控制新关系不能发挥作用的风险，有可能进行试用或试点项目，或者签订短期合同，在初期不用作出较长期承诺的情况下，测试供应商。

2.23 有一些更复杂的问题，例如控制供应合同从出局供应商到新供应商的移交，这些问题超出了本考试大纲的范围，不过会在后续的采购课程学习中涉及。

第三节 激励和管理供应商绩效

供应商激励

3.1 所谓"激励"就是人们计算是否值得投入能量和资源以求达到某个特定目标的过程。它同时也指一方对另一方的此种计算施加影响或支持、促使其参与或追求某个目标的过程。比如说，领导激励团队的方法有，对绩效突出或者进步很大的个人提出表扬、表彰或者发放奖金。与之相类似，买方也可以嘉奖那些很好地达到了标准要求、提升了服务水平或在其他方面创造了价值的供应商，这也是一种激励。

3.2 激励可以是正面的（胡萝卜），给予供应商希望的奖励和回报，让他们感觉值得付出额外努力以追求上佳的表现或绩效水平。激励也可以是负面的（大棒），以处罚和罚金相威胁，让供应商觉得有必要改善表现或提高绩效水平以避免受罚。

3.3 你可能会想，绩效管理中真的还需要有供应商激励这个部分吗？买方手里不是已经有了具有法律意义的合同或者服务水平协议，供应商已经受到了法律的约束，这还不够吗？

3.4 确实，合同本身已经构成了供应商激励过程中的一个组成部分，因为它们具有法律强制力：合同中包含了对于不履行合同行为的处罚和罚金，对于这些，供应商当然是要力图避免的。但是这类条款所规定都仅仅是最低的或者下限标准。如果买方希望供应商能够兢兢业业、灵活应变、鼓励创新、主动解决问题、作出持续改进并且通力协作，甚至超出了合同所规定的程度，那就必须让供应商觉得这样做是值得的。如果你的激励就是单纯以满足合同为要求("合同怎么写你就怎么干"),那么你得到的绩效也就只是能满足合同要求而已了("合同怎么写我就给你什么,多的啥也没有")。

促进供应商的承诺与合作

3.5 想从供应商关系中获得更多收益的一个途径是提高供应商的承诺、合作和忠诚度。这可以通过许多方法实现:

- 供应商激励与绩效管理。在清楚的、共同确定的、在合同中写明的期望、规格、KPI 和/或服务水平协议的基础上,利用供应商激励(对于好的绩效)和惩罚(对于不良的绩效)。(我们将在第十一章详细讨论这些内容)

- 确保对绩效和关系的改进给予有意义的激励,并且在达到的时候给予奖励(包括非正式的认可、感谢和表扬)。

- 与供应商维持积极的、加强关系的联络与沟通,或许可以利用像客户经理这样的专门联络人来构建人际之间的合作和忠诚。

- 获得双方组织中高级经理的承诺与支持,对供应商组织内部的合作提供有影响的支持,且在必要时可以将冲突或争议升级到更高的层级。

- 培养个人联系和人脉,建立各方的信任和商誉。

- 进行道德的、建设性的、合作的和尽可能"双赢"的谈判,以解决关系和绩效问题;表现出理解供应商在问题和谈判中观点的意愿。

- 通过保持足够的业务量,使供应商有理由对关系进行投资,并且通过维持与供应商道德的、合作的、有效的、专业的与和谐的交易,做一个富有吸引力的客户(或者避免成为一个不受欢迎的客户)。如第二章所述,这可能意味着按时付款、公平处理争议、共担风险、公平获益、给供应商留出合理的利润率、合理地共享风险等。
- 让供应商参与合资和共同开发，包括协作进行产品开发、计划和培训，系统集成，收益共享等。这样，绩效提高对于供应商来说就和买方一样，也是"赢"家。
- 确保尽可能遵守互利互惠或"双赢"的原则。供应商给买方提供其想要的、符合其长期利益的供应，总能得到一些回馈。

供应商奖励

3.6 对供应商按要求标准履行和/或改进的奖励，常常会被写入合同和其他绩效管理文件之中。这类激励的目的是，通过提供更高的利润空间和一些其他想要的收益来激励供应商，作为对绩效改进或增值的奖励。

3.7 下面举了一些供应商奖励的例子，既有财务的，也有非财务的。

- 分期付款（项目完成后供应商才能够拿到全部款项）、绩效付款（部分款项与合同执行情况挂钩）或者提前交货提前结款（收货即付）。
- 设定具体的与认可或奖赏挂钩的关键绩效指标：续签合同或承诺将来继续合作；纳入批准的或首选的供应商名单；公开对供应商提出表扬；财务奖励（对额外的产出或每提前一天/一周奖励若干）。
- 分享收入、利润或收益（从节约的成本中拿出一定比例或金额来给供应商）。如果供应商的改进能够为买方创造更多价值、收入或者利润，那么不妨把这部分收益拿出来共享，这就是双赢。
- 许诺长期合作协议或者加大采购额。
- 把订货量固定下来或保证最低订货量，便于供应商安排投资和改进。
- 许诺长期业务协议或增加业务量，或者给予"优先供应商"地位。

（如第二章所述，事实上，这只有在买方也是一个"富有吸引力的"客户而且保持这种状态的情况下才能有效发挥作用。买方的行为需要是道德的、建设性的、合作的，否则供应商的激励会出现另外的结果：额外的业务不值得供应商如此麻烦地与一个棘手的、不道德的、延迟付款的或爱打官司的客户打交道。）

- 创新的机会。例如某个合同可以让供应商有机会实施或者创造新的解决方案，从而有利于他们发展壮大、打出名气。
- 对于产品或服务可以实行逐年减少的封顶价，促使供应商不断提高效率以保持利润率。
- 为产品开发提供支持（如培训或技术分享）。
- 实施供应商奖励计划，给绩效优秀的供应商公开褒奖。
- 正面反馈。如果对方确实干得很好，采购团队就要表示感谢和表扬（这种个人层面上的激励固然不足以保证企业的绩效，但也有很大的促进作用。没有人会愿意自己的努力被人视而不见甚至忘恩负义）。

3.8 为了有效促进长期的持续改进，重要的是激励应该：

- 平衡。不能只强调绩效的某一方面而导致其他方面受到损害，包括一些比较隐性的方面。否则就可能鼓励一些投机取巧的做法，例如通过牺牲质量来追求提高产量或降低成本的目标。
- 奖励标准要明确（是否应该得奖要让大家一目了然），但不能过于狭隘，以免因片面地追求某方面成果而扼杀了灵活性和创新，只重结果而忽视了方式方法也是不好的。
- 必须公平且易于监督。绩效标准必须明确，可以用双方共同认可的方法来客观测量。一旦达到标准就一定要予以奖励，不能朝三暮四，要给得大方痛快。

供应商惩罚

3.9 鼓励供应商达到绩效期望值的另一方法是让他们担心如果达不到预期就会受到惩罚。可以采用的惩处措施包括：

- 对绩效不佳的供应商威胁减小交易额。
- 威胁将对方排除出批准的或首选的供应商名单。
- 将糟糕的供应商的等级评分公之于众（点名批评）。
- 在合同中写明罚则，规定如果因供应商未能按要求履行合同导致买方损失的，买方可以提出索赔。

3.10 尽管惩罚手段可以让人不得不设法达到最低限的绩效标准，但其所促成的通常都是一些短期改进措施。根本问题往往得不到解决，双方关系必然受损。如果你希望得到的是长期的承诺、合作以及提高，那么还是"胡萝卜"比"大棒"更管用。

供应商绩效测量与管理

3.11 正式的供应商绩效评估具有多方面的意义。莱森斯和法灵顿认为供应商绩效评估可以起到以下作用：

- 帮助识别质量高、绩效优的供应商，从而有助于作出以下决策：①哪些供应商应当获得某些特定订单（或对于一个合同应当向哪些供应商发出投标邀请）；②一个供应商是应当在首选或批准的供应商名单中保留还是去除；③哪些供应商有潜力发展成更密切的战略伙伴关系；④如何在若干供应商之间分配采购支出以降低风险。
- 表明为了改进供应商的绩效应当（或需要）如何提升供应商的关系。（例如，评估采购的"供应商选择"和"合同管理"过程的有效性。）

第十章 供应商关系管理

- 有助于保证供应商履行他们在合同中的承诺。
- 为供应商提供一种激励,以保持和/或持续改进他们的绩效水平。
- 通过识别问题及其原因、或者识别需要得到支持和开发的领域,从而显著提高供应商绩效。

3.12 请记住,供应商评估(在合同授予前,目的在于选择供应商)与供应商绩效评估(在合同授予后,目的在于加强管控)有所不同。前者评判的是潜在供应商是否具有满足买方需求的能力,而后者评判的是现有供应商在满足买方需求过程中的绩效。

3.13 我们将在第十一章详细介绍供应商绩效测量、管理和提高的过程和技术,这些是提高供应商绩效或者用于供应商开发的工具,而不是改善买方与供应商之间关系的途径。

3.14 可是,还应当注意,建设性地把握绩效测量确实可以:

- 鼓励有意义的双向对话和信息交换,从而深化关系。
- 要求提供反馈,这创造了一些机会,进行表彰和奖励、建设性地和合作性地解决问题和发展供应商。
- 以改进供应商绩效为目标,并且在需要时买方为绩效改进提供支持。这是持续和深化关系的基本要求,否则关系会由于一再出现的问题、服务差距以及信任受损而恶化。

供应链关系中的信任

3.15 信任是指对另一个人或另一方的诚实、正直、能力和可靠性有信心,并且相应地采取行动。(例如通过将任务授权给他们,或者根据他们承诺会做的事情来进行你自己的计划。)在某种意义上讲,信任是一种赌博:你给予受信任方采取行动的自由权,如果他们实际上靠不住的话,这就给你带来了风险或成本。另一方面，这也是一种风险管理，你不会给你没有评估为值得信任的一方这种自由权或责任。

3.16 信任是公开、诚实沟通的关键的先决条件，而公开、诚实的沟通反过来又是积极的和加深的合作关系的基石。在商业关系中，信任常常建立在客观因素上，例如信誉、来自其他满意的伙伴的推荐，以及可依赖和兑现允诺的良好记录。在信任错位的情况下，也可能有某些形式的风险管理：不论双方认为彼此有多么值得信任，他们也会签订一个书面的合同，来明确（并且促使他们贯彻）他们对彼此的承诺，并且在任一方由于另一方使自己失望的情况下提供补救办法。

3.17 信任必须根据长期一贯表现出来的行动来获得。可以建立信任的行动包括：做好你说过你要做的事情；不要让另一方失望（例如由于违约、错过截止期限或未解决的问题）；表现出你理解并考虑了另一方的需要和顾虑；表现出一贯的正直；维护敏感信息的机密性；公开地、建设性地处理问题和争议；对处于困难时期的另一方提供支持；展示出信任另一方的意愿（通过分享信息）；等等。

3.18 你应该能够联想到会损害或削弱信任的相反的行动。明显的例子包括：违反保密协议；没能履行合同条款或允诺；隐藏另一方急于知道的信息；提供误导信息来操纵另一方；拒绝承担问题的责任；未能解决问题；行为不诚实（不论这是否会对另一方产生负面的影响）；对质量或交付绩效的不稳定听之任之；等等。

第四节　关系的评估

4.1 为了提供反馈以便学习和调整，采购必须评估它与某一指定供应商的关系是否令人满意，满意程度如何。这部分可能是由供应商绩效评估完成的，其基础是，如果供应商履行欠佳，那么买方-供方关系一定出了问题，或者对这些问题管理不善。事实上，买方-供方关系内容本身可能就是评估的对象，或者是采购自身绩效评估的对象。

4.2 应当针对供应关系的关键方面进行评估。

- 在一个关系的优先级、重要性和增值潜力一定的情况下，是否对这一关系进行了合适的管理（利用第二章介绍的一些模型）。
- 合同履行（在数量、质量、按时交付、服务水平、支付条款、争议解决等方面）以及合同管理的质量。
- 在进度计划（和进度变更）、规格、沟通和信息共享等方面的运营效率。
- 两个组织内联络人之间的和谐、信任、沟通和问题解决的质量。
- 公平地分担合作风险、成本和收益。
- 是如何有效地、积极地和建设性地解决问题和争议的。
- 在合同合规性要求之外，供应商展示出多大的增值意愿（例如通过灵活性、响应性、服务、优先待遇、创新性的供应解决方案、知识共享等）。
- 进一步发展关系和提供供应链增值或竞争优势的意愿与潜力。

关系映射

4.3 关系映射（Relationship Mapping）是分析、分类和排序关系的一种方式，从而可以确定哪些关系对于组织而言最为宝贵且有利可图，因而值得密集投入时间和金钱。

4.4 在采购领域中最为著名的关系映射就是卡拉杰克关系矩阵，即采购组合矩阵（见第二章）。这个矩阵可以用来评估一个组织与其供应商之间的关系类型是否合适，与所购商品是否匹配，资源在不同类型采购品之间的分配是否高效，从而将关系的收益最大化。

4.5 供应商偏好矩阵或供应商感受矩阵（见第二章）可以用来对与客户（包括内部客户和外部客户）之间的关系进行排序和评估：哪些客户非常宝贵值得投资，哪些可以"盘剥"，哪些应该趁早结束关系？也可以用它来评估采购方自己作为一个客户在供应商眼中的地位：是一个有吸引力而且很有价值的客户吗，还是有着沦为被盘剥或被终止的风险？能够提升吸引力（如在交易中更善解人意或者向供应商提供好处）或者提升业务量或业务额吗（如通过合并订单）？

4.6 关系生命周期（见第一章）也可以用来评价关系在利益相关者忠诚度、承诺和保持力等方面是否成功。

- 关系持续时间：供应商、客户和其他利益相关者处于与组织的关系中已经多久了？（它肯定是在做一件正确的事情！）
- 保持率：在一年、两年或更久之后，还有百分之几的供应商、客户或其他利益相关者仍旧保持与组织的关系？
- 流失率：在某一指定期间内，有百分之几的供应商、客户或其他利益相关者终止了与组织的关系？

买方—供应商满意度的图析

4.7 林德斯等人在《采购与供应管理》一书中指出，对于买方—供应商关系的评估经常不是那么泾渭分明的。不同的各方对于自己的成效会有着不同的看法。除此之外，在简单的交易中，买方的评估可能主要依据的是与供应商的销售代表之间的关系好坏，但在长期的伙伴关系中，评估却是过往和当前的绩效、人际关系、未来预期这几个方面均不可或缺。而且这样的评估结果是会随着时间而改变的。

4.8 林德斯等人提供了一个用于明晰当前采购方—供应商关系的框架。供应商和采购方分别按照从 1~10 给他们的满意度打分，如图 10-1 所示。

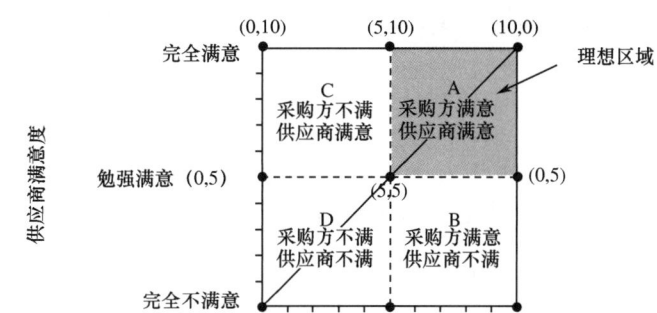

图 10-1　买方—供方满意度模型

4.9　下面来依次看看该模型的每个象限：

- 下面左侧的象限里面，没有人感到满意。双方都希望改变这种关系现状，或者干脆分手。
- 在下面右侧的象限里，买方至少还能勉强感到满意，但供应商却并不满意；而在上面左侧象限里，情况正好颠倒。在这两种情况下，不满的一方都会寻求改变或结束这种关系。
- 上面右侧的象限（理想区域）里，双方都相对感到满意，尽管或许还有着向终极理想状态（10，10）努力的余地，而在这个终极状态下，双方都对他们之间的关系完全满意。

4.10　图 10-1 中的对角线可以称为"稳定线"或"公平线"。沿着这条线上下移动表示双方境况的同等改善或恶化。越是靠近这条线的上方，关系就总体而言越是稳定（承诺、忠诚、延续下去的可能性更大），因为双方都不大有寻求更换合作对象的压力。

4.11　将供应商—客户关系标定在这个坐标图上，可以给双方一个探讨改进计划的起点。它关注的重点是满意度最低或者稳定性最差（导致供应风险）

的关系，这些关系最需要改进，改进的余地也最大。除此之外，它还可以作为关于某方或双方为何感到不满、如何加以改善的对话的起点。

4.12 下一个问题要问到：我们可以采用哪些技术来改变令人不满意的关系？林德斯等人将各种工具分为"冲突法"和"安抚法"。"冲突法"是指可能导致激烈变化并可能断绝关系的消极措施；"安抚法"是指更积极的、不那么剧烈的方法。如表 10-2 所示。

表 10-2 改变状态的工具

买方的"冲突法"工具	买方的"安抚法"工具
在没有提前通知的情况下，断然停止采购	答应大的业务量或长期承诺
拒绝支付账单	共享内部信息，例如在进度计划方面的
拒绝接受一批货物	表现出愿意改变行为
使用或者威胁采取法律措施	对于供应商的要求，迅速积极地响应，例如关于价格变化的讨论
卖方的"冲突法"工具	卖方的"安抚法"工具
拒绝按承诺发送货物	愿意对价格、交付等作出迅速调整
不通知对方，单边提高价格	邀请买方讨论差异之处
坚持不合理的合同期限、麻烦的升级条款等	尽早通知对方未决的价格、前置期等方面的变化

4.13 林德斯等人认为，"安抚法"工具更有可能用于 A 象限，用以进一步增加关系的稳定性。与此形成对照的是，"冲突法"工具的使用可能会实现短期目标，但可能损害未来建立稳定关系的机会。

第五节 关系发展与改进的管理

为什么要谋求关系的成长

5.1 关系生命周期模型表明，在周期的较早阶段，可能存在"沿"关系图谱的变迁，从一般松散的交易型关系到合作和伙伴关系。如第一章所述，买方组织可能出于下列原因希望关系得到发展。

- 需要在新市场上获得战略立足点，例如通过海外同盟或技术知识的共享。
- 目标、文化、技术或品牌等可能的协同作用（例如 PC 制造商在其产品上宣传使用了"英特尔"微处理器）。
- 与更少的首选供应商发展经常性的交易，从而降低供应商选择和交易的成本。
- 信息系统的可能集成，用于数据共享、信息流动、订单跟催等，并由此提高效率。
- 需要任一方（或者双方）投资于不能转移到其他关系（"资产特异性"）中的专门设备或系统，这样各方都希望确保关系的延续性以便能保护自己的投资。
- 市场风险，更具合作性的关系可以保障供应、质量等。

对关系深化的管理

5.2 我们在管理向长期伙伴关系的转变时，可能要考虑下列因素。

- 如果环境发生了变化，则有被"锁定"在长期关系中的风险，对此应当进行监督与管理。供应源搜寻的要求可能会发生变化，或者供应商可能出于某些原因，变得不再那么有能力来满足要求。
- 在组织之间的所有层级和联络点上，改善沟通。
- 执行或改进绩效测量，以确保实现目标和协同作用，并确保仍保持对持续改进和增值潜力的承诺。
- 确保组织之间在战略上、运营上兼容，即他们具有相同的价值观和长期目标（特别是在质量、环境和 CSR 等领域）。

- 对同盟目标的"权衡"进行监督，确保公平地分配收益与风险，并管理利益相关者的期望。

供应基础优化

5.3 "供应商基础"（Supplier Base）是指给一个指定买方供应货物或服务的所有供应商。常常以规模或范围（广泛的、狭窄的、单供应源的）、位置（当地的、本国的、国际的或全球性的）、特征（如多样化或专业化的）等来描述供应商基础。

5.4 一种积极的供应商关系管理方法是"拓宽供应基础"。组织可以对一种物品或一类物品的采购选择多个潜在供应商，将符合资格预审和批准的供应商作为能够满足要求的供应商，以此来管理供应风险。如果出现供应短缺或中断（例如由于一个供应商所在地区出现政治动荡或恶劣天气），或出现没有预见到的需求高峰（因此需要额外增加供应），或出现供应商失误，则组织可以利用已经建立的"备用"供应商关系。

5.5 拓宽供应基础的另一个好处是，随着环境的变化（无论对采购方还是对供应商而言），供应商变得或多或少地适应了采购组织，在其报价方面或多或少地有一些竞争性。扩大潜在供应商的范围可以为采购方带来更多机会：利用当时的最好价格、交易条款、质量、新产品和灵活性。

5.6 可是，更为常见的是，牢固的、协作性的供应商关系被用于"收窄供应基础"，这样可以使采购人员专注于更少数的几个经过开发的和可靠的供应伙伴。供应商基础合理化（或最优化）就是在大体上确定采购组织希望有几个供应商。我们在第一章中讨论过这个问题。

5.7 我们强调供应的安全性，由此你也许可以看出减少供应商基础的潜在风险。如果出现供应商失误（例如破产或名誉受损）、供应中断（例如由于

第十章 供应商关系管理

罢工、技术故障或自然灾害影响到该供应商或它的供应商)、供应商失去了友好与合作态度,那么过于狭窄的供应商基础使得采购方面临过分依赖单一供应商的风险。买方也会错过在更广泛的供应市场上寻找或使用新的或更有竞争力的供应商。像其他伙伴关系一样,也存在供应商伙伴变得不思进取和不再有竞争力的风险。

供应商分层

5.8 供应基础优化旨在达到如下两方面之间的平衡:①希望将管理一个大型供应商基础的成本和复杂性最小化;②希望将非常狭窄供应商基础带来的风险最小化。一个解决方案是,与少数信任的、合格的供应商建立更为紧密的、更长期的伙伴关系,这可能会影响供应链构建的方式,特别是在供应商分层的过程中。

5.9 假如一个制造商希望自己在增值过程中发挥更大作用,使来自外部供应商的贡献很小。例如,该制造商从许多供应商那里购买零件,然后通过一系列阶段将零件组装成产成品。这种情况下的供应链结构如图10-2所示。

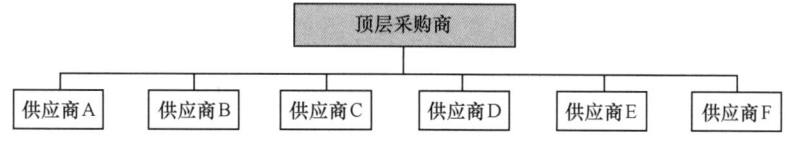

图10-2 顶层采购商完成所有的制造

5.10 相反,假如制造商认为将除了最终生产阶段之外的所有活动外包具有战略优势,那么这种情况下,它的直接采购关系(简单地讲)也许仅仅是与一个供应商或一个层次的供应商。每个一级供应商都在最终产品的制造中发挥很大作用,他们使用"二级"供应商,如图10-3所示。

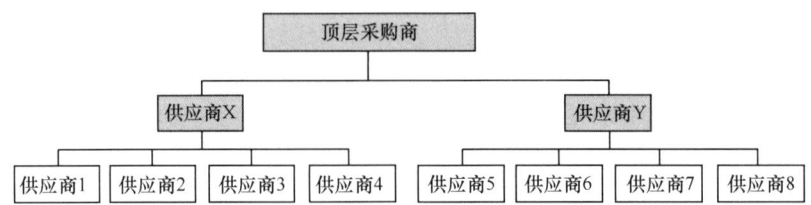

图 10-3 顶层采购商将大部分制造活动外包

5.11 为了减少一级供应商的数量（组织直接打交道的"供应商基础"），组织可能采取慎重的供应商分级政策。这是供应商合理化或供应链重构过程的一部分。组织只是直接与一级供应商打交道，二级供应商由一级供应商处理。

5.12 例如，在一个汽车制造商的生产中，顶层采购商是"原始设备制造商"（OEM）或装配商。它可能有 180 家不同的供应商直接供应。为了将其商务关系合理化，需要减少供应商基础，比如减少到 20 家一级供应商（分装配的专业制造商）。这些一级供应商需要管理二级供应商（部件制造商、金属加工件制造商等），他们需要代表该 OEM 从二级供应商那里采购所需的零部件。

5.13 显然，一个组织与其一级供应商的关系是很重要的。通常希望一级供应商与顶层采购商在整个供应链中协作增值（实施改进和消除浪费）并追求产品与过程的创新。由于只有少数一级供应商关系，因此顶层采购商可以集中于发展长期的、协作性的供应伙伴关系。

5.14 供应链分层对于顶层采购组织中供应商管理的影响如下：

- 对于一级供应商的供应源搜寻、选择和签约是一项关键的有战略意义的工作。它应该让一系列关键的利益相关者（包括高级管理层、采购和用户职能）参与。我们必须分配足够的资源和时间用于一级供应商的全面评估、选择和谈判过程。如果希望或必须（如在公共部门）采用竞争性供应源搜寻，那么应当在最后阶段才使用竞争，在此之前：①对进入短名单的候选供应商进行严格的资格预审；②谈判或对话，以达成合作性的解决方案与协议。

- 减少了需要管理的商业关系，因此采购职能可以将精力集中于管理、发展和改善那些关键的关系。这的确非常重要，因为大量的职责已经委托给一级供应商。

- 为了降低商业和声誉风险，采购人员仍然需要"深入"供应链的各个层级，监控政策、系统和绩效，以确保一级供应商的供应链得到了很好地管理。"深入"工作优先考虑的可能是风险管理，道德、环境和用工标准，质量保证和合规性。

- 买方可能会对一级供应商施加影响，要求其采用一些它自己现有的供应商作为分包商或更低层的供应商，以便维护业务关系和特定关系的投资和调整。

- 由于减少了采购人员的运作性任务和交易工作，因此采购人员有更多时间专注于更为战略性的问题与贡献（如可持续性供应源搜寻、全球供应源搜寻或供应商关系开发）。

- 与专业的一级供应商共享信息和协作，可以实施更多的、更好的供应链改进与创新。

伙伴式供应源搜寻的实施

5.15 "伙伴式供应源搜寻有限公司"制定了一系列步骤用以指导采购人员建立伙伴关系，可以将此作为一个很好的一般性指南，来指导建立与管理长期的供应链关系。（莱森斯等人总结了一个类似的过程。）

步骤 1：哪些市场，哪些产品和服务

- 明确你的供应战略。
- 对启动伙伴关系的各种服务进行识别并排序。
- 制订行动计划。

步骤 2：推销想法

- 向管理层推销。
- 向本组织其余的人推销。
- 向潜在的伙伴推销想法。

步骤 3：选择你的伙伴

- 识别候选的伙伴。
- 审查候选伙伴至今的表现。
- 界定选择伙伴的标准。
- 评估他们管理层对建立伙伴关系的兴趣。
- 理解他们的目标和战略。
- 选择伙伴进行试点项目，不要试图一次就发展太多的伙伴关系。

步骤 4：明确你想从伙伴关系中得到什么

- 就关系的风格取得一致。
- 对共同的目标取得一致（例如降低总成本，采用全面质量管理，零缺陷，JIT 或按时交付，共同研究与开发，实施 EDI，库存降低等）。
- 对于按照目标测量进展的绩效标准取得一致（例如服务响应时间，按时交付，库存价值，前置期，质量拒绝和退货，服务水平）。
- 就有形的联系达成一致（行政管理程序和联络程序，信息共享，合作领域，成本和风险的分配）。

- 就持续改进取得一致。
- 就退出战略取得一致（可能的关系破裂点，例如违反保密要求。如果到达关系破裂点，任一方可以撤出而不用接受惩罚）。
- 拟定简单的伙伴关系协议，对伙伴关系作出承诺。

步骤 5：使你的第一个伙伴关系发挥作用

- 将你正在做的事情告诉所有人，以赢得利益相关者的支持。
- 就监督和测量体系达成一致。
- 开始工作，建立共同改进团队。
- 建立关系。
- 对照目标，持续监督结果（并对企业整体取得的收益进行量化）。

步骤 6：完善与发展

- 检查与审计，发现改进和发展的领域。
- 将该计划延伸到合作的其他领域（或者更长的时间期限）。
- 为未来发展新的伙伴。

长期关系的问题

5.16 不论长期关系的结构怎样，随着时间的推移，肯定会出现某些问题。

- 关系生命周期概念是以如下假定为基础的：所有关系都有开始，然后成长到互相满意的成熟状态，随后衰退，最终结束。长期供应商关系有可能衰退（成长停滞或不成功）并最终结束。对这些过程，必须谨慎地加以管理，或者有意识地恢复和重建关系。
- 由于双方建立了可信赖的"跟踪记录"，所以人们假定信任会随着时间而加深。我们在本章下一节讨论这个问题。

- 由于双方已习惯于日常程序，享受着关系带来的安全性和稳定性，自满或"安逸"可能会随时间而成为一个问题。对于变革可能存在着抵触，并且没有动力去维持"高标准"的质量、服务和成本（如果竞争不太激烈）。采取下列行动是非常有必要的：制定关系的持续改进目标；监督并检查改进的进展；为保持优秀的绩效提供激励；确保供应商保持竞争力（例如通过每几年评审一次合同），或者对保持这种关系的价值进行某种形式的商业论证。

- 作为伙伴关系的一种体现，为了支持持续业务的安全性，可能会随时间而出现适应与集成的问题。这可能带来了依赖性问题，使任何一方在其有必要或想要退出关系的时候，都难以从关系中抽身，特别是如果为这种关系所购置的资产和生产能力不能轻易地转移到其他供应商或客户时，就更是如此。

第六节　管理关系的问题、衰退与终止

限制关系发展的因素

6.1 有许多因素，不论是在有关各方或关系自身的内部（内在因素），还是在外部环境之中（外在因素），都可能阻碍关系的不断发展，或者引起关系之中的问题。

6.2 买方—供应商关系中的差异、障碍和冲突的内在原因可能包括：

- 缺乏来自组织或采购职能中高级经理对某特定供应商或对某特定类型关系的支持（例如因为涉及的风险，不愿意进入伙伴关系之中）。
- 双方之间利益的冲突。这些冲突经常是由于价格和利润率等问题产生

的。买方希望获得可能的最低价格（或者供应商希望获得可能的最高价格），却以牺牲另一方的利润作为代价。实际上，还可能存在各种其他利益冲突。例如，一方可能想要签订独家供应或分销合同，而另一方则想扩展其供应或分销基础来使风险最小化。买方想让其供应商到低人力成本的国家去开展海外制造业务，而供应商不想承担这么做的风险与成本。

- 买方或供应商采用对抗性方法，尤其是在另一方想要进入伙伴关系中的情况下。
- 双方势力不平衡，弱势的一方被强势的一方剥削（或认为正在被剥削）。
- 缺乏信任，常常是由于不能共享信息或未能对关系作出承诺。
- 人事变动，不论是在高级管理层（引起政策的变化和丧失对关系的高层支持），还是在操作层面（造成建立起来的联络和沟通渠道瓦解）。
- 沟通故障。
- 屡次不能满足议定的条款（或者期望），造成不满意、冲突和缺乏信任的局面。例如，一个供应商一再延迟交付或产生质量问题，或者买方一再延迟给供应商的付款，或者就很小的合同争议告上法庭。
- 文化和价值观、流程和程序或体系和技术等的不兼容。
- 商业因素。例如，关系所涉及的风险和成本，业务对于每一方的数量与价值（现在的和未来的），关系投资和一体化的力度，现有协议的期限，备选供应商的可利用性。这些因素有助于确定公司维持关系（并且克服距离和障碍）的决心有多大，即维持现有关系是否更容易、更安全和更加节约成本，还是应当退出这种关系？

6.3 正如我们在第八章中讨论过的，外在的因素或环境因素也会影响关系。

对关系衰退的管理

6.4 我们再次审视一下关系生命周期，就会发现有时存在以下情况：内部的和外部的环境和要求发生了变化，从而关系不再那么赢利或增值；关系参与方中，一方或者双方变得对关系不再那么坚定；产生的问题给关系带来了障碍或距离。那么在"衰退"阶段，我们可能想要将关系从合作伙伴关系转变到松散型的交易关系（从不再赢利的关系中撤出资源），甚至是对抗性的关系（榨取可以从关系中获得的最后一点利润）。应当以一种负责任的和道德的方式从互相依赖的局面中撤退，对各利益相关者的期望进行管理，允许双方做好完全退出关系的准备。

6.5 从伙伴关系降级到松散的交易关系或对抗性的关系，在此过程中买方组织可能需要：

- 建立并加强务实的、客观的采购决策标准，辅之以明确的价格数据等。这有助于买方和供应商重建一种以商业和竞争为基础的决策和合同签订机制，而不是依赖于假想的（"安逸的"）优先关系。
- 重新界定以前分配来管理和执行伙伴关系的人的角色。
- 建立松散的交易型采购（例如框架协议或按需分批发货合同），以便将日常的采购和间接的采购交由用户或预算持有人部门来完成。
- 为日常性采购建立准确的价格库和质量要求，并为比较和合同签订提供清晰的指导方针，以便于用户部门进行采购。

合同关系中冲突的管理与解决

6.6 值得注意，在内部的和外部的供应链关系中，冲突并非总是负面的或破坏性的。冲突也可以是建设性的，当它的效果是：

- 澄清问题和权力关系。
- 将注意力集中到改进和问题解决上。
- 将误解、失望、敌对和抗拒公开，对它们进行处理（而不是日后爆发）。
- 鼓励对各种想法进行试验和质疑，避免"团组思维"和自满的风险。
- 强调改善沟通的必要性。

6.7 可是，冲突也可以是破坏性的，例如以下几种情形：冲突鼓励了防御性的或"破坏性的"行为；造成不满；观点极端，制造了沟通障碍；消耗了人们的注意力和精力，以牺牲任务为代价；升级到永久破坏关系的敌对状态（甚至法律争端）。

6.8 供应商管理和合同管理的目的是促进沟通，获得合作，将关系问题（特别是法律争端）的风险最小化。然而我们应该清楚，关系可能不会按计划发展，一方或者几方可能在一系列不同的情形下没能达到协议条款要求。在这些情况下，提前为冲突和争议解决做好计划，是一种合理的管理方法。

6.9 有许多冲突管理方法，必须根据具体情形来判断某个方法是否合适。不存在唯一的正确途径。在某些形势下，可以通过妥协实现最好的结果；在其他形势下，可能需要实施"非赢即输的"解决方案；在另一些形势下，寻求双赢解决方案的过程（不论最终结果如何）可能会有所帮助，尤其是在各方希望保持或修复持续的工作关系时。

6.10 管理和解决合同关系中的冲突也有许多正式的机制，要看关系的性质（例如希望维护积极的工作关系）、冲突的性质和"升级阶段"而定。我们在第七章详细介绍了这方面的内容。

关系破裂与终止

6.11 没有哪种商业关系会永远存在，尤其是在动态的商业环境中，战略方向和外部因素在不断地发生变化。供应关系的"最终"破裂可能由以下一些原因所导致。

- 买方或供应商战略目标或状况发生变化，结果另一方不再"适合"它的需要。例如，买方组织可能被迫将其产品现代化，并且比照其竞争者将其库存管理精益化，所以如果它现有的供应商不能或不愿意发展必要的创新能力和灵活性，那么买方可能需要寻找另一家供应商。更简单的情形是，买方停止生产某一特定产品（由于该产品的需求减少或者产品已经变得过时），因此不再需要该产品的材料供应。

- 进入市场的新供应商提供了现有供应商无法与之相比的产品、服务或条款。（例如由于降低人力成本或技术创新造成的结果。）

- 冲突、缺乏沟通或关系困境使得关系不那么有效、不那么值得进一步投资，或者表明对真正的同盟不再有承诺（从一方来说，或者从双方来说都是如此）。

- 供应商质量或交付绩效不佳，特别是在违约导致法律争端、造成买方与供应商之间严重不和的情况下。这种情况由于合同管理中出现自满现象而更加恶化，如果在改进承诺上没有达成一致，而且没有随时间实现改进，关系可能会"终止"。同样，如果买方管理不善，例如延迟付款或有争议的付款、变更通知太晚、没能提供信息或者违反保密规定等，也可能使之成为不受欢迎的或无利可图的客户。

- 经济因素使供应商或买方财务上不稳定或处于风险之中，这样另一方需要找到未来供应或业务的替代来源。

- 买方或供应商组织中管理、人事、文化或体系等方面的变革（也许是合并或并购的结果），造成另一方可能没有能力解决的新的不兼容性。
- 合同完成。双方决定，他们已经完成了他们在进入关系中时想要实现的目标，所以关系走向自然的、相互满意的终点。

6.12 终止（或者暂停）一个供应链关系的具体情形和原因，将决定我们应当如何处理该过程。在有些情况下，双方通过通知或协议（例如在合同期限结束的时候）相互终止或暂停关系，而在其他一些情况下，则有些对抗性或惩罚性（例如在供应商违约或履行不令人满意的情况下，或者在内部供应链中员工有不当行为时）。不论在哪种情况下，建设性地管理终止过程都是有益的，旨在：

- 保持未来关系的可能性。
- 从过去的关系中学习，以便改善将来的关系管理。

6.13 终止过程可能不太容易，尤其在长期的关系中已经发展出依赖性的时候。莱森斯等人指出了许多关键问题。

- 时机。不论何时，可能的话，终止应该与当前协议或合同期满相一致。对关系终止过早地提示会引起后续阶段的服务不好，而提示太晚可能又不道德。
- 关系方面。应当建设性地和专业地处理终止过程，以避免敌对和信誉损害，并在合适的情况下给未来业务留下可能。
- 法律上的考虑。这些在起草供应合同时就应该预料到，但可能需要进行谈判。终止一个协议可能会有财务上的后果。另外，围绕保密协议、退还资产或知识产权（例如图样或设计）等也可能会存在一些问题。
- 接管的问题。在终止一个供应商之前，组织应该采取步骤保证供应的连续性，例如提醒受供应商变化影响的内部各部门、调查并约定新的供应商、对从终止的关系中学到的经验进行反思以便改进未来的协议。

6.14 管理终止过程的一种综合性方法包括如下步骤：

- 界定行为和符合性的规则和标准：关于发生哪些违约、违反或不足可以终止或暂停关系，要清晰地界定并进行沟通。
- 制定违约或违反的补救措施或惩罚办法，并达成一致。
- 建立投诉和争议解决的正式程序。
- 给双方足够的时间和信息，为有关投诉的讨论做好准备。
- 对任何投诉提供调查和解释（回复的权利）的机会。
- 就发生争议时减缓或避免冲突升级的方法达成一致，如"冷静"期、调停等。
- 对关系方面给予关注，可能的话，实现维持建设性工作关系的长期目标。
- 提供准确的、平衡的、建设性的反馈。
- 认可目前双方完成工作的价值。
- 攻克问题，而不是人。
- 为合同的续订或更换制定改进目标（或者其他条件），这样大门仍旧开着，而双方的利益都得到了保护。
- 再次对所有利益相关者强调使用自由市场竞争降低成本并提高服务质量的优点。
- 必要时做好转换供应商的准备，有效地终止或暂停关系。

终止后关系的维持

6.15 根据关系终止所处的情形，应当适当地保持沟通路线的畅通。当关系激烈结束时可能不是这种情况，但是即使这样，采购和市场营销从业者也必须在他们对待其供应和产品市场的态度方面表现出专业化的水准。完全关闭企业间所有未来有利可图的关系的可能性，以这种方式行事从来都是不合适的。

6.16 一旦供应合同终止，组织可能仍想保持联络，或者在机会产生的时候，对未来的交易持开放态度。这在合同仅仅是令人满意地完成的情况下尤其重要，我们有理由认为双方能够在未来有效地、有利地合作。除了未来业务的可能性，还有一点考虑是买方希望跟上供应市场的发展，他们保持的合作性联络越多，他们就越能够了解最新的供应市场情况。

本 章 小 结

- 将供应商关系管理（一种更广泛的责任）与合同管理（涉及某一特定供应合同）区分开，是很重要的。
- 作为供应商选择过程的一部分，我们应该对供应商进行资格预审和评估。
- 卡特的 10C 是供应商评估的一个有用框架。
- 供应商并不总是欢迎评估。
- 供应商激励对于获得承诺与合作来说非常重要（超过供应合同要求的最低合规性）。
- 一种激励技术是为供应商提供奖励，另一种是进行惩罚。
- 买方必须对他们与个别供应商形成的关系进行评价，以确保在每种情况下都是恰当的。
- 林德斯等人提出了一个评价买方与供应商满意度的模型。
- 供应基础优化是指为了最大限度地利用供应商关系而对供应基础扩

展或收窄的一个过程。
- 常常存在一些障碍，限制和阻碍供应商关系的发展。
- 供应关系中的冲突可以是建设性的。可是，破坏性的冲突必须得到谨慎地管理。
- 即使供应关系结束了，维护之后的良好关系也是很重要的。

 **自测题**
括号内数字为参考答案所在段落。

1. 请解释合同管理与供应商关系管理之间区别的意义。（1.2）
2. 供应商资格预审的目的是什么？（2.1）
3. 列举卡特的10C。（2.9）
4. 为什么供应商可能不欢迎买方做供应商评估？（2.16，表10-1）
5. 列出提高供应商承诺和合作的方法。（3.5）
6. 举出供应商奖励的例子。（3.7）
7. 在评估与供应商的关系时，买方会考虑哪些方面？（4.2）
8. 请画出林德斯等人提出的买方—供应商满意度模型。（图10-1）
9. 为什么买方会希望沿着关系图谱从松散的交易关系转移到合作型关系呢？（5.1）
10. 买方为什么会引入供应商分层系统？（5.11，5.12）
11. 列出实施伙伴式供应源搜寻中包含的步骤。（5.15）
12. 列出发展紧密型买方—供应商关系的可能障碍。（6.2）
13. 在什么情况下，冲突可能是建设性的？（6.6）
14. 为什么有必要终止买方—供应商关系？（6.11）

第十一章

供应商绩效管理

对应大纲内容

4.2 解释供应商关系管理的主要方法

- 供应商绩效测量
- 设立绩效目标与评估方法

4.3 解释供应商开发的主要方法

- 供应商开发的方法
- 质量保证与全面质量的定义
- 质量改进的方法

4.4 解释关系改善的方法

- 持续改进
- 平衡计分卡的应用
- 价值流图析

引言

在本章中,我们总结教学大纲中有关供应商绩效测量、管理和改进等各个方面的内容。

我们从探讨供应商绩效测量过程开始：首先，确定供应商绩效测量指标和标准（包括关键绩效指标，即 KPI）；其次，探讨供应商绩效监督、检查和评价的方法；再次，介绍对标和计分卡等具体的技术。

然后，我们接着讨论供应商绩效管理和改进的一些流程，集中讲述质量管理和质量改进，以及在管理服务质量过程中的类似问题。

最后，我们特别考查供应商开发问题，包含提高供应商产能、能力和绩效的一系列方法。

第一节　供应商绩效测量

什么是绩效测量

1.1　供应商绩效测量是将供应商当前的绩效与如下各项进行对比：

- 已定义的标准绩效（例如 KPI 或者服务水平协议），以确立是否实现了目标绩效或议定的绩效水平。
- 以前的绩效，以发现趋势是恶化还是改善。
- 其他组织（供应商、采购职能）的绩效或者标准标杆，以便找出与最佳实践标准或者竞争对手相比还差在哪些地方，什么地方还可以进一步改进。

1.2　绩效测量很重要，因为它们有助于运作与关系的计划与控制：我们常常说"对什么进行了衡量，才能把什么管理好"。通过找出供应商目前的绩效与期望的或竞争对手的绩效、或与最佳实践之间有差距的地方，会促使绩效得到改进，供应商因而获得发展。这是一种重要的沟通工具，可以和利益相关者就他们应该在供应链绩效中发挥什么样的作用及目前做得如何等进行沟通。绩效测量指标，例如 KPI 可以被用来管理、激励和奖励个人、团队及供应商。

关键绩效指标

1.3 制定绩效目标和测量指标有许多不同的方法。这里我们简要介绍一些主要的方法。我们先从绩效指标开始。

1.4 KPI 是一些清楚的定性的或定量的说明，它定义了在一些关键领域（或对于一些重要的成功要素）适当的或期望达到的绩效，对照这些指标，可以对进展及绩效进行测量。

1.5 制定 KPI 的过程可以总结于图 11-1。

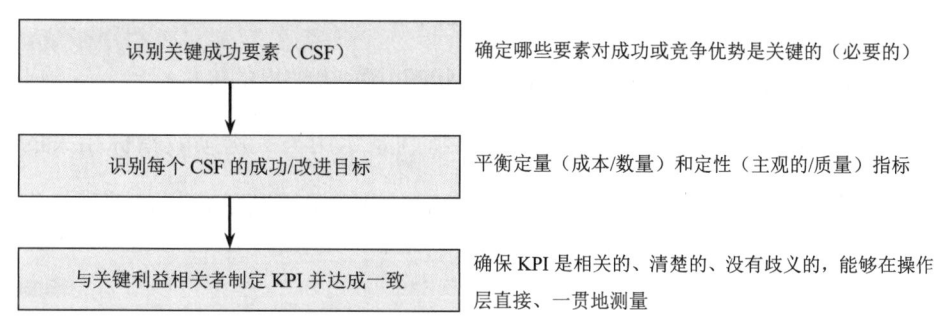

图 11-1 制定 KPI

1.6 KPI 的要点在于，通过现有的数据收集系统，这些指标所表述的绩效目标或者期望值，为我们提供了一种可以直接对操作层面的绩效进行细致的、一致的测量方式。只要可能，这些目标都会被定量，也就是说是"硬性的"、数字化的、统计上的或者基于事实的。它们可能是像成本数额（例如提供每次服务的成本，成本节约的数量）、时间长度（例如每次服务所用的时间）、产出的数量（例如每小时打扫的办公室数量，足量按时交付的产品的数量，所提出的缩减成本方案的数量）以及其他统计数据（例如足量按时交付的产品的比例或百分比,每一评审期内收到的投诉数量)。

1.7 不过,有些目标也可能是比较"定性的",也就是说是"软性的"、主观的,与质量或性能相关却无法简单地进行定量,所依据的数据也不是那么成系统(例如客户调查)。举例来说,你可能会希望评估客户满意度、供应商客户管理的有效性,供应商的灵活性、响应性或质量承诺,或者采购人员的专业水准等。尽管如此,这些领域的关键绩效指标也应该尽可能做到定量:例如客户对服务表示满意的比例和不满意的比例;客户表示满意的程度(使用评级或打分方式);客户提出要求和商家作出反馈的比例以及迅速程度;通过对态度进行调查,对企业在质量上的努力程度进行打分;体现专业或非专业行为的"关键事件"的数量;等等。

1.8 使用 KPI 作为绩效指标的一些好处如下:

- 提高及改进关于绩效事宜的沟通状况(关注结果的)。
- 激励实现或改善特定绩效水平(特别是运用与关键绩效指标相关的激励、奖赏或惩罚措施)。很多情况下,设定了清晰的目标,激励的作用就会更强。
- 通过整合的或双向的绩效测量(用关键绩效指标来衡量供需关系双方的绩效),推动买方和供应商的协作关系。
- 可以进行直接的年度绩效比较,找出改善或恶化趋势。
- 关注关键结果(即关键成功要素),例如成本降低及质量改进。
- 明确地确定共同的目标,促进跨职能及跨组织的团队工作及关系。
- 减少由于目标混乱或期望值不明确可能导致的冲突。

1.9 对供应商绩效设定关键绩效指标会在下列方面获得益处:

- 设定明确的绩效标准及期望值:激励完全实现目标并不断改进。
- 管理供应风险:控制质量、交付、资金价值等。

- 支持合同管理（确保获得协定的收益）。
- 找出绩效水平高的供应商，以便列入批准的或首选的供应商名单（这反过来可以帮助用户部门提高采购效率）。
- 找出有可能与之建立更密切的合作伙伴关系的高绩效水平的供应商。
- 提供反馈，以便不断学习并持续改进买方与供应商的关系，这对供应商和买方都是有益的。

1.10 值得注意的是关键绩效指标也有缺点。追求实现某一关键绩效指标可能会导致某些不当的或次优的行为，例如，为达到生产效率或时间目标而在质量或服务上偷工减料，或者某个部门为了实现自己的目标而不惜破坏跨职能的协作或协调关系。因此在设定目标的时候就需要考虑到这一切并谨慎为之。

供应商绩效测量示例

1.11 买方可能会希望对供应商绩效的许多关键成功要素进行评估。每个要素都可以选出一些相应的关键绩效指标。在考试中，你显然需要选择或设计出那些与上下文及合同类型（如果已经在问题中明确的话）最相关的关键绩效指标。不过对于一般的供应合同，我们提出了一些 CSF 和 KPI 示例，如表 11-1 所示。

表 11-1 用于供应商绩效的总的 KPI

成功要素	KPI 示例
价格	• 基本采购价格（和/或与其他供应商相比的价格） • 成本减少额度或百分比（和/或提议并执行的成本降低倡议的数量）
质量和符合性	• 拒绝率、故障率或废品率（或者服务故障） • 客户投诉数量 • 坚持质量标准（例如 ISO 9000），环境、道德标准和政策

(续)

成功要素	KPI 示例
交付	• 交付延迟、错误或不完整发生的频率或百分比 • 足量按时交付的百分比（即 OTIF）
服务/关系	• 客户经理的技能及合作态度 • 处理要求和问题的迅速程度 • 遵守售后服务协议的情况
财务稳定性/资源	• 兑现财务承诺及要求的能力 • 保持质量及交付的能力
创新能力	• 建议的或实施的创新数量（和/或研发的投入） • 跨组织创新团队的协作意愿
技术竞争力/通用性	• 销售或采购实现交易电子化的百分比 • 技术崩溃的数量
整体绩效	• 将其他供应商对标 • 对持续改进的承诺（例如提出和实施的建议的数量）

服务的绩效测量

1.12 莱森斯提出服务水平应该是：

- 合理的。（既然没必要的、过高的服务水平可能会导致无谓的成本增加，因此需要设定合理的服务水平要求，使得服务供应商的注意力放在消除会影响整个服务质量的问题上。）
- 根据客户进行优先排序。（例如分为"最重要的"、"重要的"或"不太重要的"。）
- 易于监督的。（使用具体的、可观察的及可量化的策略指标。）
- 用客户方及服务方员工容易理解的方式来表述。

1.13 载斯摩尔等人已经开发出通用的服务水平绩效标准，作为称为 SERVQUAL 的评估工具的一部分。

- 有形性：设施、设备、人员、沟通等的外观表现。例如，服务提供商是否有着装得体的员工及保养很好的设备？客户反馈表是否好用？

- 可靠性：可信并准确提供所承诺服务的能力。例如，服务是否总是按规格及时地在计划内交付？

- 响应性：帮助客户与提供及时服务的意愿。例如，员工能否对紧急或例外需求积极响应？

- 保证性：客户对服务提供商有信心，这基于展示的能力、礼仪、信誉与安全性。

- 共鸣性：客户相信服务提供商能够明白客户在使用、沟通与合作便利性方面的需求与期望。

1.14 根据特定服务合同的需要，可以起草更为具体的关键绩效指标（KPI）。例如，以保洁合同为例，可以有下面一系列关键绩效指标：

- 在所分配的保洁工作所需的时间内完成工作。

- 清洁的干净程度。（也许可以根据灰尘的量或检查时发现的污点数量，或者没有清空的垃圾箱的比例。）

- 重新清洁的次数。（或者客户投诉及要求重新打扫的次数。）

- 客户对整个清洁服务的满意程度。（例如，根据反馈信息报告，或投诉占认同数量的比例。）

1.15 请记住，你不需要太多的关键绩效指标，只有与那些关键成功要素相关的绩效测量指标才是你所需要的。否则，监督和测量绩效的过程会过于复杂，成本也过于高昂。

第二节　供应商绩效评估

2.1 如第十章所述，供应商绩效评估（或者供应商等级评定）可以：

- 帮助识别质量最好或绩效最佳的供应商，帮助作出下列决策：①哪个供应商应当获得特定订单；②什么时候供应商应该在批准的或首选的供应商清单中被保留或被剔除；③和哪个供应商有可能建立更具战略性的合作关系；④如何在几个供应商中分配某项采购资金以便更好地管理风险。

- 显示应该如何或者是否需要处理与供应商的关系，以提高或改进他们的绩效。（例如，评估采购活动中供应商选择及合同管理流程的有效性。）
- 帮助确保供应商履行合同中的承诺。
- 激励供应商保持及/或不断提高绩效水平。
- 通过找出可以消除或改正的问题，以及供应商需要哪些支持或提升，从而极大地提高供应商绩效。

绩效监督与评审

2.2 供应商监督（对照规定的关键绩效指标检查进展情况和绩效）与评审（回顾一段时期内的绩效情况）的实施方法多种多样，如下所示：

- 不间断的监督在有些背景下是可行的。例如，电子监督工具可以在规定的参数或公差范围内，在结果（例如生产率、成本或按时完整交付）偏离计划的时候生成偏差或例外报告。
- 更为普遍地，我们可以在一个过程、项目或合同的关键阶段对绩效进行监测。例如，在项目阶段结束的时候，或者生产或交付截止期限。
- 定期检查也很常见。以规律的和固定的间隔，对照规定的指标或目标，对结果进行检查。这类检查的目的一般是"反馈"，即提供与绩效或计划调整仍旧相关的反馈信息。所以，举个例子来说，买方可能会定期取得供应商的过程输出，来检查质量是否符合规格。买方和供应商的团队可能会定期召开会议，讨论合同履行中出现的任何问题。

- 完成后评审常常用于项目和合同，目的是交流反馈意见，并且学习任何未来用得到的经验教训。

2.3 对于收集供应商绩效数据并与相应的绩效测量指标相比较，有很多种形式的反馈机制。至于具体选用哪一种则要看所需的是定量的还是定性的数据，以及评估的是绩效的哪个方面。下面略举几例。

- 通过小组座谈、投诉处理、调查问卷以及项目审核的方式从内部、外部客户以及其他利益相关者处收集反馈信息。
- 通过观察、测试（如质量检验），以及对文档、交易记录、管理报告（如质检报告分析等）的分析等方式搜集绩效信息。
- 预算控制：对照预算或者成本预测来监测实际成本。
- 正式的绩效审核或评估（有时也称为供应商等级评定）：根据对比标杆、关键绩效指标以及双方认可的服务标准对绩效进行审核，并将这些信息反馈给改进计划。
- 合同管理，依照合同条款持续性地进行合规性监控。
- 买方和供应方代表（或项目经理与客户经理）定期会面核查总体进度情况或处理一些具体问题，例如费率、交货问题等，并就进展情况交换反馈意见。
- 项目管理：在项目的关键阶段完成或里程碑处报告情况、举行会议；项目经理定期提交情况通报；完成后审查与报告，目的在于为以后的项目汲取经验。
- 聘请顾问来监控是否达到质量标准、标杆水平或伦理标准（如海外供应商的工人待遇）。

- 如果买方不具备相应的专业知识，可以请技术专家来监控供应商绩效（如关于基建或 IT 项目）。

供应商等级评定

2.4 系统性的合同后绩效评估和评价常常称为"供应商等级评定"（Vendor Rating），这里的"供应商"是指目前卖给你东西的个人或组织，而"等级评定"是指一种评估方法或对绩效"打分"。供应商等级评定就是根据双方商定的标准测量供应商的绩效。

2.5 供应商等级评定的一种常用的方法是使用供应商绩效评估表，即一份关键绩效要素的检查表，供应商经理对照该表将供应商绩效评估为良好、满意或不满意，如表 11-2 所示（引自杜布勒等人）。对每个要素赋予一个权重，就可以将关键绩效领域的供应商绩效归总为良好、满意或不满意。一旦制定出有意义的检查表，则这种方法易于实施，但它比较宽泛和主观。

2.6 另一种方法是要素评级法（Factor Rating Method），即对每个关键评估要素打分。例如，质量绩效测量可能是"100%减去总交货中拒收的百分比"，如果一个供应商的送货中有 3%拒收，那么该项测量指标的分值为 97%或 0.97。对每个主要因素根据其在总体绩效中的重要性赋予一个权重，并应用于相应的各个分值，最终得出一个总体分值或等级，如图 11-3 所示。

2.7 在这个范例中总分是 1 而供应商得分为 0.908。我们可以把这个分数拿来和其他供应商作对比，这样一来谁高谁低就清楚了。我们也可以作年同比，看某位供应商的绩效是逐年提高还是逐年降低。

供应商：			日期：
部门总评	良好	满意	不满意
采购部门	☐	☐	☐
接收部门	☐	☐	☐
会计部门	☐	☐	☐
工程部门	☐	☐	☐
质量部门	☐	☐	☐

绩效要素	良好	满意	不满意
采购部门			
按期交付	☐	☐	☐
按价交付	☐	☐	☐
价格具有竞争力	☐	☐	☐
及时准确地提供常规相关文档	☐	☐	☐
能够预料到我们的需求	☐	☐	☐
紧急时肯于帮忙	☐	☐	☐
不以独家货源地位自恃	☐	☐	☐
不要求特别关照	☐	☐	☐
及时提供价格、产品目录以及技术信息	☐	☐	☐
索取特殊信息时能及时提供	☐	☐	☐
会向我们提示潜在的问题	☐	☐	☐
劳资关系和谐	☐	☐	☐
交付时一次完成，不留尾巴	☐	☐	☐
遇到退货后及时补发	☐	☐	☐
对我方条款从无异议	☐	☐	☐
信守承诺	☐	☐	☐
真诚服务	☐	☐	☐
接收部门			
按照要求的路线送货	☐	☐	☐
送货服务水平良好	☐	☐	☐
包装完善	☐	☐	☐
会计部门			
发票准确无误	☐	☐	☐
准时发出付款通知	☐	☐	☐
财务方面不要求特别照顾	☐	☐	☐
工程部门			
产品的可靠性记录	☐	☐	☐
有承担复杂工作的技术能力	☐	☐	☐
愿意为隐藏的不足承担责任	☐	☐	☐
遇有紧急状况时行动迅速有效	☐	☐	☐
及时提供所需的数据	☐	☐	☐
质量部门			
物资质量	☐	☐	☐
提供证明书、质保书等	☐	☐	☐
以实际行动改正问题	☐	☐	☐

图 11-2 供应商等级评定表

```
绩效要素        权重      评分       供应商得分
价格           0.4       0.94       0.376
质量           0.4       0.97       0.388
交货           0.2       0.72       0.144
总评           1.0                  0.908
```

图 11-3　要素评级法

2.8　很显然，这两种供应商等级评定法都不能告诉我们导致绩效低下的原因，也不能告诉我们如何才能解决这些问题。所以还是要把供应商等级评定放在整个绩效管理过程中来看，如图 11-4 所示。

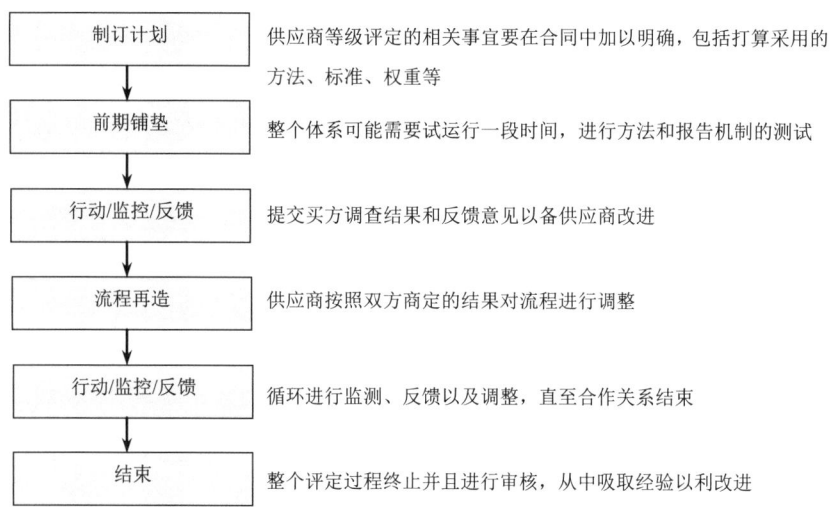

图 11-4　供应商等级评定

第三节　对标和供应商计分卡

对标

3.1　对标（Benchmarking）的一个有用的定义是："将你的绩效和做得最好的公司进行比较，弄清楚为什么这些最好的公司能实现最好的绩效，并将这些信息作为设定自己公司目标、战略和实施方案的基础（普赖尔）。"其目的是通过和最佳实践者进行比较，确定哪些绩效需要进一步提高以及应该如何提高这些绩效。

3.2 英国贸工部是这样描述对标过程的："对标就是将一家公司的绩效和其他公司进行比较，以刺激改进运作方法。它几乎可以被用在公司的各个部门，也可以被用于公司各个不同部门之间的比较。对标可以帮助你清楚地了解自己在关键商业领域的运作相对于其他人处于什么样的位置。这种方法也可以帮助公司使它的大部分运作变得和世界上最好的公司一样，甚至更好。"

3.3 对标可用来分析组织各方面的绩效，因此，在供应商、采购方的绩效测量方面有着广泛的用途。供应商对标可以用于以下这些方面，如价格及成本管理、库存水平、交付前置期、质量绩效、人员培训、创新、电子采购应用等。

3.4 使用经过对标的绩效目标及质量标准有两个最关键的好处，那就是这种方法既很现实（既然其他组织已经做到了）又很有挑战性（既然在实施对标的组织还没有达到这个水平），这是保持激励的最有效的组合。与此同时，对标还能促进对关键成功要素的不断研究及沟通交流，不断寻找所在产业的新的增值点及竞争优势。它能打破组织原有的思考问题和做事的方式，激发新的灵感，拓展新的思路。

3.5 本戴尔等人将对标分为以下四种类型：

- 内部对标（Internal Benchmarking）：和同一组织内的其他绩效水平高的部门进行比较。例如，供应商其他子公司的质量管理部门可以把另外一个绩效水平更高的子公司作为标杆进行比较。
- 竞争者对标（Competitor Benchmarking）：和绩效水平高的竞争对手进

行比较，特别是那些显示出竞争优势的地方。

- 职能对标（Functional Benchmarking）：将自己某个职能或流程的绩效水平和其他绩效水平高的组织的相同职能或流程的绩效水平进行比较。例如，一个公司可能会把自己的电子产品供应商的物流部门的绩效和另外一个据说物流管理非常高效的建造公司的物流部门进行比较。

- 一般对标（Generic Benchmarking）：对商业过程做跨职能或跨产业的比较。可以将供应商的标杆设定为市场上的"卓越"企业、学习型组织、质量、道德或创新领域的领军企业，或者在任何可能会被采购商认为值得关注的、供应商应该具有的特质上做得出色的模范企业。

3.6 对标过程包含的阶段如图11-5所示。

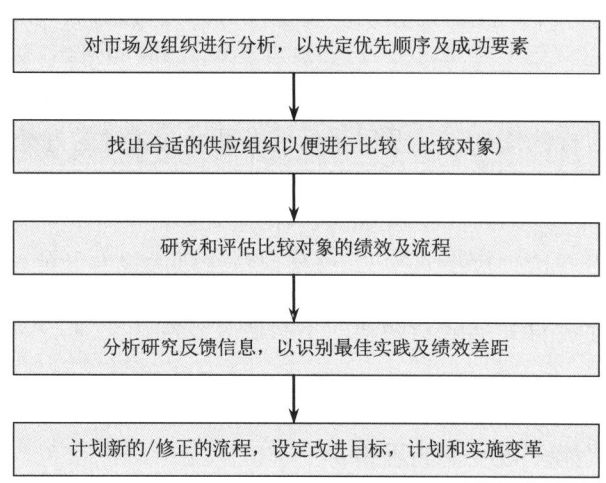

图11-5 对标过程

3.7 不过，尽管对标对持续改进目标能够起到重要作用，还必须要注意以下几点：

- 开展对标项目的成本可能会很高。这类成本包括会议、访问、培训，有时还可能包括咨询等。因此，需要认真加以管理和计划。

- 要想成功地开展对标项目，最为重要的是要进行有效的沟通交流。通过介绍、报告、分析等，及时告知项目各相关方项目的进程和发展情况，这一点非常重要。这样做不仅能减少困惑及冲突，而且还可以推动各方参与到应如何让最佳实践在组织内或整个供应链内得以实施的讨论中来，大家一起出谋划策。

平衡计分卡

3.8 平衡计分卡模型（Balanced Scorecard）是由卡普兰和诺顿开发的，他们认为，纯财务目标和绩效指标不足以有效地控制组织。确实，由于在经理考核标准中没有测量经理决策所产生的长期的、复杂的后果，所以纯财务目标和绩效指标倾向于鼓励短期的、局限性的思维。对于更加平衡的绩效管理来说，我们需要其他的参数和视角。

3.9 卡普兰和诺顿提出了平衡计分卡的四个关键视角，强调公司（和供应链）成功的长期"驱动力"。

- 财务：财务绩效和为股东创造的价值。
- 客户：组织向客户传送价值的效果如何，组织与客户和其他利益相关者发展互惠关系的效果如何。
- 内部业务流程：如何有效果并有效率地完成贯穿整个供应链的增值流程。
- 创新与学习：为了未来的竞争优势和成长，开发独特能力所需的技能与知识。

3.10 这可以描绘如图11-6所示。

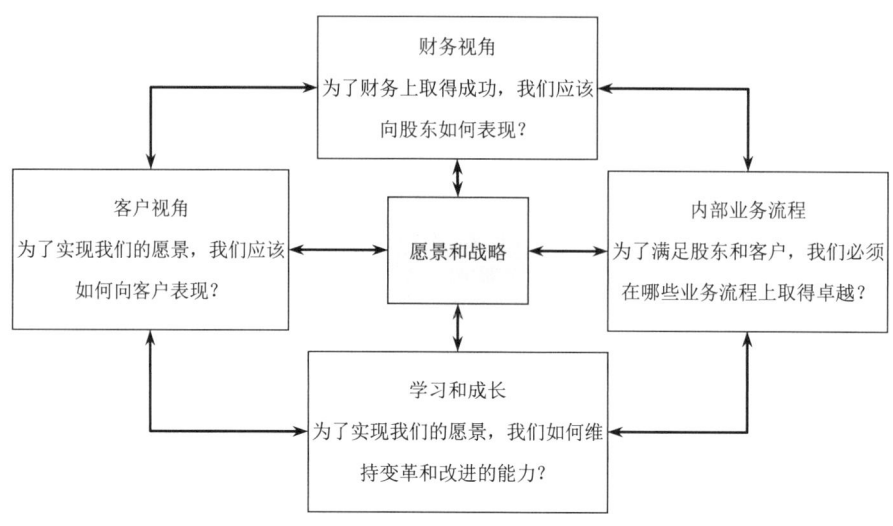

图 11-6 平衡计分卡

3.11 这样，计分卡的"平衡"是介乎：财务与非财务绩效指标；短期和长期视角；内部和外部焦点。这提供了强大的激励潜力，刺激内部各单元以及整个供应链的持续改进。关联起来的买方和供应商计分卡，可以用来整合关键供应链伙伴关系中的战略、绩效测量和反馈。

3.12 要使用平衡计分卡，还需要就所选择的每个视角，识别并描述几个因素。

- 组织的长期目标。
- 实现那些目标的关键成功要素（CSF）。
- 为了实现那些成功要素所必须执行的关键活动。
- 可以用来监督进展的关键绩效指标。

3.13 要从**客户的视角**来建立 KPI，组织必须界定其目标客户，并且站在客户视角界定价值。一般的指标包括：客户满意度、客户保留率和市场份额。

3.14 从**内部流程的视角**来看，任务是要发现为了持续增加客户和其他利益相关者眼中的价值，组织必须表现卓越的那些关键流程。一旦确定了这些关键流程，下一步就是制定最合适的绩效测量指标来跟踪进展。也许有必要考虑更具创新性的解决方案，而不是将精力和资源集中在对现有活动的逐渐改进上。所有内部和外部供应链活动都应当从这一视角加以考虑。

3.15 从**创新和学习的视角**来看,关键的焦点最初应该落在支持企业成功的"驱动力"上,这是因为人的技能、知识和学习是所有未来发展的基础。应当进行"差距分析",以便识别出当前企业基础设施与实现未来目标所需的基础设施之间的缺口。然后,瞄准创新和学习的绩效测量指标,填补任何已识别的缺口。

3.16 从**财务视角**来看,我们应该设计一些指标,用以反映公司和供应链的战略及其实施方式在多大程度上提高了底线(利润率)和股东价值。举例来说,仅仅强调提高客户满意度是没用的,它需要对销售收入、利润和市场份额产生可测量的效果进行分析才行。

3.17 确定了与四个商业视角有关的绩效标准之后,重要的是不能单纯将其视为一个静态的度量清单,而应看作是实施和调整一系列复杂变革的一个基础框架,它会随时间不断地演化。战略层级的计分卡必须沿组织逐级下达,并在各职能与运营计划中有所体现并保持一致。

3.18 应当注意,实践中平衡计分卡方法存在着缺点和局限性。开发和实施计分卡是一项复杂的、耗费时间的工作。它常常意味着管理风格和组织文化的根本性变革,而对此企业可能不具备可利用的资源与支持。来自高级管理层的承诺必须是真正的和一致的,以避免"混乱的消息"。(例如,如果对平衡计分卡只是嘴上说好,而在实际中仍对采购部门主要依据它降低成本的能力来考核。)

供应商平衡计分卡

3.19 平衡计分卡概念已经延伸到供应商企业中,相应的方法通常被称为供应商平衡计分卡（SBS）。这种形式的度量包用于测量持续的供应状态。为了让供应商满足持续的要求和期望，给他们提供有关他们绩效的反馈是至关重要的。确实，许多公司允许他们的供应商通过买方的网页在线访问这种测量分析。

3.20 用于构建 SBS 的模型，从标准化模型到针对组织需求定制的模型，范围比较广泛。用于供应商绩效测量的一个典型 SBS 模型如表 11-2 所示。

表 11-2 供应商平衡计分卡

要素	权重（%）	得分	评估标准
质量	30	1.50	质量绩效（0.7），退货发生频率（0.3）
交付	25	1.25	足量按时交付（1.0）
支持系统	15	0.75	质量管理体系，例如 ISO 9000（1.0）
商业的	30	1.50	成本节约（0.7），售后支持（0.3）
总数	100	5.00	

3.21 SBS 模型中所用的要素和有关权重随每种业务需求的不同而有所差异。所用的每个要素的权重常常是直接对应于客户的战略目标。

3.22 每个供应商的绩效是用如下方式评估的。

- 对于每个要素，每种评估标准的总分加总，并且与每个要素权重相乘。
- 所有要素分数累加起来，记下得分，满分 5 分。
- 通过客户设计的转换表，得出要素和标准的分数。
- 得出的最终分数可以评定供应商的整体等级。

3.23 SBS 分析得出的数据，如果用在与供应商积极的、面向未来的、以发展为中心的对话中，则可以用来建立进一步的改进目标。当绩效不足记录下来后，这些可以进行差距分析，以期为改进制定行动目标。

第四节 质量管理和改进

质量的定义

4.1 对于采购计算机设备、工程零部件、建筑材料、清洁用品、财会服务或餐饮服务等,"质量"的含义也是各不相同的。因此,一个采购者对质量的定义会关注于一系列不同的维度。

- 卓越性(Excellence):产品的卓越程度或标准;设计、工艺和对细节的关注;最终产品无缺陷的程度。

- 相对卓越性(Comparative Excellence):与竞争标杆(其他产品)、最佳实践或卓越标准相比,产品的卓越性如何。

- 符合用途(Fitness for Purpose or Use):产品达到所设计的和所期望的功能的程度;更一般地讲,就是满足客户需求的程度。(Garvin 称之为"基于用户的"质量方法。)

- 与要求或规格的一致性:产品符合规格所设定的特色、特性、性能和标准。因此,一致性还意味着没有缺陷,反映出生产商各过程的质量。("基于产品的"或"基于制造的"质量方法。)

- 可接受的质量与资金价值:采购者为了支付更低的价格愿意牺牲一些性能和特色,只要产品仍然符合用途。("基于价值的"质量方法。)

4.2 对于一位在合同管理过程中希望评价供应商产品或服务质量的采购者而言,"合适的质量"的最重要的定义可能是符合用途和与规格的一致性。英国标准对质量的定义是:"产品或服务为了能够满足给定需求所需具备的特征与特性的总和。"

4.3 理想情况下，买方想尽可能多地把质量管理成本和工作都转移给供应商。如果质量评估是基于某一特定时点上的过程抽样或输出抽样，则可能是不可靠的测量。因此，买方不是仅仅评价供应商**产出**的质量，而是要确信供应商自身建立了健全的体系和程序，来监督与控制其输出的质量。

质量的成本

4.4 质量成本的定义（英国标准 BS 6143）是："确保和保证质量的成本，以及未达到质量而产生的损失。"换言之，与质量相关的成本包括：

- **确保和保证质量**的成本包括鉴定成本和预防成本。预防成本是为了预防或减少生产过程产生的缺陷或故障所引发的成本，例如质量小组、规格、人员培训成本和设备维护成本；鉴定成本是为了保证符合质量要求而引发的成本，例如检验和测试成本。

- **未达到质量而产生的损失**包括内部损失成本和外部损失成本。内部损失成本是指成品或服务交给客户之前由质量不符合要求引起的成本，例如报废或返工成本；外部损失成本是指那些在成品或服务到达客户之后，出现质量故障所引起的成本，例如投诉、担保赔偿金、退货与召回、商誉的损失等。

4.5 鉴定成本和预防成本可能是巨大的。在这些测量中花费更少的钱，而仅仅处理偶尔出现的次品，这样是否更为成本有效呢？或者是否到了这样一个时间点，即从再改进"一点点"中获得的收益还抵消不了这样做的成本？当今对这个问题的回答是：否。出现质量问题的成本会远远大于实现正确质量的成本，收益递减规律在此不适用，因为改进总会带来某些收益。一般认为，出现问题的成本高于防止问题的成本，因此，现在越来越强调质量管理,目标是"第一次就把事情做正确"。

4.6 你也许遇到过许多类管理供应与供应商质量的技术,但它们一般归为两种基本类型或方法:被动的检测方法(发现并解决问题),例如检验和质量控制(QC);主动性的预防方法(从源头阻止问题),例如质量保证(QA)和全面质量管理。

质量控制

4.7 质量控制建立在缺陷检测的概念上。它包含许多技术和活动,可以用于:监督或检验供应和生产过程每个阶段的物品;识别缺陷的或不符合规格要求的产品;对没有通过检验的产品进行报废或返工处理;将通过检查的可接受产品传递到下一个过程阶段。组织可能会规定不同的"公差"水平,对于关键特性或者在要求零缺陷情况下,可能使用"100%检验",而对于不那么敏感的特性,可能使用抽样检验。

4.8 质量控制具有明显的局限性。为了防止缺陷产品出现在生产过程中或到达终端客户,必须对巨大数量的产品进行检验。戴明指出,这样做会占用大量资源,且不会增值(或真正地"提高"质量)。由于预算和生产日程等方面的压力,缺陷产品的数量可能达到不可接受的程度。质量控制过程旨在识别和排除缺陷产品,但这是在这些产品已经生产出来之后,即这是在"亡羊补牢"。检验活动可能在供应过程每个阶段重复进行,这进一步放大了效率低下。

质量保证

4.9 质量保证建立在缺陷预防基础之上。这是一种更为主动的和综合的方法,将质量融入过程的每个阶段,从概念与规格开始。它包括质量管理体系中所使用的全部系统性的活动，以"保证"或给予组织足够的信心，使之相信这些产品和过程将满足其质量要求。换句话说，质量保证是"融入质量"，而不是"清除缺陷"。

4.10 缺陷预防系统（例如统计过程控制或 SPC）是由戴明提出的，用来在实际生产之前发现生产过程中制造缺陷品的可能性。组织对运作流程进行监控，一旦在输出中发生不可接受的变动，马上就识别出来，然后立即采取纠正措施，防止更多的缺陷品被生产出来。

4.11 克罗斯比在《质量是免费的》一书中指出："一个审慎的公司会确保其产品与服务是由这样一个系统向客户提供的，这个系统不容许任何形式的返工、修理、浪费或不符合。返工、修理、浪费和不符合等问题代价高昂。公司不仅要在第一时间发现并解决这些问题，而且必须使问题根除并不会再次发生。"

4.12 质量保证计划和认证可以将质量测量和质量控制融入到：产品设计；材料规格与合同的制定；供应商的评估、选择、批准与认证；与供应商的沟通、反馈机制和质量记录；供应商的培训与开发（在需要将两个组织的质量标准与体系进行整合的情况下）；为了保持所要求的绩效水平，对员工和供应商进行的教育、培训、激励与管理。

4.13 批准的供应商名单和供应商认证这一概念，来自于如下认识，即供应商的与买方的质量管理体系真正是同一过程的不同组成部分。如果买方组织能够确认供应商已经做到了为提供"适当质量"的输入所需的所有质量控制，那么它就没有必要重复工作，去监督或重新检验所有交付的产品。它要做的仅仅是偶尔检查一下，通过对输出抽样或检验程序和文件，看看供应商质量管理体系是否像他们应该的那样正常运转。买方与供应商之间质量管理体系的整合，可能只是简单的从供应商那里获得"质量保证",也可能具有复杂的正式责任共担系统,详细规定在规格、检验、过程控制、培训、汇报和调整等领域的责任分担。

质量管理

4.14 质量管理是指用于保证输入与输出具有"合适的质量"的各种过程,即产品和服务适合于用途并符合规格要求,随时间推移不断取得持续的质量改进。因此,质量管理包括质量控制和质量保证两个方面。

4.15 质量管理体系(QMS)可以定义为:"用于指导和控制一个组织的一套经过协调的活动,目的是持续提高该组织绩效的效率与效力。"QMS 的主要目的是定义和管理系统性的质量保证过程。

4.16 QMS 旨在保证:

- 组织的客户们相信该组织有能力提供满足客户需求与期望的产品与服务。
- 通过改进过程控制和减少浪费,一贯地和有效地实现组织的质量目标。
- 通过清晰的期望与过程要求,提高员工的能力、培训和道德水准。
- 一旦取得质量效果,能够继续保持:坚持学习与良好实践,使之不会因为缺乏归档、实施和一贯性而中断。

4.17 关于各种质量管理体系的测量与认证有多个英国和国际标准,包括国际标准化组织(ISO)发布的 ISO 9000 标准。组织可以利用这一框架来计划或评估自己的质量管理体系,也可以让第三方评估和认证。

全面质量管理

4.18 术语"全面质量管理"(TQM)指一种彻底的质量管理方法,作为一种经营理念。TQM 是一种质量取向,是将质量的价值观与理念应用于管理企业内和整个供应链的所有资源与关系，以追求全面绩效的持续改进和卓越。

4.19 劳里·马林斯在《管理与组织行为》一书中将各种TQM的定义综合表述为："一个组织整体的生活方式，通过持续改进过程和人的贡献与参与，致力于全面的客户满意。"从采购人员的观点来看，提供"合适的质量"的输入只是全面质量的一部分，它还包括卓越的供应链、持续的协作改进、关于质量的跨职能合作等。

4.20 TQM方法的一些重要原则和价值观总结如下。

- 第一次将事情做正确。质量应该融入产品、服务和流程，以求实现零缺陷。考虑到低质量所引起的全部成本，任何缺陷水平都不可能被视为"优化的"或可容忍的。

- 质量链。质量链靠"内部供应链"（代表组织内部工作流动的供应商和客户单元）从供应商延伸到消费者。在这个链中每个环节的工作都对下一个环节产生影响，并且将最终影响到提供给消费者的产品的质量上。

- 质量文化。质量是一种"生活方式"，是组织中的一种重要的文化价值观，组织高级管理层必须将其表达出来并且塑造典型，同时通过招聘、培训、评价和奖励体系，促进并强化质量文化。

- 全员参与。组织中的每个人都有可能对质量产生影响，所以要想达到"合适的质量"，人人有责。

- 质量要靠人。在保证质量方面，承诺、沟通、意识和问题解决是比体系更重要的因素。

- 基于团队的管理。必须对团队进行授权和人员配备，采取必要的措施纠正问题，建议并实施改进措施，对客户需求灵活迅速地进行响应。

这要求组织具有高品质、多渠道的沟通体系。

- 过程调整。组织应该谨慎地设计并修改业务过程，以便将所有活动都趋于同一目的：满足客户的需要和需求。其他的情况可能是根本性变革项目的需求，例如业务流程再造（BPR）。

- 质量管理体系。组织必须重视正确的流程，应该用公司质量手册、部门程序手册和详细的工作说明书和规格，详细记录质量体系。

- 持续改进。质量改进不应该被视为"一次性的"工作。通过努力持续地改进，组织应该保持对新机会和方法的开放姿态，鼓励各个层级的学习和灵活性。与 BPR 一类的根本性、"非连续的"或"重新开始式的"变革方法相比，持续改进可以一小步一小步地渐进性实施。

- 分享最佳实践。人们运用质量小组、网络或矩阵结构、对标、评审与认证计划和供应链人际关系来分享质量数据、技术和标准。

4.21 全面质量管理听起来是如此美好的一件事情，你不禁会想，为什么不是所有公司都在实施全面质量管理呢？对于其中的原因，我们提出以下几点想法。

- TQM 在实践中证实存在一定的局限性。全面质量管理倡议可能由于引入不当或管理不善而变得无效。由于人们变得自满或厌烦，引入 TQM 所获得的短期利益可能会随着时间慢慢消失。

- 如果引入 TQM 时采用的是一种闪电战的方法，那么 TQM 还会造成干扰——人们不知道该做什么，或者接下来做什么。所需变革的程度和创伤不应被低估。

- TQM 的引入、实施和稳定是要耗费时间、金钱的，并且困难重重；特别是在大型的官僚组织中，人们会抵触新文化价值观，例如以客户为中心和全员参与。

持续改进

4.22 质量管理包括对现有流程不断的和持续的检查和改进:"下一次,将事情做得更好一些"。这一过程有时被称为"改善"(KAIZEN),"这是一个日语的概念,是指以持续演变为基础的全面质量管理方法,员工在某种固定的边界之内承担着相当大的责任(马林斯)"。

4.23 "持续改进"寻求的是非间断的、持续进行的增量改变:总会存在改进的余地,例如通过消除浪费(非增值活动)或者对设备、物料或团队行为进行的微小调整。"持续改进"的一个基本的周期性方法如图 11-7 所示。你可以认为它是用于持续过程改进的"计划—执行—检查—纠正"(PDCA)方法的一个变体。

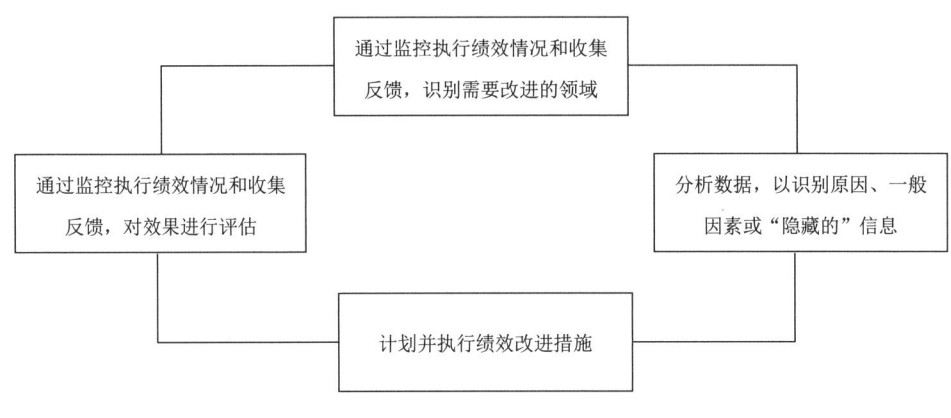

图 11-7 持续改进周期

质量小组

4.24 持续改进的一种方法是运用质量小组(Quality Circles),它也用作 TQM 的一个环节。质量小组就是来自组织中不同层级和职能的员工组成的一个自愿参加的团队，定期碰面，讨论质量有关问题，分享最优做法，提出改进建议。

4.25 质量小组对于它们所提建议的实施、执行和监督过程，可能承担、也可能不承担重要的职责。可是，即便是作为讨论小组，它们也有着重要的优点：利用组织不同职能和层级的专长；克服对质量管理的抵触情绪，树立质量"拥护者"；改进关于质量问题的沟通和信息共享；对质量文化形成支持。

六西格玛方法

4.26 六西格玛是统计学问题解决工具的一种专业运用，用以识别和量化浪费并且表明改进步骤。它采用了宽泛的 DMAIC 方法（定义、测量、分析、改进、控制），目的是：

- 识别那些对客户而言关键的质量特性（CTQ）并对其进行排序。
- 定义绩效标准和关键变量的公差。
- 从统计上测量真正的过程能力，利用如下度量指标，如每批产出的缺陷数、过程成功的概率或失败的概率。
- 在至关重要的少数几个因素上，控制缺陷与偏差（旨在达到零缺陷）。
- 请管理层和员工参与该过程，创造一种以质量为中心的学习文化。

持续改进协议

4.27 持续改进的承诺可以和改进的绩效测量指标和目标（定期检查与更新的）一起写入长期供应合同、关系宪章或伙伴关系协议中。

提高供应链的绩效

4.28 在考试中，也许会出现这种问题，让你提出某公司供应链的整体管理中可能改进的建议。（即使实践中，这类战略性改进通常是在组织中更高管理层级上计划并执行的。）

4.29 在整体供应链的层次上，绩效管理可以依靠很多种方式来实现。（考试中要留意选择并推荐适用于考题特定上下文的那些回答，尤其是在案例分析的题目中。）下面举几个例子，是从到目前为止我们考试大纲覆盖的内容中收集的。

- 完善供应商评价与选择的程序和标准。
- 引入或开发 IT 或 ICT 系统和应用程序。例如，用来监督交付和库存移动的跟踪与追溯系统（如使用条形码或无线射频识别），或者库存控制及交易系统与供应商的集成（例如借助于 EDI 系统）。
- 对物流、仓储和分销网络进行规划，提高效率。
- 对买方员工进行合同和供应商关系管理专业的培训，也许还可以对供应链伙伴的会计经理进行培训。
- 提高供应链伙伴之间信息的流动和透明度（例如借助于开放账目成本核算、协作计划、跨组织项目团队、定期会议等）。
- 运用技术进行更准确的需求预测，促进更有效的生产和物流规划，以及更低的库存。
- 应用详细的 KPI 和绩效监督与测量机制，例如合同管理和供应商等级评定（对于高优先级的供应商，尤其是在当前供应商表现不佳的时候）。这些包括成本降低、库存控制等方面的具体改进目标。
- 对供应基础进行合理化或优化，将资源集中到少数几个核心的供应商

（尤其是对于战略性采购而言就更是如此），同时保留足够的供应商，保证供应、选择或竞争。

- 逐渐从跨供应链的供应过程中消除浪费的、非增值的操作和活动，即一个被称为"供应链优化"的过程。这是"精益供应"和"准时制"供应中的重要组成部分，强调消除浪费，尤其是消除不必要的库存。优先考虑的是，与更少的供应商展开更紧密的合作，当需要供应时，就能够快速、及时地交付小批量供应。
- 针对年同比的绩效收益，协商确定持续改进协议和 KPI。
- 引入供应商早期参与方法（ESI），以提高新产品开发和完善规格（如前所述）。
- 实施供应商开发计划，支持供应商提高他们的绩效或生产能力（见本章第六节）。

第五节　服务水平管理

5.1　服务可以定义为："一方向另一方提供的本质上无形的且不会带来任何所有权的一项活动或利益（菲利普·科特勒）。"一些明显的例子包括呼叫中心、保洁服务、运输/物流与 IT 服务，这些都是"为你所做的事"，但在服务交易的过程中并没有产生任何所有权的转移。（值得注意的是，某些服务的形式是当你采购原材料与商品时获得的"捆绑式收益"的一部分：销售服务、客户服务、送货、售后关怀、保修等。）

5.2　从制定规格和鼓励绩效的角度来说，服务（及服务要素）实际上给采购者带来了比给所采购材料或商品要多得多的问题。

- 商品是有形的，因此可以对其进行检查、测量、称重、试验以检测其质量是否符合规格要求。而服务是无形的，因此很难制定其规格，也很难检测其是否或在多大程度上达到了既定的服务水平。

- 商品的生产流程往往有很高的一致性，这就使得质量评估变得简单易行。而服务是不断变化的，每次的服务可能都会有所不同，因为相关人员和所处环境各不相同。因此，很难对服务施行标准化要求。

- 使用一件有形商品的准确目的是清楚的，因此可以对其适合性进行客观的分析和评估。但是对于服务，其中很多要素就很难评估。例如，相对于供应商服务人员完成工作的效率，其友好程度或外表整洁漂亮程度到底哪个更为重要？应如何权衡？

5.3 对于服务来说，由于它们具有的无形的特性，制定其规格要比货物更加困难，但是这也使得这项工作甚至更为重要，否则买方和供应商可能会没完没了地争论所提供的服务是否恰恰是所要求的或充分满足标准的。一家广告公司或设计师可能会提交一份满足所有客户明示标准的设计，包括目标、范围、风格和预算，不过客户仍旧可能会发现这不是他想要的或"脑海中出现的"东西。如果发生这种事的话，是谁做错了呢？谁该为第二次努力付费呢？

5.4 合同前阶段做的工作越多越好。在最后协议签署前，应当对服务水平、时间安排以及支付费率等问题尽可能详细地达成一致。冲突经常产生于买方与供应商有不同的期望。

5.5 供应商管理是成功服务采购的一个重要要素。通常达成的服务水平协议的表述是很难测量的，它不像采购钢条，可以确切知道达到或者没有达到规定的直径要求。从最开始的阶段，就让供应商知道什么是客户认为满意的绩效，而什么是客户认为不满意的绩效，这是非常重要的。这也是之所以签署服务水平协议的原因。

服务水平协议

5.6 服务水平协议是对服务绩效要求的一份正式说明，阐述了服务供应商所提供的服务应该具有的性质和水平。服务水平规格和服务水平协议的目的，是界定客户服务水平的需求，保证供应商作出满足这些需求的承诺。随后，它们就可以作为衡量尺度，来考评供应商随后的绩效、一致性（满足标准）和符合性（履行双方同意的条款）。

5.7 莱森斯等人总结了有效服务水平协议的主要好处：

- 针对具体的服务，清楚地表明客户和服务提供商。
- 将注意力集中于实际涉及的和获得的服务。
- 确定客户的真实服务要求是什么，找出通过削减服务内容或降低服务水平来降低成本的可能性，即找出那些不是必须的或不会增加价值的地方。
- 可以使客户更好地了解他们得到什么服务、他们有权利期待什么、服务提供商能够提供什么额外的服务或服务水平。
- 可以使客户更好地了解服务或服务水平的成本是什么，以便进行切合实际的成本收益评估。
- 有助于对服务和服务水平进行日常监控和定期评审。
- 便于客户报告未能达到服务水平的情况，这有助于解决问题和改进计划。
- 促进服务提供商与客户之间的更好的理解和信任。

5.8 因此，服务水平协议是一种有效促进客户和供应商沟通交流以及加强供需关系管理、期望及冲突管理、成本管理、绩效监督、进行重审及评估的工具。

5.9 SLA 的基本组成要素如下：

- 包括什么服务（以及不包括的服务，或者仅仅在要求时和在额外付费时才包括）。
- 可以从供应商那里期望得到什么样的服务标准或水平（如高质量服务的响应时间、速度和特性）。
- 活动、风险和成本的责任分配。
- 如何监控和评审服务与服务水平，使用什么评估指标，出现问题（如果有问题的话）如何解决。
- 如何管理投诉与争议。
- 什么时候、如何对协议进行重审和更改。

当然，具体情况还需具体分析。这些要素可以针对服务合同的具体特点进行修改。

服务水平监督机制

5.10 有很多技术可用于监控服务提供与服务水平，并为识别需要解决的"服务差距"提供数据。根据服务的特性和可用的数据收集机制，这类监控技术举例如下：

- 观察与体验：观看和体验所提供的服务。例如，可以清楚地看出办公室是否已经被清洁并达到承诺的标准，是否按时交付货物等。客户可以对服务失败的情况进行记录或报告。
- 现场检查与抽样检验：可以定期以某种方式对绩效进行检验或测量。如在保洁服务中，现场检查包括按照测量指标（如清空垃圾箱数、清洁窗户数、清毒卫生间数、清洁地毯数）对办公室进行突击检查，而"抽样检验"如对选定区域地毯上的尘粒数量进行分析等。

- 商业结果与间接指标：服务都有目的，因此好/差质量的服务对客户的活动具有连锁反应。例如，来自客户的反馈可能表明对该办公设施内的清洁程度、延迟的运输送货或呼叫中心人员的没有礼貌等不满意。

- 客户/用户反馈：应当定期邀请服务的客户和用户填写反馈调查表，反映他们对所接受服务质量的意见。此外，应当建立机制以便于客户和用户的投诉、将具体的服务失误迅速通知服务经理（和/或服务提供商）。

- 绩效的电子监控：在有些情况下，可以使用电子测量与跟踪装置监控服务绩效。例如，用考勤计时装置记录工作小时数；运输提供商用"黑匣子"旅程记录器跟踪延迟和路径；由计算机程序记录处理的交易数量、电话次数、偏离计划的成本与进度；等等。

- 服务提供商的自评估：服务提供商可以要求其员工或主管提交报告。这可以采用多种形式，从在交接班时由清洁工的主管在检查表上签字（并在必要的情况下备注哪些服务不令人满意、为什么），到定期、系统性的自评估报告。（我们做得如何？我们如何做得更好？我们需要客户为改进服务提供什么支持？）

- 协同绩效考评。应当定期收集所有上述信息并与客户和服务提供商分享，以评估服务合同成功与否。

5.11 无论使用什么监控与评估方法，都应当将信息反馈给双方的服务或客户经理，他们再将这些信息分发给负责绩效的人员。

服务质量差距

5.12 根据 SLA、KPI 或其他标杆目标（例如质量标准），对供应商绩效数据（通过持续的绩效监督、审查或供应商等级评定活动收集）进行测量，并找出所得到的服务水平和目标水平之间的"差距"。明确"差距"后，就可以据此制定改进目标和方法。

5.13 值得注意的是,"服务质量差距"(Service Quality Gaps)既可以是认识上的不足,也可能是实际上的不足。所要求的和实际交付的服务质量之间可能会存在差距,也就是说没有完全达到服务水平协议中明确的客户应该得到的服务水平。不过,使用者或客户期望得到的和服务管理者认为他们所期望的(并且写入了服务水平协议)之间也可能存在差距,即规格在一些地方可能还不够明确,但使用者认为这种不明确是可以接受的,从而导致认识上的差距,反之亦然。服务水平协议及 KPI 自身可能需要进行调整,以防止服务质量要求定得过高(浪费资源)或者过低(导致使用者及服务提供者的不满)。

5.14 正如莱森斯等人指出的,客户实际获得的与所期望的服务和服务水平不一定与下列方面完全匹配:①他们真正需要的;②那些能真正增加价值的;③服务提供者真正有能力提供的。这使得事情变得更加复杂,因为"保持服务水平"可能实际上不是高效的,完全是一种浪费(如果成本很高、水平很高的服务却不能增加价值的话),或者从另外一方面来说,可能会导致错失改进的机会(如果特定的服务或服务水平忽略了服务提供者增加价值的能力)。

第六节 供应商开发

供应商开发的目标

6.1 供应商开发可以定义为:"采购方为了提高供应商绩效和/或能力以满足自己短期或长期的供应需求,而对供应商实施的活动。"

6.2 哈特利等人指出，组织从事供应商开发项目有如下两个总体目标：

- 将供应商能力提高到一个特定水平（例如在降低成本、提高质量或送货绩效方面）。因此，以结果为导向的供应商开发项目集中于解决具体的绩效问题，采购方支持供应商进行逐步的技术变革以达到预先设定的改进。

- 通过持续改进过程，支持供应商保持自身发展所需的绩效标准。因此，以过程为导向的供应商开发项目集中于提高供应商进行自身过程与绩效改进的能力，采购方不直接干预。在学习和使用问题解决与变革管理技术方面，买方对供应商提供支持。持续改进过程是这种供应商开发的一个重要内容。

供应商开发与改进的责任

6.3 供应商开发计划常常包含来自买方和供应商组织的跨职能代表，他们也许是组成一个项目团队，或者一个问题解决小组。另外，在两个组织中，可能会有多个联络点用于持续监督与管理。另一个常见的做法是人员的暂时调动，例如供应商员工可能会被临时调派到买方组织去学习，或者买方员工被临时调派到供应商那里去提供意见或培训。

6.4 对于供应商开发而言，得到组织高层领导的支持是至关重要的。应当有一位高层经理对具体的供应商开发过程进行监督，尤其是对于战略性的或伙伴关系性质的供应商开发项目。组织的高层发起者是供应商开发计划的首要驱动者，也是跨职能合作的协调者与使动者，他的高级职位可以让他跨职能边界调动资源、施加影响。

指令性方法与协助性方法

6.5 供应商开发计划有两种一般的方法。

- 指令性方法,其中供应商受目标、目的等规格的指导与控制。在某种意义上,这可以被视为"通知"法或"命令和控制"法。
- 协助性方法,其中买方和供应商协作进行学习、团队工作和改进计划,以实现持续改进、最佳实践共享、共同学习和"双赢"导向。

6.6 上述两个战略均可以被采购职能用作"供应商开发工具箱"的组成部分。例如,在供应商开发计划的初始阶段,建议使用更加指令性的、结构化的方法,以确保对双方的开发目的达成共识并进行协调。随着开发计划走向成熟、信任度越来越强,关系应逐渐移动到更协助性的、自然的方法上。

6.7 采购职能在决定使用哪个方法之前,首先需要判断公司对有关供应商施加影响的程度有多大。如果对现有市场没有多少管理或影响的余地,那么投入大量的组织资源就没有什么意义。买方的业务对供应商来说有多重要?鉴于买方业务对供应商的这种重要性,在买方—供应商关系中买方影响的力度有多大?

6.8 一般情况下,买方仅能在其被供应商视为关键客户时,或者与供应商之间已经建立了积极的业务关系的时候,才能提出要求。表 11-3 总结了一些可能的买方考虑因素。

表 11-3 买方影响的重要性

买方影响的程度	买方可能的行动
高	凭借指令性的和/或协助性的控制,可以提出很强烈的要求
适中	仅瞄准改进的关键领域
低	- 寻找替代的供应源 - 努力提高供应商的意识

供应商开发计划

6.9 莱森斯和法灵顿提出了一个九阶段的供应商开发计划实施方法,如图 11-8 所示。

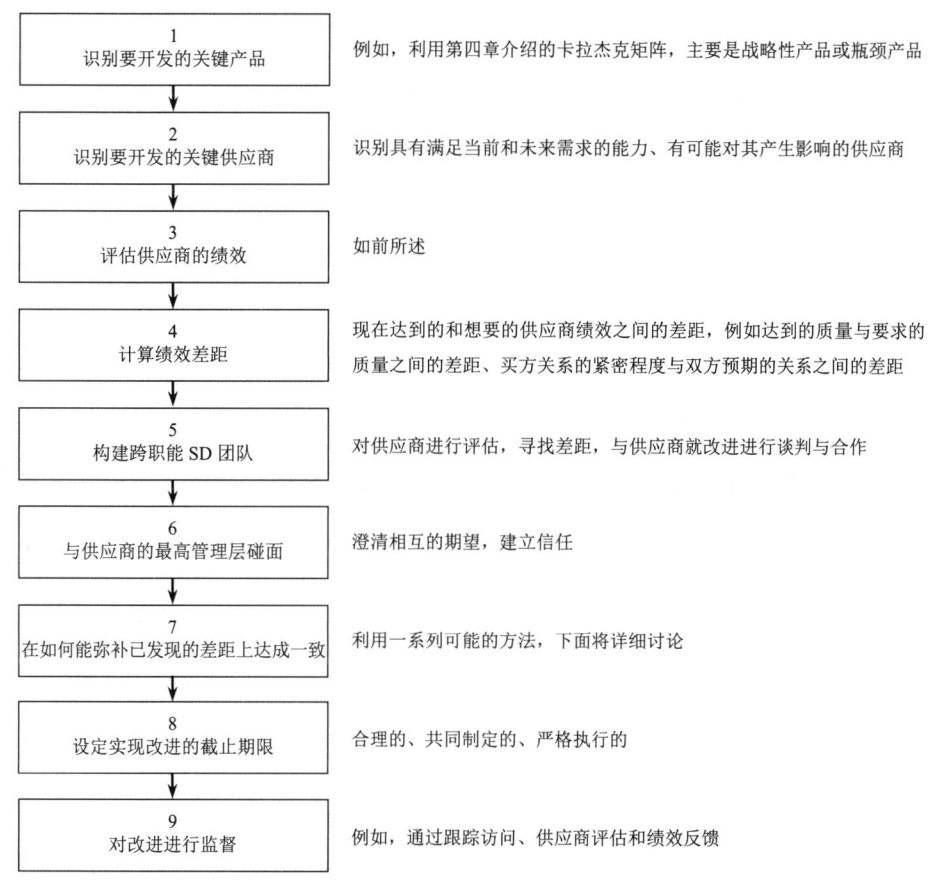

图 11-8　供应商开发计划中的阶段

6.10 如果你不得不挑五个步骤来描述这一过程的话(这可能对考试中的论述题更现实一些),你可以将该计划浓缩为:发现关键产品;评估供应商绩效并寻找绩效差距;构建跨职能供应商开发团队;协商改进和截止期限;对绩效进行监督。

供应商开发的方法

6.11 有多种方法可用于弥补已觉察到的绩效或关系差距，例如：

- 增强工作关系（例如通过改善沟通系统和日常工作）。

- 明确或提高绩效目标和测量指标（例如，减少浪费或缩短送货前置期的 KPI），并进行相应的奖罚以激励改进。

- 将采购组织的员工派到供应商那里（或反过来）进行培训、指导、咨询、支持或联络。

- 提供资金（例如帮助为一个新开发项目或获取新设备筹措资金）。

- 在一个项目或产品的开发过程中，提供按进度分期付款，以帮助改善供应商的现金流。

- 租借机械、设备或 IT 硬件给供应商。CIPS 指南给出了一些实际的例子：采购方向供应商提供电子终端，以便采购人员能够使用采购卡；采购方为供应商制造过程的更新付钱，作为回报供应商在未来的供应中提供折扣；采购方将之前自行生产时所用的机器设备提供给外包供应商。

- 允许供应商使用 IT 和 ICT 系统与信息（例如外部网和数据库、库存系统、计算机辅助设计等）。

- 利用采购组织的议价能力，帮助供应商以优惠价格获得原料或设备。

- 为供应商相关领域内的人员提供培训（例如，采购要求的技术或最佳实践）。

- 在价值分析（减少浪费）项目、全生命成本核算或其他专业领域提供帮助或咨询。

- 鼓励组建供应商论坛或供应商协会（日语称 kyoryoku kai，这是日本大规模制造业的一个特点）。这些组织定期将关键供应商召集在一起，共享信息、专长和最佳实践，鼓励共同解决问题和改进计划。海因斯认为，它们可以促进信息跨供应商网络的流动，提高供应商的技能并鼓励最佳实践，使供应商了解市场发展，对缺乏专门资源的更小的供应商提供帮助（例如培训），增加业务关系的长度和强度。

供应商开发活动的成本和收益

6.12 注意，供应商开发需要花费资金和精力，买方可望在下列方面取得巨大的价值收益：分享供应商的专业知识；利用供应商的能力以帮助将非核心业务活动外包；提高供应商与供应链的绩效以取得更好的质量、送货或成本。然而，正如其他形式的协作关系一样，供应商开发的目标是为了双方互利。

6.13 表 11-4 总结了从买方和供应商两个视角来看供应商开发活动的收益与成本。

表 11-4 供应商开发活动的收益与成本

买方的视角

成　　本	收　　益
在对各种机会进行研究、识别和协商等方面的管理时间成本	对外包战略提供支持
开发活动和资源的成本：对不会持久或证实不兼容的供应关系过度投资的风险	改进产品和服务：新产品投放市场的时间、质量、价格、交付，促进销售额和利润率增长
持续关系管理的成本（必要时）	使系统和流程精益化：减少浪费、提高过程效率、降低成本
共享信息与知识产权的风险	作为开发的补偿，获得折扣或其他好处

(续)

供应商的视角	
成　本	收　益
在对各种机会进行研究、识别和协商等方面的管理时间成本	对生产和过程效率和成本节约提供支持,产生更大的利润率
开发的成本:如果客户要求太高或不盈利,则有过度投资和过度依赖的风险	改进客户服务和提高满意度:带来持久的或增加的业务
持续关系管理的成本(必要时)	提高能力和服务水平,可增加对其他客户的销售
共享信息和知识产权的风险	直接获得该客户提供的知识与资源
作为补偿,提供给买方的折扣或排外协议的成本	提高学习和灵活性:问题解决和持续改进的技能

绩效测量与供应商开发

6.14 绩效测量(如前所述)是供应商开发的一个重要组成部分,因为双方都想要:

- 挑选合适的合作伙伴:买方只与对有能力改进和被影响的供应商开展开发活动。
- 测量所投入的成本和人工获得了多少收益。双方都想获得之前和之后的绩效数据,使他们自己确信,活动是有效的和合理的。
- 对于使双方受益的活动,就其目标和计划达成一致。

本 章 小 结

- 我们可以根据已定义的标准、之前的绩效或者标准的标杆,来测量供应商的绩效。
- 利用 KPI 作为绩效指标有许多好处,尽管也存在一些缺点。
- 供应商等级评定是在签订合同后对供应商绩效进行的系统评估与

评价。

- 对标是对照一流公司或其他合适的参照物进行绩效测量的过程。
- 卡普兰和诺顿的平衡计分卡强调了绩效测量应不限于一个维度（即不仅仅是财务效益）。
- 质量成本包括质量保证成本和未达到质量要求的损失。
- 质量控制是以缺陷检测为基础的，而质量保证是以避免缺陷为基础的。
- 全面质量管理作为一种商业哲学，是一种根本性的质量管理方法。
- 质量管理的一个内容是持续改进。
- 服务绩效的测量存在特殊的困难，它超出了材料或制造物品的采购中所涉及的那些困难。
- 供应商开发是指买方承担的、为了提高供应商绩效而使买方受益的活动。
- 供应商开发计划既可以是指令性的，也可以是协助性的。

自测题

括号内数字为参考答案所在段落。

1. 关键绩效指标是指什么？（1.4）
2. 使用 KPI 的好处有哪些？（1.8）
3. 列出获取供应商绩效反馈的方法。（2.3）
4. 描述供应商等级评定的要素评级法。（2.6）
5. 解释"对标"。（3.1，3.2）
6. 卡普兰和诺顿的平衡计分卡包括哪四方面的内容？（3.9）
7. 请给出"质量成本"的定义，举例说明它所包含的成本要素。（4.4）

8. 请区分质量控制与质量保证。(4.7,4.9)

9. 列出 TQM 的关键原则。(4.20)

10. 对服务进行评估,为什么比评估制造的商品更加困难?请说明其中的原因。(5.2)

11. 列出服务水平协议的基本组成要素。(5.9)

12. 供应商开发的总体目标是什么?(6.2)

13. 列出可能的供应商开发方法。(6.11)

14. 从买方的视角,请说明供应商开发的可能成本与收益。(6.12,6.13,表 11-4)

中英合作采购与供应管理职业资格证书考试（中级）
采购与供应中的合同与关系管理（课程代码：12370）
样卷

本试卷满分 100 分。考试时间为 180 分钟。

一、本题包括第 1 小题，共计 25 分。

1. 以你熟悉的企业为例，运用 STEEPLE 方法分析影响该企业供应链的七个因素。（25 分）

二、本题包括第 2、3 小题，共计 25 分。

2. 买卖双方拟定协议时经常会参照通用的标准合同范本，列出三个标准合同范本并说明其适用领域。（9 分）

3. 解释合同双方使用标准合同范本拟定协议的两个优点和两个缺点。（16 分）

三、本题包括第 4 小题，共计 25 分。

4. 阐述合同经理的五个主要责任。（25 分）

四、本题包括第 5、6 小题，共计 25 分。

5. 解释并说明评估承包商绩效所使用的平衡计分卡。（15 分）

6. 解释并说明用于改善采购与供应关系的持续改进技术。（10 分）

中英合作采购与供应管理职业资格证书考试（中级）采购与供应中的合同与关系管理（课程代码：12370）样卷参考答案

一、本题包括第 1 小题，共计 25 分。

1. 答案可能包括：

- STEEPLE 分析有助于作出有见地的睿智的决策，并且有助于制订面向未来的计划。

- 对 STEEPLE 中每个字母的内涵进行介绍和解释，S 代表社会（Social），T 代表技术（Technological），E 代表经济（Economic），E 代表环境（Environmental），P 代表政治（Political），L 代表法律（Legislative），E 代表伦理（Ethical）。

- 分别举例说明这七个方面的影响因素，比如经济下滑、人口老龄化、肥胖程度，《欧盟采购指令》与《Incoterms》等法律与制度的变迁，以及碳平衡、全球变暖、排放目标等环境问题。介绍拟进行 STEEPLE 分析的企业，并应用 STEEPLE 工具分析被选企业的影响因素。全面辨析和解释这些影响因素，并阐明这些因素被划入不同 STEEPLE 类别的原因。

- 基于对更大范围及未来环境的理解，阐述企业能识别和理解的更广的、长期的趋势以及面临的风险和机会等。基于对企业进行的 STEEPLE 分析，分类别、有层次的分析现有的供应链关系，进而终止某些关系，构建一些新的关系。这是采购与供应当中合同与关系管理的本质性要素。

- 最好的答案应结合企业的现实状况理解 STEEPLE 分析方法，并将 STEEPLE 方法应用于企业供应链关系的分析中。高分答案需要有更深入的分析，而且这些分析要能够更好的解释 STEEPLE 分析方法，更能体现对 STEEPLE 分析方法广泛、深入的应用。

接受运用表格和图示来图解、阐述和分析 STEEPLE 分析方法，而且表格和图示的使用应适当加分。

二、本题包括第 2、3 小题，共计 25 分。

2. 答案可能包括：

- CIPS（英国皇家采购与供应协会，The Chartered Institute of Procurement & Supply）发布了一系列标准化合同表格，适用于众多的采购业务。
- ICE（英国土木工程协会，The Institute of Civil Engineering）、ACE（工程师咨询协会，Association of Consulting Engineers）和 FCEC（土木工程承包联合会，Federation of Civil Engineering Contractors）发布了一系列标准合同，适用于建筑行业。
- JCT（英国合同审定联合会，The Joint Contracts Tribunal）发布了一系列标准化建筑合同范本，包括标准化表格和分订单合同，适用于建筑行业。
- FTA（英国货物运输协会，The Freight Transports Association）发布了一系列合同范本，适用于货物运输。
- CIOB（英国特许建造学会，The Chartered Institute of Building）发布了一系列合同范本，适用于委托与设施管理。
- NEC（新工程合同，The New Engineering Contract）发布了一系列合同范本，适用于工程、建筑、电子与机械等领域。

当合同涉及内容过于复杂，超出买卖双方的经验时会使用标准合同范本。这些合同范本还被作为行业"规范"，被行业内的从业者广泛接受。

3. 答案可能包括：

- 优点：
  - 节省拟定合同的时间和成本，特别是针对细节性条款和条件的协商。
  - 避免重复开发，不用每次都新拟定合同。
  - 标准合同范本也会被跨行业的买卖双方接受。
  - 标准合同范本的设计和拟定站在维护买卖双方公平的角度。
  - 标准合同范本包含标准化条款，可以根据要求选择和删减。
  - 标准合同范本的标准化条款具有正确的法律依据，不需要再求助于其他法律专家。

- 缺点：
  - 标准化条款可能不如协商出来的条款有利，特别是当某一方处于强势地位时。
  - 一般化的合同条款可能难以满足双方的特定情境和个性化要求。
  - 标准化条款可能无法涵盖一些不必要的特殊条款和要求。
  - 可能仍然需要法律咨询和帮助，尤其是对范本作出显著较大的调整时。
  - 可能需要培训员工如何正确使用标准合同范本。

三、本题包括第 4 小题，共计 25 分。

4. 答案可能包括：

- 进行绩效管理，并监督现有标准的落实。
- 负责支付。
- 风险评估与管理。
- 合同开发。
- 关系管理。

四、本题包括第 5、6 小题，共计 25 分。

5．答案可能包括：

合格档：答题者至少要清晰地解释用于绩效评估的平衡计分卡（最早由 Kaplan 和 Norton 提出）是为了实现对组织绩效的全方面的整体评估，答题者还要明确地表述平衡计分卡应对可测量的不同绩效内容进行"平衡"。不允许出现"不平衡"的绩效评估，即仅强调组织绩效构成中的某一项，而其他都很差。

高分档：能基于问题设定的情境具体阐述平衡计分卡的相关概念，即针对承包商评估进行展开。此外，还需要解释使用平衡计分卡评估承包商绩效的可行性，以及不同绩效评估内容之间"平衡"的实现，确保评估有意义、相关和"智能"。答题者要对不同评估内容的恰当性进行阐述。分数分布要可接受。为了实现"平衡"，不同评估内容及分数要有一定弹性。答题者使用来自有关研究或工作经验的实例进行阐述，可以适当地给予加分。

6．答案可能包括：

合格档：答题者至少要清晰地表述"持续改进"，最早由日本的 Kaizen 基于日本的汽车制造业的研究提出，要说明"持续改进"是一种技术。答题者要说明"持续改进"是通过持续和有规律的绩效回顾寻求潜在绩效的提升，而不是简单的对现有绩效的再评估。这种永不停息的渐进改进绩效的思想要与单独的、激进的、猛然的绩效改变或企图区分开。

高分档：能基于特定的情境具体阐述"持续改进"的相关概念。"持续改进"是用于改善采购与供应关系的一种技术。同样，答题者使用来自有关研究或工作经验的实例进行阐述，可以适当地给予加分。

机工经管读者俱乐部反馈卡

完整填写本反馈卡将可以参加幸运抽奖

每月我们将会抽出 10 位幸运读者，免费赠送当月新书一本

加入俱乐部，将会收到我们定期发送的新书信息

**获奖名单将公布在 http://www.Golden-book.com 及
http://www.cmpbook.com 上**

个人资料

姓名：_____　　性别：□男　□女　年龄：_____

E-mail：_____　　联系电话：_____

传真：_____　　手机：_____

就职单位及部门：_____　　职务：_____

通讯地址：_____　　邮政编码：_____

单位情况

单位类型：

　　□国有企业　　　□私营企业　　　□政府机构　　　□股份制企业

　　□外资企业（含合资）　　　□集体所有制企业

　　□其他（请写出）_____

单位所属行业：

　　□食品/饮料/酿酒　　□批发/零售/餐饮　　□旅游/娱乐/饭店

　　□政府机构　　　　　□制造业　　　　　　□公用事业

　　□金融/证券/保险　　□农业　　　　　　　□多元化企业

　　□信息/互联网服务　　□房地产/建筑业　　　□咨询业

　　□电子/通讯/邮电　　□其他（请写出）_____

单位规模：

　　□500 人以下　　□500—1000 人　　□1000—2000 人　　□2000 人以上

关于书籍

1. 您购买的图书书名：_____ ISBN：_____
2. 您是通过何种渠道了解到本书的？
   □报刊杂志 □电视台电台 □书店 □别人推荐 □其他_____
3. 您对本书的评价

内容	□好	□一般	□较差
编排	□易于阅读	□一般	□不好阅读
封面	□好	□一般	□较差

4. 您在何处购买的本书
   □书店 □网络 □机场 □超市 □其他_____
5. 您所关注的图书领域是：
   □投资理财 □人力资源 □销售/营销 □财务会计
   □管理学与实务 □其他_____
6. 您愿意以何种方式获得我们相关图书的信息？
   □电子邮件 □传真 □书目 □试读本
7. 如果您希望我们发送新书信息给您公司的负责人，请注明所推荐人的：
   姓名_____ 职务_____ 电话_____
   地址_____ 邮件_____

感谢合作！请确认我们的联系方式
联系人：董琛
地址：北京市西城区百万庄大街 22 号机械工业出版社经管分社
邮编：100037
电话：010-88379081
传真：010-68311604
电子邮箱：cmpdong@163.com
登记表电子版下载请登录：

http://www.golden-book.com/clubcard.asp 或 http://www.golden-book.com
敬请惠赐名片，谢谢！